21世纪高职高专土建立体化系列规划教材

高职高土建专业"互联网+"创新规划教材

全新修订

建设项目评估

(第二版)

主　编　高志云　邵志华

副主编　胡红英　方　蓉　陈红桥　蔡　波

参　编　张丽丽　姜　平　刘　洋

北京大学出版社
PEKING UNIVERSITY PRESS

内 容 简 介

目前，国内的建设项目评估本科教材还不多，适合高职高专使用的教材也很少，这给高职高专的教学带来很多不便，因此，迫切需要选取合适的教材，将建设项目评估的指导方针和行业标准反映到教学中。

本书结合大量建设项目实例，根据《建设项目经济评价方法与参数》（第三版），系统地阐述了建设项目评估的主要内容，包括建设项目建设条件评估、建设项目环境影响评估、建设项目财务评估、建设项目国民经济效益评估等基础知识。

本书采用全新体例编写，除附有大量工程案例外，还增加了引例、思考、知识链接、知识提示、小结等模块。此外，每个项目还附有习题供读者练习。通过对本书的学习，读者可以掌握建设项目评估的基本理论和操作技能，具备自行编制建设项目评估报告的能力。

本书既可作为高职高专院校建筑工程类相关专业的教材和指导，也可作为土建施工类及工程管理类各专业职业资格考试的培训用书，还可作为从业人员和执业资格考试人员（全国咨询工程师执业资格考试）的参考用书。

图书在版编目（CIP）数据

建设项目评估/高志云，邵志华主编. —2版. —北京：北京大学出版社，2017.9
21世纪高职高专土建立体化系列规划教材
ISBN 978-7-301-28708-8

Ⅰ.①建… Ⅱ.①高…②邵… Ⅲ.①基本建设项目—项目评价—高等职业教育—教材 Ⅳ.①F282

中国版本图书馆CIP数据核字(2017)第216914号

书　　　名	建设项目评估(第二版) JIANSHE XIANGMU PINGGU
著作责任者	高志云　邵志华　主编
策划编辑	杨星璐　商武瑞
责任编辑	伍大维
标准书号	ISBN 978-7-301-28708-8
出版发行	北京大学出版社
地　　　址	北京市海淀区成府路205号　100871
网　　　址	http://www.pup.cn　新浪微博：@北京大学出版社
电子信箱	pup_6@163.com
电　　　话	邮购部 010-62752015　发行部 010-62750672　编辑部 010-62750667
印　刷　者	北京虎彩文化传播有限公司
经　销　者	新华书店
	787毫米×1092毫米　16开本　16.5印张　376千字 2012年1月第1版　2017年9月第2版 2021年3月修订　2021年3月第2次印刷(总第7次印刷)
定　　　价	48.00元

未经许可，不得以任何方式复制或抄袭本书之部分或全部内容。
版权所有，侵权必究
举报电话：010-62752024　电子信箱：fd@pup.pku.edu.cn
图书如有印装质量问题，请与出版部联系，电话：010-62756370

第二版修订前言

本书为北京大学出版社"21 世纪高职高专土建立体化系列规划教材"之一。为适应 21 世纪职业技术教育发展需要,培养建筑行业具备建设项目评估知识的专业技术管理应用型人才,我们结合当前建设项目评估的前沿问题编写了本书。

本书在第二版的基础上,根据近几年相关规范的更新修订了部分内容,主要涉及更新的规范有《建设项目环境影响评价技术导则总纲》(HJ 2.1—2016)、《工业建筑节能设计统一标准》(GB 51245—2017)、《建设项目全过程造价咨询规程》(CECA GC4—2017)等,又因我国从 2011 年开始进行营业税改征增值税改革的试点,从 2016 年 5 月 1 日起,将试点范围扩大到建筑业、房地产业、金融业、生活服务业,并将所有企业新增不动产所含增值税纳入抵扣范围,从而更新了财务分析和盈亏平衡分析中的相关内容。

本书在第二版的基础上,通过二维码的形式链接了拓展学习资料、相关规程和部分习题答案等内容,作者也会根据行业发展状况,及时更新二维码所链接的资源。

本书内容可按照 56 学时安排,推荐学时分配:第 1 章 4 学时,第 2 章 4 学时,第 3 章 4 学时,第 4 章 4 学时,第 5 章 6 学时,第 6 章 8 学时,第 7 章 12 学时,第 8 章 4 学时,第 9 章 6 学时,第 10 章 4 学时。教师可根据不同的使用专业灵活安排学时,课堂重点讲解每章主要知识模块,章节中的知识链接、应用案例和习题等模块。本书突破了已有相关教材的知识框架,注重理论与实践相结合,采用全新体例编写。内容丰富,案例详实,并附有一定数量的习题供读者选用。

本书由湖北城市建设职业技术学院高志云、邵志华担任主编,湖北城市建设职业技术学院的胡红英、方蓉和湖北九州伟业工程咨询有限公司陈红桥、蔡波担任副主编,全书由湖北城市建设职业技术学院的高志云负责统稿。本书具体章节编写分工为:湖北城市建设职业技术学院高志云编写第 1 章和第 6 章,邵志华编写第 3 章和第 7 章,胡红英编写第 4 章和第 5 章,方蓉编写第 8 章,刘洋和武汉永业赛博能规划勘测有限公司的张丽丽编写第 2 章和第 10 章,湖北城市建设职业技术学院姜平、湖北九州伟业工程咨询有限公司陈红桥、蔡波共同编写第 9 章,湖北九州伟业工程咨询有限公司陈红桥、蔡波为编写提供了大量的工程实例,对本书的编写工作也提供了很大的帮助,在此表示感谢!

本书在编写过程中,参考和引用了国内大量文献资料,在此谨向原书作者表示衷心感谢。由于编者水平有限,本书难免存在不足和疏漏之处,敬请各位读者批评指正。

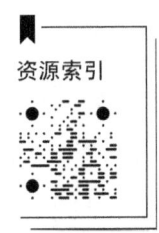

资源索引

编 者
2020 年 12 月

第一版前言

本书为北京大学出版社"21世纪全国高职高专土建立体化系列规划教材"之一。为适应21世纪职业技术教育发展需要，培养建筑行业具备建设项目评估知识的专业技术管理应用型人才，我们结合当前建设项目评估的前沿问题编写了本书。

本书内容共分10个项目，主要包括概论，市场分析，建设方案评估，资源利用分析与评估，环境影响评价，建设项目投资估算，建设项目财务效益评估，国民经济效益评估，不确定性与风险分析，建设项目总评估与后评估等内容。

本书内容可按照56学时安排，推荐学时分配：项目1为4学时，项目2为4学时，项目3为4学时，项目4为4学时，项目5为6学时，项目6为8学时，项目7为12学时，项目8为4学时，项目9为6学时，项目10为4学时。教师可根据不同的使用专业灵活安排学时，课堂重点讲解每章主要知识模块，章节中的知识链接、应用案例和习题等模块。本书突破了已有相关教材的知识框架，注重理论与实践相结合，采用全新体例编写。内容丰富，案例翔实，并附有一定数量的习题供读者选用。

本书既可作为高职高专院校建筑工程类相关专业的教材和指导书，也可以作为土建施工类及工程管理类等专业执业资格考试的培训教材。

本书由湖北城市建设职业技术学院高志云、邵志华担任主编，湖北城市建设职业技术学院的胡红英、方蓉担任副主编，全书由高志云负责统稿。具体编写分工为：高志云编写项目1和项目6，邵志华编写项目3和项目7，胡红英编写项目4和项目5，方蓉编写项目8，刘洋编写项目2和项目10，湖北众联资产评估有限公司胡俊梅、湖北省国土资源厅土地整理中心冯欢共同编写项目9，武汉大学万飚、艾学山为本书的编写提供了大量的工程实例，对本书的编写工作也提供了很大的帮助，在此一并表示感谢！

在编写本书过程中，编者参考和引用了国内大量文献资料，在此谨向原书作者表示衷心感谢。由于编者水平有限，本书难免存在不足和疏漏之处，敬请各位读者批评指正。

编　者

2011年10月

目 录

项目 1 概论 ·········· 1
  1.1 建设项目发展周期 ·········· 2
    1.1.1 西方国家建设项目发展周期 ·········· 2
    1.1.2 我国建设项目发展周期 ·········· 3
  1.2 建设项目评估的内容和程序 ·········· 5
    1.2.1 建设项目评估的内容 ·········· 5
    1.2.2 建设项目评估的程序 ·········· 6
    1.2.3 政府和社会资本合作（PPP）项目的咨询评估 ·········· 8
  1.3 建设项目评估与可行性研究的关系 ·········· 9
    1.3.1 建设项目评估与可行性研究的共同之处 ·········· 9
    1.3.2 建设项目评估与可行性研究的区别 ·········· 10
  小结 ·········· 15
  习题 ·········· 15

项目 2 市场分析 ·········· 17
  2.1 市场调查 ·········· 18
    2.1.1 市场调查概述 ·········· 18
    2.1.2 市场调查的程序 ·········· 23
  2.2 市场预测 ·········· 24
    2.2.1 市场预测概述 ·········· 24
    2.2.2 市场预测的程序 ·········· 26
    2.2.3 市场预测的方法 ·········· 27
  小结 ·········· 33
  习题 ·········· 33

项目 3 建设方案评估 ·········· 35
  3.1 产品方案与建设规模评估 ·········· 36
    3.1.1 产品方案评估 ·········· 36
    3.1.2 建设规模评估 ·········· 37
  3.2 生产工艺技术方案评估 ·········· 40
    3.2.1 生产工艺技术选择 ·········· 40
    3.2.2 技术设备来源方案研究 ·········· 42
  3.3 场（厂）址比选 ·········· 43
    3.3.1 项目选址原则及注意事项 ·········· 43
    3.3.2 场（厂）址比选的主要内容及意见 ·········· 44
    3.3.3 地质灾害危险性评估 ·········· 50
  3.4 原材料与燃料供应 ·········· 51
    3.4.1 原材料供应分析 ·········· 51
    3.4.2 燃料供应分析 ·········· 52
    3.4.3 原材料和燃料供应方案比选 ·········· 52
  3.5 总图运输方案研究与比选 ·········· 53
    3.5.1 总图运输方案研究 ·········· 53
    3.5.2 总图运输方案比选 ·········· 57
  小结 ·········· 58
  习题 ·········· 59

项目 4 资源利用分析与评估 ·········· 60
  4.1 土地资源优化配置与合理性分析 ·········· 61
    4.1.1 土地资源调查 ·········· 61
    4.1.2 土地资源评估 ·········· 61
  4.2 矿产资源优化配置与合理性分析 ·········· 69
    4.2.1 矿产资源概述 ·········· 69
    4.2.2 矿产资源优化配置与合理性分析概述 ·········· 70
  4.3 能源资源优化配置与合理性分析 ·········· 74

  4.3.1 能源资源优化及合理性分析
    概述 ·················· 75
  4.3.2 节能评价 ············· 75
4.4 水资源优化配置与合理性分析 ··· 80
  4.4.1 水资源论证报告主要内容 ··· 81
  4.4.2 节水 ················ 90
小结 ·························· 92
习题 ·························· 93

项目 5 环境影响评价 ················ 96

5.1 环境影响评价概述 ············ 97
  5.1.1 环境影响评价的简介 ······ 97
  5.1.2 建设项目环境影响评价的
    要求 ················ 102
5.2 规划环境影响评价 ············ 105
  5.2.1 规划环境影响评价概述 ····· 105
  5.2.2 规划环境影响评价的内容、
    审批及跟踪评价 ········· 106
5.3 环境影响的经济损益分析 ······· 107
  5.3.1 环境影响的经济损益分析的
    概念 ················ 108
  5.3.2 环境影响的经济损益分析的
    内容 ················ 108
小结 ·························· 117
习题 ·························· 117

项目 6 建设项目投资估算 ············ 120

6.1 概述 ····················· 121
  6.1.1 投资估算的内容 ········· 121
  6.1.2 投资估算的要求 ········· 122
  6.1.3 投资估算的依据与作用 ····· 122
6.2 建设投资估算方法 ············ 123
  6.2.1 建设投资简单估算法 ······ 123
  6.2.2 建设投资分类估算法 ······ 124
6.3 建设期利息估算 ············· 126
6.4 流动资金估算 ··············· 130
  6.4.1 扩大指标估算法 ········· 132

  6.4.2 分项详细估算法 ········· 132
小结 ·························· 137
习题 ·························· 137

项目 7 建设项目财务效益评估 ········· 139

7.1 财务分析概述 ··············· 140
  7.1.1 财务分析的概念 ········· 140
  7.1.2 财务分析的作用 ········· 140
  7.1.3 财务分析的内容和步骤 ····· 141
  7.1.4 财务分析的基本原则 ······ 142
7.2 财务效益和费用估算 ·········· 143
  7.2.1 项目计算期 ············ 143
  7.2.2 营业收入 ············· 144
  7.2.3 成本与费用 ············ 145
  7.2.4 相关税金估算 ·········· 154
7.3 财务盈利能力分析 ············ 156
  7.3.1 现金流量分析 ·········· 156
  7.3.2 静态分析 ············· 161
7.4 偿债能力分析和财务生存能力
  分析 ···················· 163
  7.4.1 相关报表的编制 ········· 163
  7.4.2 偿债能力分析 ·········· 165
  7.4.3 财务生存能力分析 ······· 168
小结 ·························· 176
习题 ·························· 176

项目 8 国民经济效益评估 ············ 180

8.1 国民经济效益评估概述 ········· 181
8.2 国民经济评价效益与费用
  识别 ···················· 185
  8.2.1 经济效益与费用识别的
    基本要求 ············· 185
  8.2.2 国民经济效益与费用 ······ 185
8.3 国民经济评价经济效益与
  费用的估算 ················ 187
  8.3.1 市场定价货物的影子
    价格 ················ 188

8.3.2 政府调控价格货物的影子
　　　　价格 ································ 190
　　8.3.3 特殊投入物影子价格 ······ 192
8.4 国民经济评价指标和报表 ······ 195
　　8.4.1 国民经济盈利能力分析
　　　　指标 ································ 195
　　8.4.2 经济分析报表 ················ 196
8.5 国民经济评价中的费用效果
　　分析 ·· 200
　　8.5.1 费用效果分析概述 ········ 200
　　8.5.2 费用效果分析 ················ 201
小结 ·· 204
习题 ·· 205

项目9 不确定性与风险分析 ········ 207

9.1 概述 ·· 208
　　9.1.1 风险与不确定性概述 ···· 208
　　9.1.2 不确定性分析与风险分析 ···· 210
9.2 盈亏平衡分析 ························ 211
　　9.2.1 盈亏平衡分析的概念、
　　　　作用与条件 ···················· 211
　　9.2.2 盈亏平衡点的计算方法 ···· 212
9.3 敏感性分析 ···························· 214
　　9.3.1 敏感性分析概述 ············ 214
　　9.3.2 敏感性分析的方法与步骤 ···· 215
9.4 风险分析 ································ 218

　　9.4.1 风险分析的程序和内容 ···· 218
　　9.4.2 投资项目的主要风险 ···· 220
　　9.4.3 风险分析的主要方法 ···· 221
　　9.4.4 常用的风险对策 ············ 224
小结 ·· 225
习题 ·· 225

项目10 建设项目总评估与后评估 ···· 227

10.1 建设项目总评估 ···················· 228
　　10.1.1 建设项目总评估概述 ······ 228
　　10.1.2 建设项目总评估的内容 ···· 229
　　10.1.3 建设项目总评估的步骤和
　　　　　方法 ······························ 231
10.2 建设项目后评估 ···················· 233
　　10.2.1 建设项目后评估概述 ······ 233
　　10.2.2 建设项目后评估的范围与
　　　　　内容 ······························ 236
　　10.2.3 建设项目后评估的程序和
　　　　　方法 ······························ 240
小结 ·· 245
习题 ·· 246

附录1 复利系数表 ························ 248
附录2 常用财务函数 ···················· 251
参考文献 ·· 254

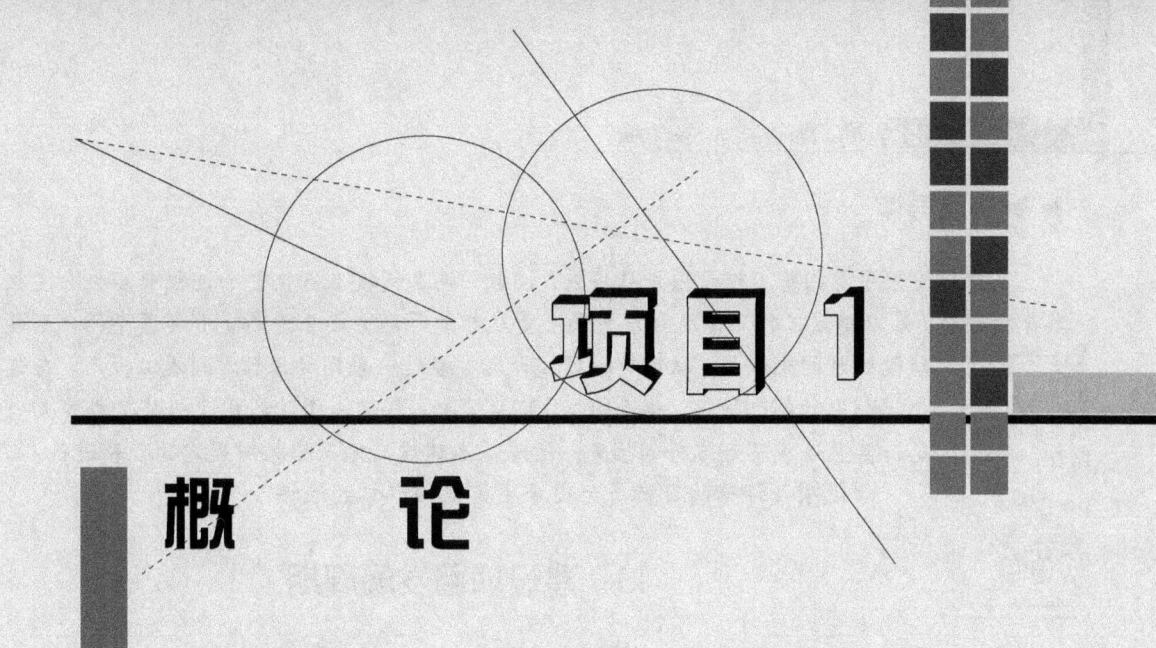

项目 1 概论

教学目标

本章分析建设项目评估在工程项目建设过程中的阶段和作用，熟悉建设项目评估的内容和程序，掌握建设项目评估与建设项目可行性研究的关系。

教学要求

知识要点	能力要求	相关知识	所占分值（100 分）
建设项目发展周期	了解国际建设项目发展周期与我国建设项目发展周期	建设项目基本建设程序	30
建设项目评估的内容和程序	1. 熟悉建设项目评估的内容； 2. 熟悉建设项目评估的程序	项目评估的作用	30
建设项目评估与可行性研究的关系	掌握建设项目评估与可行性研究的关系	可行性研究	40

▶▶项目导读

基本建设程序是指基本建设项目从决策、设计、施工到竣工验收整个过程中各个阶段及其先后顺序。基本建设工作不论从技术方面还是从组织管理方面来看都是非常复杂的，而且建设的时间比较长。从可行性研究开始，经过一系列的工作，到竣工投产，在这个过程中的各个阶段，相互衔接，环环紧扣，任何一个阶段出差错势必都影响全局，甚至造成不可弥补的损失。所以基本建设必须严格按照规定的程序进行。

建设项目评估的目标是为投资决策提供科学的依据。

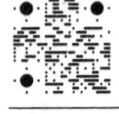

可行性研究报告的附图、附表、附件

1.1 建设项目发展周期

引例

1988年，铁道部第四勘察设计院（以下简称"铁四院"）曾提出在今长江二桥处建设江底隧道；1993年，国家准备建设京沪高速铁路，由于跨江地区距长江大桥仅1.7km，若再修桥则会对长江航运带来影响。因此，国内隧道专家、设计大师陈应先提出"以隧道方式过江"。虽然最终未能变成现实，但产生了强烈反响；1995年，武汉市科委组织铁四院等单位展开"武汉地铁重大技术经济问题研究"，地铁和轻轨的课题名列其中。同年，武汉地铁办成立前期领导小组；1996年，铁四院自费开始对过江隧道（含地铁项目）工程进行初步可行性研究；1999年，武汉地铁办正式委托铁四院从事地铁研究。同年11月，中国工程院水利土木部和地下及隧道实验研究中心曾联合举办沉管隧道技术研讨会；2001年，过江隧道（含地铁项目）正式上报国家发展计划委员会；2002年，过江隧道（含地铁项目）方案获国家发展计划委员会初审通过；2003年10月，武汉过江隧道"初步可行性研究"报告通过专家评审，单建双向四车道的公路隧道提上议事日程；2004年4月，过江隧道可行性研究报告通过评审；2004年11月，工程可行性研究报告获国家批准，当月28日，武汉过江隧道动工；2008年4月19日，武汉长江隧道双线成功贯通。

【思考】
建设项目发展周期的内容有哪些？

1.1.1 西方国家建设项目发展周期

1. 建设项目发展周期的含义

建设项目发展周期是指一个工程项目从开始构想、施工建设、建成投产，直到最终报废所经过的时间。从投资活动的角度来看，建设项目发展周期一般包括3个阶段：投资前阶段、投资建设阶段和生产经营阶段。

2. 西方国家建设项目发展周期概述

西方国家通常把一个项目发展周期分为3个时期、9个阶段（表1-1）。3个时期是投资前时期、投资时期和生产时期，9 个阶段分别是机会研究阶段、初步可行性研究阶段、详细可行性研究阶段、评估与决策阶段、谈判和订立合同阶段、项目设计阶段、施工安装阶段、试运转阶段和正式生产阶段。

表 1-1 西方国家建设项目发展周期

投资前时期				投资时期			生产时期	
机会研究阶段	初步可行性研究阶段	详细可行性研究阶段	评估与决策阶段	谈判和订立合同阶段	项目设计阶段	施工安装阶段	试运转阶段	正式生产阶段

投资前时期是投资决策的重要时期，决定整个项目的成败。投资前时期包括以下 4 个阶段。

1) 机会研究阶段

机会研究阶段亦称投资鉴定或项目设想阶段，是可行性研究的第一阶段。该阶段的主要任务是研究和确定合理的投资方向、投资规模和投资结构。机会研究通常可分为两种：一般机会研究和特定项目的机会研究。

2) 初步可行性研究阶段

较大的建设项目必须进行较详细的技术经济可行性研究，然而进行可行性研究是一项既费资金，又费时间的工作。因此，在确认需要进行可行性研究前，要做一个初步的可行性研究。其主要内容是判定该项目投资机会有无生命力和发展前景，有无必要进一步开展分析和研究工作；分析和确定影响项目可行性的主要因素，并决定是否需要进行市场供求预测、生产工艺和技术装备等的实验室试验或工业性中间试验等专题或辅助研究。

3) 详细可行性研究阶段

详细可行性研究也称最终可行性研究，是指通过一定方法对项目的技术和经济可行性进行详细的论证分析。其主要内容是深入研究有关产品方案、生产规模、资源供应、厂址选择、工艺技术、设备选型、资金筹措方案、工程施工组织和未来企业组织管理机构等各种可供选择的技术方案，进行细致的技术经济分析和比较选优工作，推荐一个以上可行的建设方案；开展详细的经济评价，选取投资最省、费用成本最低、经济效益和社会效益最显著、投资风险最小的建设方案；提供项目的最终可行性标准和决策依据，对拟建项目提出结论性意见，并据以编制最终可行性研究报告。

4) 评估与决策阶段

评估与决策是由投资决策部门组织和授权有关咨询公司或有关专家，对建设项目可行性研究报告进行全面的审核和再评价。其主要任务是对拟建项目的可行性研究报告提出评价意见，最终决策该项目投资是否可行，确定最佳投资方案。

【思考】
我国的建设项目发展周期是怎样划分的？

1.1.2 我国建设项目发展周期

我国建设项目发展周期是指建设项目从策划、选择、评估、决策、设计、施工到竣工验收、投入生产或交付使用的整个建设过程所经历的项目生命周期。

我国建设项目发展周期各阶段的内容分为 3 个时期、10 个阶段(表 1-2)。3 个时期是投资前期、投资建设期、建成投产期，10 个阶段是项目建议书阶段、可行性研究阶段、项目评估阶段、勘察设计阶段、初步设计阶段、施工图设计阶段、施工招标阶段、建筑安装施工阶段、试运转阶段和正式投产阶段。

表 1-2　我国建设项目发展周期

投资前期			投资建设期						建成投产期
项目建议书阶段	可行性研究阶段	项目评估阶段	勘察设计阶段	初步设计阶段	施工图设计阶段	施工招标阶段	建筑安装施工阶段	试运转阶段	正式投产阶段

我国建设项目投资前期各阶段的工作内容如下。

1) 项目建议书阶段

项目建议书是由投资者(目前一般是项目主管部门或企、事业单位)对准备建设项目提出的大体轮廓性设想和建议。主要确定拟建项目的必要性和是否具备建设条件及拟建规模等，为进一步研究论证工作提供依据。从 1984 年起，国家明确规定所有国内建设项目都要经过项目建议书这一阶段，并规定了具体内容和要求。

2) 可行性研究阶段

根据项目建议书的批复进行可行性研究工作。对项目在技术上、经济上和财务上进行全面论证、优化和推荐最佳方案，从而确定项目是否可行，为决策者提供依据。

3) 项目评估阶段

项目评估是投资前期研究工作的最后阶段。项目评估通常可由决策部门委托贷款银行或咨询公司组织有关人员或外请专家进行。项目评估的任务是检查和判断可行性研究报告的真实性和可靠性，并从评审角度提出项目是否可行的意见，作为投资者决策的依据。

> **知识链接**
>
> 在我国，建设项目评估的历史可以划分为两个典型阶段。第一个阶段：自新中国成立以来到 20 世纪 70 年代末。在这个阶段，对建设项目的评估主要借鉴苏联的做法。建设项目评估是基于当时的基本建设程序展开的。我国基本建设程序最初是 1952 年由政务院(现为国务院)正式颁布的，基本上是原苏联管理模式和方法的翻版。随着各项建设事业的不断发展，尤其近十多年来管理体制的一系列改革，基本建设程序也在不断变化，逐步完善和科学化。现行的基本建设程序为如下 7 个阶段：项目建议书阶段、可行性研究阶段、设计阶段、开工准备阶段、施工阶段、竣工验收阶段、后评价阶段。
>
> 第二个阶段：自 20 世纪 80 年代初的改革开放至今。一方面，在国内，自 1978 年开始，国家计划委员会(现为国家发展和改革委员会)、国家建设委员会(现为住房和城乡建设委员会)、财政部联合颁发了《关于基本建设程序的若干规定》，规定中述及一个项目从计划建设到建成投产一般要经过下述几个阶段：①根据发展国民经济长远规划和布局的要求，编制计划任务书，选定建设地点；②经批准后，进行勘察设计；③初步设计经过批准，列入国家年度计划后，组织施工；④工程按照设计内容建成，进行验收，交付生产使用。另一方面，在国际上，联合国工业发展组织于 1978 年出版了《工业可行性研究编制手册》一书，系统地说明了工业项目可行性研究报告的编制方法。

1.2 建设项目评估的内容和程序

【思考】
弄清楚了建设项目的发展周期，建设项目评估位于投资前期阶段，那么它的内容和程序又是怎样的呢？

建设项目评估是指在可行性研究的基础上，根据国家颁布的政策、法规、方法、参数和条例等，从项目(或企业)、国民经济和社会的角度出发，对拟建项目建设的必要性、建设条件、生产条件、产品市场需求、工程技术、财务效益、经济效益和社会效益等进行全面分析论证，从而判断其是否可行的一项工作。

1.2.1 建设项目评估的内容

建设项目的内容很多，其规模、性质和复杂程度各有不同，因而其评估的内容与侧重点也有一定的差异，但其基本内容大同小异，主要包括以下几个部分。

(1) 项目与企业概况评估。针对不同的项目类型，项目与企业的概况评估有所不同：对于基本建设项目，主要评估项目的投资者、建设性质、建设内容、产品方案、项目隶属关系以及项目得以成立的依据(如立项批复文件、选址意见书)等；对于更新改造项目，除上述内容外，还要评估现有企业的基本概况、历史沿革、组织机构、技术经济水平、资信程度、经济效益等；对于中外合资项目，则还要分别评估合资各方的基本概况。

(2) 项目建设必要性评估。主要从宏观和微观角度论述项目建设的必要性，如项目的建设是否符合国家的产业政策，是否符合国民经济发展规划与地区发展规划，是否有助于优化城市总体布局等。

(3) 项目市场需求分析。主要分析项目所生产的产品(或所提供的服务)的市场现状、未来发展趋势，以及产品(或服务)在市场上的竞争能力。

(4) 项目生产规模的确定。在必要性评估与市场需求分析的基础上，分析厂址情况、资金筹措能力、技术管理水平，从而确定项目的最佳生产规模。

(5) 项目建设生产条件评估。主要评估项目的建设施工条件能否满足项目正常实施的需要，项目的生产条件能否满足正常生产经营活动的需要。

(6) 项目工程与技术评估。主要评估项目工程设计是否合理，项目所采用的工艺是否具备先进性、经济性、合理性和安全性，以及设备选型是否合理等。

(7) 投资估算与资金筹措。主要估算项目总投资额，并制订相应的资金筹措方案和资金使用计划。

(8) 财务效益分析。从企业或项目的角度出发，根据收集和估算出的财务数据，以财务价格为基础，编制有关表格，计算相应的技术经济指标，据此判断项目的财务盈利能力和清偿能力。

(9) 国民经济效益分析。从国民经济的角度出发，根据收集和估算出的经济数据，以影子价格为基础,编制有关表格,计算相应的技术经济指标,据此判断项目对国民经济的贡献。

(10) 社会效益分析。从社会的角度出发,以社会影子价格为基础,编制社会评价表格,计算相应的技术经济指标,据此判断项目对实现社会发展目标的贡献。

(11) 不确定性分析。根据拟建项目的具体情况,分析各种外部条件发生变化或者测算数据误差对方案经济效果的影响程度,以估计项目可能承担不确定性的风险及其承受能力,确定项目在经济上的可靠性,并采取相应的对策力争把风险降低到最小限度。

(12) 项目总评估。在上述各项评估的基础上,得出项目评估的结论,并提出相应的问题和建议。

(13) 项目后评估。项目后评估通过分析评价找出成败的原因,总结经验教训,并通过及时有效的信息反馈,为未来项目的决策和提高完善投资决策管理水平提出建议,也为被评项目实施运营中出现的问题提出改进建议,从而达到提高投资效益的目的。项目后评估对于建设项目也具有非常重要的意义。

> **知识提示**
>
> 在实际评估中,建设项目评估的内容可根据项目的性质、规模、类别等对上述内容加以调整。

1.2.2 建设项目评估的程序

建设项目评估是一项经济技术性较强而又复杂的工作,必须采取科学的工作程序,有计划、有步骤地进行。不同类型的建设项目,其投资额不同,涉及面不同,因而对其进行评估的程序也不完全一致,就一般项目而言,评估工作一般可分为制订计划、收集与整理资料、综合分析、编写报告 4 个阶段,如图 1-1 所示。

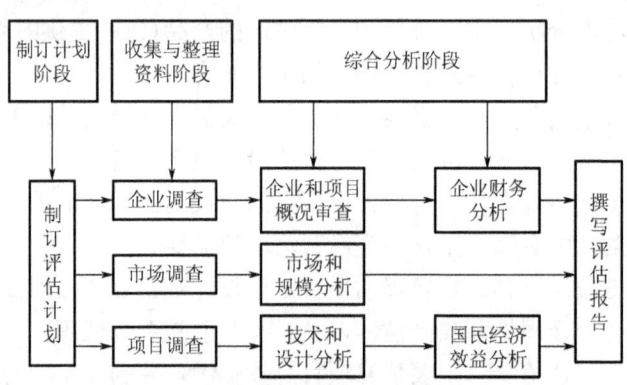

图 1-1 建设项目评估的程序

1. 制订计划阶段

项目评估工作,一般是在有关人员提供的可行性研究报告的基础上进行的。对于小型项目的评估,一般是指定专人负责进行评估;对于大中型项目的评估,应组织评估小组,落实评估人员,制订评估工作计划。

（1）根据拟建项目的性质和特点，确定评估任务和需要实现的目标。让全体评估人员明确总体评估目标，以便在评估过程中紧紧抓住总体目标进行资料的收集和整理。

（2）根据项目繁简程度，确定评估人员的数量，以保证项目评估质量，成立与评估任务相适应的评估小组。规模特别大、技术特别复杂的项目，聘请相关的工程技术专家、市场分析专家和财务经济分析专家参与评估，必要时需配备法律专家、环境和社会问题专家，以及聘请与项目相关的权威人士和专业人士参与。对评估人员应进行明确的分工。

（3）根据项目特点和评估任务安排评估计划，据以组织和指导评估工作。评估计划主要包括评估报告的内容、评估工作的重点、产品市场调查的途径和方法、拟收集与整理的资料和信息目录、时间和进度安排、人员的分工和合作等。

2. 收集与整理资料阶段

收集与整理资料阶段主要是收集和评估所需资料，核实可行性研究报告编制依据和所有数据，对资料和数据进行收集、加工和整理。

1）评估所需资料，部分在可行性研究报告中已经具备，但必要的旁证资料、补充资料则需要重新收集。根据计划阶段所拟订的资料和信息目录，直接向有关单位索取，或拟定调查表格，向有关单位发函征询。在评估过程中，开展独立的调查工作是必不可少的，通过调查收集与项目有关的文件资料，以保证资料来源的可靠性和合法性。

2）对可行性研究报告中的各项数据进行核实，弄清基础数据与参数取得的途径，并核实其可靠性，弄清可行性研究报告的计算方法和过程，核对表与表之间、数据与数据之间的关系，找出可行性研究报告的疏漏和错误。

3）将收集到的资料和数据进行加工和整理、汇总归类，使资料和数据具有系统完整性，并与可行性研究报告中的有关资料数据进行对比分析，为下一步调查指明重点。

3. 综合分析阶段

1）对投资人的基本情况进行分析，弄清楚项目背景、建设的目的、投资的必要性和经济意义。

2）对项目的主要产品市场供求情况进行调查，并对拟建规模、所需原材料、燃料动力供应及公用配套设施建设情况进行调查核实。

3）对项目的厂址选择、设计采用的方案、环境保护措施、劳动定员等进行分析，从而保证项目在技术上的可行性。

4）对项目进行财务分析，主要对项目总投资和年度投资计划进行分析，并根据已有的基础数据对项目投产后的生产负荷、产品产量、产品成本、销售收入、销售税金及附加、利润总额、税后利润、可用于还款的利润、折旧费、摊销费等进行测算，确认项目在财务上的可行性。

5）对项目的社会、经济效益进行分析，把财务价格调整为经济价格，分析项目的国民经济效益，确保项目经济上的合理性。

4. 编写报告阶段

在完成项目的系统分析以后，项目评估人员要根据系统分析的结果，撰写项目评估报告，对项目进行判断和提出总结意见，推荐合理的投资方案，对项目存在的问题提出合理化建议。

> **知识链接**
>
> 政府投资项目实行项目审批制。采用直接投资和资本金注入方式的项目，对经济社会发展、社会公众利益有重大影响或者投资规模较大的，要在咨询机构评估、公众参与、专家评议、风险评估等科学论证基础上，严格审批项目建议书，可行性研究报告，初步设计。
>
> 企业投资项目实行核准项目，坚持企业投资核准范围最小化，仅对极少数关系国家安全和生态安全，涉及全国重大生产力布局，战略性资源开发和重大公共利益等项目，政府从维护社会公共利益角度依法进行审查的，应将相关事项以清单方式列明，最大限度缩减核准事项。
>
> 除《政府核准的投资项目目录(2016 年本)》的企业投资项目外，一律实行备案制，由企业按照有关规定向备案机关备案。

1.2.3 政府和社会资本合作（PPP）项目的咨询评估

1. PPP 的基本含义

政府和社会资本合作(PPP)模式是指由政府(Public)和社会资本(Private)在风险分担，利益共享的基础上建立并维持长期的合作和伙伴关系：(Povrtnership)，通过发挥各自的优势及特长最终为公众提供质量更高，效果更好的公共产品及服务的一种项目投融资方式。

通常模式是由社会资本承担设计、建设、运营、维护基础设施的大部分工作，并通过"使用者付费"及必要的"政府付费"获得事理投资回报；政府部门负责基础设施及公共服务价格和质量监管，以保证公共利益最大化。

2. 政府和社会资本全作(PPP)模式的适用范围

政府和社会资本合作(PPP)模式主要适用于政府只有提供责任又适宜市场化运作的基础设施和公共服务类项目，涉及的行业可分为能源、交通运输、水利建设、生态建设和环境保护、市政工程、片区开发、农业、井业、科技、保障性安居工程、旅游、医疗卫生、养老、教育、文化、体育、社会保障、政府基础设施、其他等 19 个一级行业，政府和社会资本合作(PPP)模式不但可以用于新建项目，而且也可以在存量，在建项目中使用。

3. 政府和社会资本合作(PPP)项目的咨询评估

根据《中共中央国务院关于深化投融资体制改革的意见》，将 PPP 项目纳入正常的基本建设程序。这类项目的决策，一般仍应按照审批制项目决策程序要求编制项目建议书，项目可行性研究报告和相应的立项、决策审批。另外，项目实施机构组织编制实施方案报

告,并提交联审机制审查。实施方案评估的主要内容包括:
(1) 项目实施 PPP 模式的必要性。
(2) 项目规模与工程技术方案是否合理。
(3) 项目运作模式与交易结构是否合理。
(4) 投融资方案是否可行。
(5) 物有所值评价和财政承受能力论证。
(6) PPP 合同内容和关键条款评估。
(7) 社会资本方采购方案是否合理。
(8) 政府承诺和风险分担机制是否合适。

1.3 建设项目评估与可行性研究的关系

【思考】
建设项目评估与可行性研究都是分析和论证建设项目可行与否的工作,两者关系密切,它们之间有哪些共同之处,又有哪些区别呢?

1.3.1 建设项目评估与可行性研究的共同之处

建设项目评估与可行性研究之间的主要共同点有以下几个方面。

1. 同处于项目投资的前期阶段

可行性研究是继项目建议书批准后,对投资项目在技术、工程、外部协作配套条件和财务、经济和社会上的合理性及可行性所进行的全面、系统的分析和论证工作;而项目评估则是在项目决策之前对项目的可行性研究报告及其所选方案所进行的系统评估。它们都是项目前期工作的重要准备,都是对项目是否可行及投资决策的咨询论证工作。

2. 出发点一致

项目评估与可行性研究都以市场研究为出发点,遵循市场配置资源的原则,按照国家有关的方针政策,将资源条件同产业政策与行业规划结合起来进行方案选择。

3. 考察的内容及方法基本一致

二者考察的内容及方法基本相同,就同一个投资项目而言,从经济评价的角度来看,它们计算评价指标的基本原理是相同的,都是通过比较计算期的所费与所得,计算一系列技术经济指标,得出可行与否的结论;其分析的对象是一致的,都是项目;其分析的某些依据是相同的,都是国家的有关规定和有关部门为拟建项目下达的批复文件等;其分析的内容均包括建设必要性、市场条件、工程技术、经济效益等。

4. 目的和要求基本相同

二者的目的均是要提高项目投资科学决策的水平,提高投资效益,避免决策失误,都要求进行深入、细致的调查研究，进行科学的预测与分析，实事求是地进行方案评价，力求资料来源可靠，数据准确，结论客观而公正。

1.3.2 建设项目评估与可行性研究的区别

建设项目评估和可行性研究存在诸多相同之处，从理论和时间方面来看，两者又有明显的区别，主要表现在以下几个方面。

1. 承担的主体不同

为了保证项目决策前的调查研究和审查评价活动相对独立，应由不同的机构分别承担这两项工作。在我国，可行性研究通常由项目的投资者或项目的主管部门来主持，投资者既可以独自承担该项工作，也可委托给专业设计或咨询机构进行，受托单位只对项目的投资者负责；项目评估一般由项目投资决策机构或项目贷款决策机构（如贷款银行）主持和负责。主持评估的机构既可自行组织评估，也可委托专门咨询机构进行。

2. 评价的角度不同

可行性研究一般要从企业（微观）角度去考察项目的盈利能力，决定项目的取舍，因此它着重于追求投资项目的微观效益；而国家投资决策部门主持的项目评估，主要从宏观经济和社会的角度去评价项目的经济和社会效益，侧重于项目的宏观评价。贷款银行对项目进行的评估，则主要从项目还贷能力的角度，评价项目的融资主体（借款企业）的信用状况及还贷能力。

3. 在项目投资决策过程中的目的和任务不同

可行性研究除了对项目的合理性、可行性、必要性进行分析和论证外，还必须为建设项目规划多种方案，并从工程、技术经济方面对这些方案进行比较和选择，从中选出最佳方案作为投资决策方案；而项目评估一般则可以借助于可行性研究的成果，并且不必为项目设计多个实施方案，其主要任务是对项目的可行性研究报告的全部内容，包括所选择的各种方案，进行系统的审查、核实，并提出评估结论和建议。

4. 在项目投资决策过程中所处的时序和作用不同

在项目建设程序中，可行性研究在先，评估在后，其作用也不相同。可行性研究是项目投资决策的基础，是项目评估的重要前提，但它不能为项目投资决策提供最终依据。项目评估则是投资决策的必备条件，是可行性研究的延续、深化和再研究，通过更为客观地对项目及其实施方案进行评估，独立地为决策者提供直接的、最终的依据，比可行性研究更具有权威性。

> **知识链接**
>
> 可行性研究是20世纪30年代随着社会生产技术和经济管理科学的发展而产生的。第二次世界大战后，在科学技术飞速发展、经济活动日益复杂、竞争日益激烈的背景下，西方发达国家纷纷采用了可行

性研究这一方法，将其广泛应用于投资建设领域，并逐步推广到其他国家和地区，以及其他工作领域，经过不断的充实和完善，逐步形成了一整套比较系统的科学研究方法。

建设项目可行性研究报告的内容可概括为三大部分。第一是市场研究，包括产品的市场调查和预测研究，这是项目可行性研究的前提和基础，其主要任务是要解决项目的"必要性"问题；第二是技术研究，即技术方案和建设条件研究，这是项目可行性研究的技术基础，它要解决项目在技术上的"可行性"问题；第三是效益研究，即经济效益的分析和评价，这是项目可行性研究的核心部分，主要解决项目在经济上的"合理性"问题。市场研究、技术研究和效益研究共同构成项目可行性研究的三大支柱。

▶▶案例

××制药厂克菌灵项目评估报告

1. 概况

1) 企业概况

××制药厂隶属于××省医药管理局，是××省医药工业重点企业之一。该厂位于××市西郊，全厂占地面积××万m^2，建筑面积××万m^2，现有固定资产原值×××万元，净值×××万元。有7个生产车间、1个辅助车间。现有职工1890人，其中各类专业技术人员491人，占职工总数的26%，技术力量雄厚。为了开发新产品，使企业更具竞争力，他们还建立了一个具有较先进的仪器设备的药物研究所，并与十几家科研单位、大专院校建立了科研协作关系。该厂近年来有了较大发展，目前生产的品种有片剂、针剂、栓剂、抗生素原料药、琥乙红霉素等100多个品种和规格，19××年产值已达××万元，比上年提高10.2%，实现利税××万元，比上年增长119%。产品品种、产值、产量、销售收入等8项指标均创历史最好水平，是省效益十佳单位之一。该厂目前有6种产品被评为省优产品，产品已行销全国多个地区，并有部分出口。

2) 项目概况

××制药厂发展抗生素新品种项目的主要品种为克菌灵原料药，并利用原有针剂车间加工针剂。克菌灵主要用于各种敏感菌所致的感染，如肺炎、支气管炎等。其优点是疗效好、用量小、分布广、在体内维持时间长、无交叉耐药性、毒性低、副作用小。该药属国内新开发产品，具有较强的生命力。20××年×月×日，××省医药管理局以×药计字第×号文批复了"关于对××制药厂发展抗生素新品种项目建设书"的报告。20××年×月×日以×药计字第×号文批复了由××市经济贸易委员会主持审查并通过的项目可行性研究报告。目前，正在进行扩建设计工作。该项目的规模为年产克菌灵原料药10t，自用4t，加工针剂3000万支。项目主要内容包括：土建工程总建筑面积×××m^2，构筑物及设备基础×××，设备总计×××台。该项目总投资为×××万元，其中基本建设投资×万元。贷款利息×××万元，流动资金×××万元，项目属扩建性质，工期1年。

2. 对项目建设必要性的评估

××制药厂扩建年产10t克菌灵项目的建设必要性，主要体现在以下几个方面。

(1) 增加抗生素生产，满足社会需求(略)。

(2) 替代进口，增加出口，有利于节汇创汇(略)。

(3) 该省医药工业虽具有比较雄厚的基础，但分布不均匀，北部地区相对比较薄弱，该项目的建成投产将为北部地区抗生素生产基地的形成创造必要条件。另外，××市是该省的贫困地区，该项目的按时投产将实现每年×××万元的利润，为改变××地区贫困落后的现状、地方财政困难局面做出贡献。

以上几点可以说明，××药厂扩建年产10t克菌灵项目，无论从宏观还是从微观上讲都是十分必要的。

3. 建设条件评估

(1) 建设位置的选择：厂区南侧现有土地40亩(1亩≈666.67平方米)，土质为风化残积碎石类土，地下水位为-15m，属于本厂长远发展规划用地范围，已经得到市城市建设规划部门的承认，选定为本次扩建用地。

(2) 交通运输：该厂位于××市西郊。西铜高速公路、西延铁路都在本市通过，交通方便。目前全厂有载重车××辆，各种仓库面积×××m²，储运能力较强，可以满足扩建的需要。

(3) 供水：该厂主要依靠市自来水公司供水，厂里现有水库2800m³，日供水能力可达7500t，日回收利用循环水3000t，有两眼备用井，日供水量可达4000t，能保证生产用水。

(4) 供热：市热电厂和制药厂早在20××年就达成年供气协议。自20××年1月起，开始正常对该厂供气，气压稳定，非常有利于抗生素生产。市热电厂"十三五"期间将增加新机组，供热能力增加时，还可向药厂增供气12t/h。

(5) 供电：该厂现有变压器容量为4100kVA，正常运行的变压器2台为1250kVA，一台1600kVA作为备用。电源通过老城变电所(东干线)和西郊变电所(铁西线)高压线路对药厂新建变电站所供电，形成实质性的双电源供电，新建的变电所为该厂主要变电所，应具备$6×10^4$kW·h/d的供电能力。由双电源来的高压线，经新变电所高压计量后，分为四部分使用，一路送老变电所，一路备用，一路经新变电所降压后为新车间送电，一路直送空压机站。

(6) 环境保护：该项目在生产过程中会产生一定量的废气、废渣、废水，以及由空气压缩机产生的振动和噪声，因此该厂决定投入一部分资金用于治理"三废"，达到环境保护要求。废气，一般采用施风分离器分出水分后，由车间高处排向大气。废渣，从其性质来看，可做饲料，因此拟投资建一个饲料加工厂，废渣量为8~10t/d。废水，拟采取深井爆气处理，保证水污染物排放浓度符合相关标准要求。对振动及噪声较大的空气压缩机、高速离心机等适当采用减震消音装置，使周围居民不致有因振动及噪声引起不适感觉。

4. 技术评估

1) 生产工艺流程图

图略。

2) 评价意见

如前所述，上述品种是日本最先研制成功并推向市场的。我国于19××年研制开发成功，经山东、上海等国内六家企业的工业性生产实践或中试，证明该品种所采用的生产工艺路线是可行的，选择的工艺条件是合理的，国内中小型抗生素企业是可以掌握的，具备工业化生产的必要条件。同时，工业性生产实践和中试结果还证明，该品种的主要技术经济指标如发酵单位、收率、染菌率、单位成本等均已达到科研单位技术转让条款中的有关技术经济指标。我们认为，××制药厂根据大量调研资料提出的生产工艺条件完整，设备符合工艺条件的要求，布置合理，设备选取保证了兼顾先进性、合理性、经济性的原则。

××制药厂开发上述产品的有利条件是，克菌灵为与麦迪霉素同属大环内酯类抗生素，两者在发酵和提炼工艺阶段极为相似。××制药厂生产麦迪霉素已有若干年历史，已经积累了一定经验。这就为生产这个新品种、掌握生产工艺和技术创造了有利条件。目前尚需进一步加以完善的工作是，克菌灵的乙酰化反应是新品种生产的技术难关，是提高收率和产品质量的关键所在。××制药厂生产抗生素历史不长，力量相对较弱，现有设备比较紧张，建设抓紧组织人员和设备进行小试和中试，摸索和掌握生产工艺条件，特别要抓紧技术人员和生产队伍的培训工作。

5. 企业经济效益评估

1) 投资估算

(1) 投资估算的依据。该项目的投资估算，主要是根据××制药厂提供的有关基础数据，如设备台套、建筑物、构筑物面积及安装工作量；在企业提供投资总数之上，适当考虑物价上涨情况；采用了环保、电力、自来水公司等部门提出的专业投资估算。

(2) 基本建设投资。经测算，该项工程基本建设投资为×××万元。其中，建筑工程×××万元，设备购置费×万元，设备安装费××万元，其他工程及费用×××万元，不可预见费×××万元。

(3) 建设期贷款利息(略)。

(4) 固定资产投资总额。固定资产投资总额由基本建设投资额和建设期贷款利息两部分组成。该项目固定资产投资总额为××××万元。

(5) 新增固定资产原值。该项目新增固定资产原值为×××万元。

(6) 投资来源及用款计划。

第一方案：省中国建设银行债券及技术改造贷款×××万元，市中国建设银行贷款×××万元，其余××万元由企业自筹。

第二方案：省市中国建设银行贷款×××万元，企业自筹××万元，其余×××万元拟申请总行建设银行贷款。效益测算是按第一方案测算的。

2) 产品成本预测

(1) 在克菌灵原料药的成本估算中，包括以下成本项目：①原材料(略)；②燃料与动力(略)；③该项目竣工投产后，所需职工的工资与福利基金(略)；④固定资产折旧费(略)；⑤大修基金(略)；⑥流动资金利息支出(略)；⑦其他支出(略)；⑧销售费用(略)。

(2) 制剂成本的估算在每年生产的原料药中，一部分直接外销，另一部分则在本厂继续加工成制剂之后销售。

3) 销售收入与税金预测

(1) 销售价值的确定。原则上按药品开发阶段的市场价格及未来市价可能出现的变化趋势决定。克菌灵原料药投产后第一年每10亿为10000元，第二年每10亿为9000元，第三年为8000元。针剂投产第一年定为1.10元，第二年为0.90元，第三年为0.80元，均低于目前市场价。

(2) 销售收入。投产第一年销售收入为×××万元，第二年为×××万元，从第三到第十五年每年为×××万元。

(3) 销售税金。原料药税率5%，针剂4%。城市维护建设税和教育费附加合计为销售税金的8%，克菌灵属新产品，投产后两年内免交销售税。

4) 利润预测

(1) 年利润。项目投产后第一年预计实现利润×××万元，第二年×××万元，第三年预计可实现×××万元。

(2) 可用于还款的利润。可用于还款的利润按利润总额的90%计算，第一年×××万元，第二年×××万元，第三年以后每年×××万元。企业留利作为弥补原针剂车间由于生产新产品而损失的经济效益。

5) 贷款偿还期预测

略。

6) 现值与内部收益率的预计

略。

7) 企业投资利润

略。

8) 企业经济评估结论

贷款偿还期为5年，说明企业具有较强的还贷能力，项目内部收益率明显高于20××年医药行业投资收益率，说明该项目在整个经济寿命期内的经济效益是好的。因此，从企业财务评价角度看，项目是可行的。

6. 国民经济评价

1) 国民经济效益评价的有关数据

2) 评价指标计算

(1) 新增国民收入(略)。

(2) 投资新增国民收入率(略)。

(3) 投资利税率(略)。

(4) 投资回收期(略)。

(5) 国民收入现值(略)。

(6) 节汇款：以克菌灵进口价20万美元/t，产量10t，该项目建成后，替代进口，每年可节约外汇200万美元。

3) 结论

该项目投资新增国民收入率，投资利税率明显高于医药行业投资国民收入率和投资利税率。投资回收期短，节汇效果明显。另外，该项目建成投产后，将成为××地区医药工业的龙头，带动全市医药工业发展，为××市提供更多就业机会，为地方财政做出较大贡献。所以，该项目投资的相关效益是显著的。

7. 盈亏平衡分析

略。

根据以上分析可以看出，该项目投产后，实际能力只要达到设计能力的40%，即可达到收支平衡。

8. 总评估

(1) 该项目建设，对缓解抗生素供求矛盾、替代进口、增加出口，都具有重要作用。

(2) 在××市政府直接领导和有关部门支持下，该项目建设进展比较顺利，建设的内外部条件均已具备。

(3) 该项目采用的工艺技术已经过国内工业性生产试验，技术成熟、可靠。××制药厂提供的生产工艺流程及设备配置是完整的，能够满足生产的需要。

(4) 经济效益显著。从企业经济效益角度看，该项目投产后年新增利税×××万元以上，投资利润远远高于医药行业投资利润率，全部贷款偿还期为5年，内部收益率为30.07%，高于医药行业基准收益率；从国民经济效益角度看，该产品投产后年新增国民收入××××万元，投资新增国民收入率为41%，投资利税为38%，均高于医药行业平均水平，每年可节汇200万元。所以，该项目的建设是可行的。

小 结

建设项目评估是指在可行性研究的基础上，根据国家颁布的政策、法规、方法、参数和条例等，从项目(或企业)、国民经济和社会的角度出发，对拟建项目建设的必要性、建设条件、生产条件、产品市场需求、工程技术、财务效益、经济效益和社会效益等进行全面分析论证，从而判断其是否可行的一项工作。

建设项目评估是一项经济技术性较强而又复杂的工作，必须采取科学的工作程序，有计划、有步骤地进行。不同类型的建设项目，其投资额不同，涉及面不同，因而对其进行评估的程序也不完全一致，就一般项目而言，评估工作一般可分为制订计划、收集资料、综合分析、编写报告四个阶段。

建设项目评估与可行性研究都是建设项目前期决策过程中的重要内容。二者既有共性又有个性。尽管两者同处于项目投资的前期阶段、出发点一致、考察的内容及方法基本一致、目的和要求基本相同，但两者又在承担主体、评价的角度、在项目投资决策过程中的目的和任务、在项目投资决策过程中所处的时序和作用等方面显示出不同于对方的特点。

习 题

一、填空题

1. 建设项目评估是指在_____的基础上，根据国家颁布的政策、法规、方法、参数和条例等，从项目(或企业)、国民经济和社会的角度出发，对拟建项目建设的必要性、建设条件、生产条件、产品市场需求、工程技术、_____等进行全面分析论证，从而判断其是否可行的一项工作。

2．建设项目评估和可行性研究都是_____的重要准备，都是对项目_____及投资决策的咨询论证工作。

二、单项选择题

1．(　　)阶段研究的重点是投资规模，鉴别投资方向，投资结构。
　　A．机会研究　　　　　　　　B．编制项目建议书
　　C．初步可行性研究　　　　　D．详细可行性研究

2．(　　)阶段是投资前期研究工作的最后阶段。
　　A．机会研究　　　　　　　　B．竣工验收
　　C．项目评估　　　　　　　　D．详细可行性研究

三、简答题

1．建设项目评估的程序有哪些？
2．建设项目评估与可行性研究有哪些联系和区别？

四、实训题

在××制药厂克菌灵项目评估报告中，建设项目评估的内容包括哪些？

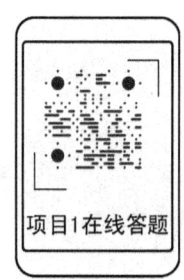

项目1在线答题

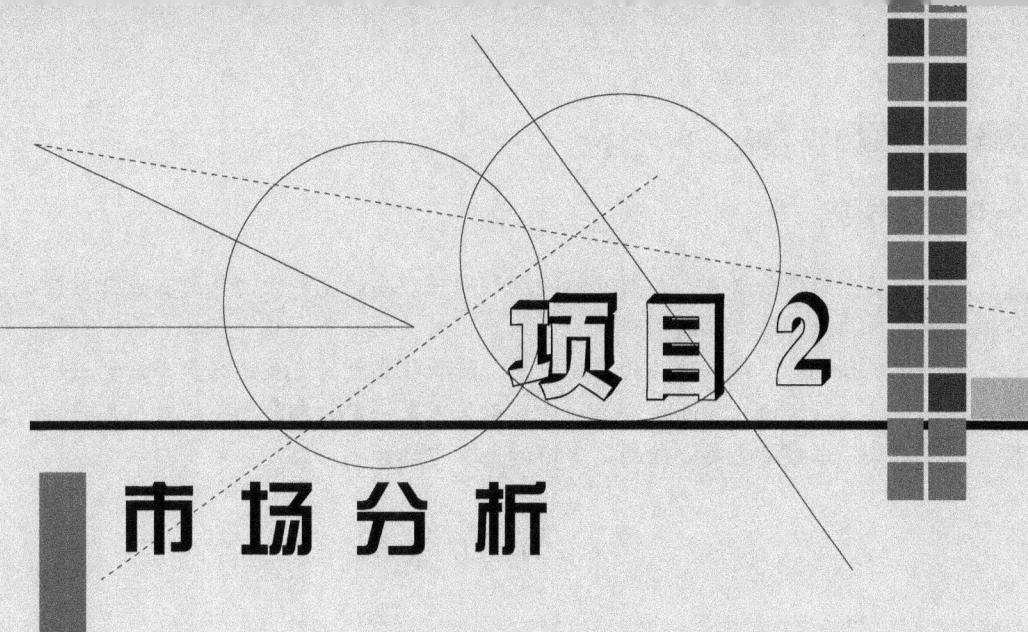

项目 2 市场分析

教学目标

掌握市场调查各种方法的选择,掌握市场预测的概念,能使用常用的市场预测方法对市场信息进行预测。

教学要求

知识要点	能力要求	相关知识	所占分值(100分)
市场调查的内容	掌握建设项目市场调查的内容	环境调查	20
市场调查的程序与方法	1. 了解市场调查的程序; 2. 掌握市场调查的方法	调研整体方案设计、文案调查法、访问法、观察法、实验法、网络调查法	40
市场预测的内容	1. 了解市场预测的原理; 2. 掌握常见的市场预测方法	时间序列预测法、回归分析预测法	40

▶▶项目导读

通过市场分析结合项目产品所处的阶段和项目产品的竞争能力及所在行业的情况,可以做出项目产品是否有市场的判断。

为了正确预测拟建项目产品的市场前景,应将收集到的有关市场调查资料进行汇总分析,在此基础上,运用科学的方法,预计和测算未来一定时期内的市场对项目产品的需求量和变化趋势。本项目主要介绍的是市场调查和市场预测。

2.1 市场调查

 引例 2-1

人均居民收入实际增长略快于人均 GDP(Gross Domestic Product,国内生产总值)增长。2016 年,GDP 实际增速为 6.7%,2016 年人口自然增长率为 5.86‰,扣除人口总量自然增长因素后的人均 GDP 实际增速为 6.1%。尽管全国居民人均可支配收入实际增速略低于 GDP 总量增速,但从可比角度看,全国居民人均可支配收入的实际增速高于人均 GDP 实际增速 0.2 个百分点。

农村居民收入增长继续快于城镇居民。按常住地分,城镇居民人均可支配收入为 33616 元,比 2015 年名义增长 7.8%,实际增长 5.6%;农村居民人均可支配收入为 12363 元,名义增长 8.2%,实际增长 6.2%。农村居民人均收入名义增速和实际增速分别高于城镇居民 0.4 和 0.6 个百分点。城乡居民收入比由 2015 年同期的 2.73 下降为 2.72,城乡居民的收入差距继续缩小。

【思考】
2016 年,居民收入增长是通过什么手段得出的?

2.1.1 市场调查概述

1. 市场调查的含义

市场调查是指运用科学的方法,有目的、系统地搜集、记录、整理有关市场营销信息和资料,分析市场情况,了解市场的现状及其发展趋势,为市场预测和营销决策提供客观的、正确的资料。

市场调查的内容很多,有市场环境调查,包括政策环境、经济环境、社会文化环境的调查;有市场基本状况调查,主要包括市场规范、总体需求量、市场的动向、同行业的市场分布占有率等;有销售可能性调查,包括现有和潜在用户的人数及需求量、市场需求变化趋势、本企业竞争对手的产品在市场上的占有率、扩大销售的可能性和具体途径等;还可对消费者及消费需求、企业产品、产品价格、影响销售的社会和自然因素、销售渠道等开展调查。

2. 市场调查的分类

为了更好地组织和开展市场调研活动，对市场调查进行分类是非常必要的，根据不同的分类标准可以将市场调查分为多个类别。

1) 按照市场调查是否针对特定的问题展开、是否能解决企业的具体问题划分

按照市场调查是否针对特定的问题展开、是否能解决企业的具体问题划分，可以分为应用性调查和基础性调查。为了解决市场中企业的具体问题而展开的调查，称为应用性调查。基础性调查的目的则是扩展市场信息的新的知识领域，它不以某个具体的实际问题为目的，结果一般不能直接应用于企业经营实践，但它是为进一步理解和解决一般性企业经营问题提供理论基础和方法。政府、高校、研究机构所做的调查大部分属于基础性调查，而企业所做的更多的则属于应用性调查的范畴。

2) 按照市场调查的定义分类

根据市场调查的定义，开展调查研究的目的包括辨别问题和解决问题两大类。辨别问题的调查主要是对市场状况、市场特点、市场需求的规模等进行描述。解决问题的调查目的是找出存在问题的解决办法，通常用来指导企业决策者选择更好的和更可行的决策方案。

3) 按照市场调查的内容分类

按照调查的内容可以将市场调查划分为宏观调查与微观调查两种。宏观调查主要是针对企业不可控的宏观因素展开的调查，包括政治环境调查、法律环境调查、经济环境调查、社会文化调查、科技调查、自然环境调查等方面。微观调查则是针对企业可控因素进行的调查，主要包括消费者调查、市场需求调查、产品调查、价格调查、分销渠道调查以及促销调查等。

4) 按照市场调查的方法和获取数据的性质分类

根据调查的方法和获取数据的性质，可以将市场调查划分为定性调查和定量调查两类。定性调查是指主要获取受访者感觉、情感、动机、喜好等不容易量化衡量的深层次信息的一类调查。而定量调查的目的是获取样本的定量资料，通过样本的各类数字特征来推断总体的具体特征。

5) 按照研究性质分类

按照研究性质分类，我们习惯性地将市场调查分为探索性调研、描述性调研、因果性调研和预测性调研4种类型。

(1) 探索性调研一般是在调研专题的内容与性质不太明确时，为了了解问题的性质，确定调研的方向与范围而进行的搜集初步资料的调查，通过这种调研，可以了解情况，发现问题，从而得到关于调研项目的某些假定或新设想，以供进一步调查研究，是为了界定问题的性质以及更好地理解问题的环境而进行的小规模的调研活动。探索性调研特别有助于把一个大而模糊的问题表达为小而精确的子问题，以使问题更明确，并识别出需要进一步调研的信息(通常以具体的假设形式出现)。

(2) 描述性调研是一种常见的项目调研，是指对所面临的不同因素、不同方面现状的调查研究，其资料数据的采集和记录，着重于客观事实的静态描述。大多数的市场营销调

研都属于描述性调研。例如，市场潜力和市场占有率，产品的消费群结构，竞争企业的状况的描述。在描述性调研中，可以发现其中的关联因素，但是，此时我们并不能说明两个变量哪个是因、哪个是果。

(3) 因果性调研主要用于考察变量和结果之间是否存在相对应的变化关系，通过因果性调研可以清楚外界因素的变化对项目进展的影响程度，以及项目决策变动与反应的灵敏性，具有一定程度的动态性。因果关系调研的目的是找出关联现象或变量之间的因果关系。

(4) 预测性调研是指专门为了预测未来一定时期内某一环节因素的变动趋势及其对企业市场营销活动的影响而进行的市场调研。

> **知识提示**
>
> 4种类型的调研方式的主要区别见表2-1。

表2-1　4种调研方式的区别

性质类别	主要区别
探索性调研	探索问题性质，解决"怎么样"问题
描述性调研	记录市场状况，解决"是什么"问题
因果性调研	寻找问题原因，解决"为什么"问题
预测性调研	判断未来发展，解决"如何变"问题

3. 市场调查的方法

常用的市场调研的方法主要有文案调查法、访问法、观察法、实验法和网络调查法这5种。

1) 文案调查法

文案调查法又称间接调查法，是指调查人员从各类文献、档案资料中收集有关市场信息资料的方法。通过对间接资料的收集，可以使企业迅速了解有关市场，把握市场机会，也可以使自己对要了解的市场情况有初步的认识，为进一步的直接调查奠定基础。文案调查法是对各类已经存在的市场信息进行收集的方法。

文案调查应围绕调查目的，收集一切可以利用的现有资料。间接资料的来源主要可以分为两大类：企业内部资料来源和企业外部资料来源。企业内部资料来源主要是收集企业经济活动的各种记录，包括业务资料、统计资料、财务资料以及企业积累的其他资料(如平时剪报、经验总结、顾客意见和建议等)；企业外部资料的收集可从以下几个主要渠道加以收集：统计部门与各级各类政府主观部门公布的有关资料，各种经济信息中心、专业信息咨询机构、各行业协会和联合会提供的市场信息和有关行业情报，国内外有关的书籍、报纸、杂志所提供的文献资料等。

> **知识提示**
>
> 文案调查的具体方法，常见的有以下几种：核算法、报告法、汇编法、筛选法、剪辑法、购买法、参考文献查找法、检索工具查找法、计算机网络检索法、情报联络网法等。

2)访问法

访问调查法简称访问法或询问法,是指调查者以访谈询问的形式,或通过电话、邮寄、留置问卷、小组座谈、个别访问等询问形式向被调查者搜集市场调查资料的一种方法。基本原理是以问和听的形式获取信息,挖掘信息。访问法是市场调查资料搜集最基本最常用的调查方法,主要用于原始资料的搜集。

> **知识提示**
>
> 访问法按不同标志划分,可以分为许多类型,主要有如下几种。
> (1) 按访问形式分,有面谈访问、电话询问、留置问卷访问、邮寄访问等方法。
> (2) 按访问方式分,有直接访问和间接访问。
> (3) 按访问内容分,有标准化访问和非标准化访问。

标准化访问又叫结构性访问,是指调查者事先拟好调查问卷或调查表,有条不紊地向被调查者访问,主要应用于数据收集和市场的定量研究。非标准化访问又叫非结构性访问,是指调查者按粗略的提纲自由地向被调查者访问,主要应用于非数据信息收集和市场的定性研究。

3)观察法

观察法是指调查者到现场凭自己的观察或借助摄录像器材,直接或间接地观察和记录正在发生的市场行为或状况,以获取有关信息的一种实地调查法。这种方法的特点是,不与被调查者发生直接接触,而是在被调查者不知情的情形下从侧面记录被调查者的实际活动,从而提高调查结果的真实性和可靠性。在现代市场调查中,观察法常用于对消费者购买行为的调查。

4)实验法

实验法是指市场调研者有目的、有意识地改变一个或几个影响因素,来观察市场现象在这些因素影响下的变动情况,以认识市场现象的本质特征和发展规律。即从影响调查问题的许多可变因素中,选出一个或两个因素,将它们置于同一条件下进行小规模实验,然后对实验观察的数据进行处理和分析,确定研究结果是否值得大规模推广。它是研究特定问题的各因素之间的因果关系的一种有效手段。

5)网络调查法

网络调查法称网上市场调研法或联机市场调研法,它将问卷设计、样本抽取、数据处理等过程都通过计算机网络来进行,通过网络进行有系统、有计划、有组织地收集、调查、记录、整理、分析与产品、服务有关的市场信息,客观地测定及评价现在市场及潜在市场,用以解决市场营销的有关问题的调研方法。网络调查法主要包括电脑网络访谈法、E-mail问卷调查法、被动问卷调研法、专业网站调研法等。

> **知识提示**
>
> 表2-2为网络调查与传统调查的区别。

表 2-2 网络调查与传统调查的区别

区分项 \ 类型	类型	
	网上调查	传统调查
调研费用	较低，主要是设计费和数据处理费	昂贵，要支付包括问卷设计、印刷、发放、回收、聘请和培训访问员等多方面费用
调查范围	全国乃至全世界，样本数量庞大	受成本限制，调查地区和样本均有限制
运作速度	很快，只需搭建平台，数据库可自动生成，几天就可能得出有意义的结论	慢，至少需要2～6个月才能得出结论
调查的时效性	全天候进行	不同的被访问者对其可进行访问的时候不同
被访问者的便利性	非常便利，被访问者可自行决定时间、地点回答问卷	不方便，要跨越空间障碍，到达访问地点
调查结果的可信性	相对真实可信	一般有督导对问卷进行审核，措施严格，可信性高
实用性	适合长期的大样本调查；适合要迅速得出结论的情况	适合面对面的深度访谈

4. 市场调查的内容

市场调查的内容涉及市场营销活动的整个过程，主要包括以下几方面。

1）市场环境调查

市场环境调查主要包括经济环境、政治环境、社会文化环境、科学环境和自然地理环境等。具体的调查内容可以是市场的购买力水平，经济结构，国家的方针、政策和法律法规，风俗习惯，科学发展动态，气候等各种影响市场营销的因素。

2）市场需求调查

市场需求调查主要包括消费者需求量调查、消费者收入调查、消费结构调查、消费者行为调查，包括消费者为什么购买、购买什么、购买数量、购买频率、购买时间、购买方式、购买习惯、购买偏好和购买后的评价等。

3）市场供给调查

市场供给调查主要包括产品生产能力调查、产品实体调查等。具体为某一产品市场可以提供的产品数量、质量、功能、型号、品牌等以及生产供应企业的情况等。

4）市场营销因素调查

市场营销因素调查主要包括产品、价格、渠道和促销的调查。产品的调查主要有了解市场上新产品开发的情况、设计的情况、消费者使用的情况、消费者的评价、产品生命周期阶段、产品的组合情况等。

5）市场竞争情况调查

市场竞争情况调查主要包括对竞争企业的调查和分析，了解同类企业的产品、价格等方面的情况，分析他们采取了什么竞争手段和策略，做到知己知彼，通过调查帮助企业确定自己的竞争策略。

【思考】
弄清楚市场调查的内容，那么我们如何进行市场调查呢？

2.1.2 市场调查的程序

市场调查由一系列收集和分析市场数据的步骤组成。某一步骤做出的决定可能影响其后续步骤，某一步骤所做的任何修改往往意味着其他步骤也可能需要修改。市场调查的步骤一般按如下程序进行。

1) 确定问题与假设

由于市场调查的主要目的是收集与分析资料，以帮助企业更好地做出决策，以减少决策的失误，因此调查的第一步就要求决策人员和调查人员认真地确定和商定研究的目标。

2) 确定所需资料

调查的目的是提供准确有效的决策信息，所以要根据确定好的问题和调查假设，设置好需要获得的资料内容，同时考虑各类资料的来源。

3) 确定收集资料的方式

制定一个收集所需信息的最有效的方法，它需要确定的有数据来源、调查方法、调查工具、抽样计划等。还要规定采用什么组织方式和方法取得调查资料。各种调查方法的适用范围和效果是不一样的，在调查时，采用何种方式、方法不是固定和统一的，而是取决于调查对象和调查任务。在市场经济条件下，为准确、及时、全面地取得市场信息，尤其应注意多种调查方式的结合运用。

4) 抽样设计

在调查设计阶段就应决定抽样对象是谁，这就提出抽样设计问题。其一，究竟是概率抽样还是非概率抽样；其二，一个必须决定的问题是样本数目，而这又需考虑到统计与经济效率问题。

5) 数据收集

数据收集，就是根据确定好的抽样范围和抽样方式，选择受访者获取信息。确定调查人员，主要是确定参加调查人员的条件和数量，包括对调查人员的必要培训。

6) 数据分析

资料收集后，应检查所有答案，不完整的答案应考虑剔除，或者再询问该应答者，以求填补资料空缺。资料分析应将分析结果编成统计表或统计图，方便读者了解分析结果，并可从统计资料中看出与第一步确定问题假设之间的关系。同时又应将各类资料的结果以百分比与平均数形式表示，使读者对分析结果形成清晰对比。不过各种资料的百分率与平均数之间的差异是否真正有统计意义，应使用适当的统计检验方法来鉴定。

7) 调查报告

市场调查的最后一步是编写一份书面报告。一般而言，书面调查报告可分两类：专门性报告和通俗性报告。专门性报告的读者是对整个调查设计、分析方法、研究结果以及各类统计表感兴趣者，他们对市场调查的技术已有所了解。而通俗性报告的读者主要兴趣在于听取市场调查专家的建议，如一些企业的最高决策者。

知识链接

所谓随机抽样，是指按照随机的原则进行抽样，保证总体中每个单位都有同等机会被抽中的抽样调查组织方式。常用的随机抽样方法主要有纯随机抽样、分层抽样、系统抽样、整群抽样、多阶段抽样等。

非随机抽样是指抽样时不是遵循随机原则，而是按照研究人员的主观经验或其他条件来抽取样本的一种抽样方法。在一些情况下，随机抽样不能进行，或者随机抽样调查对象无法定义，包括一些特殊的抽样环境下，采用非随机抽样能起到更好的效果。常用的非随机抽样方法主要有判断抽样、典型抽样、重点抽样、滚雪球抽样、配额抽样等。

引例 2-2

某产品 2010—2017 年的销售量见表 2-3，要求预测 2018 年的销售量。

表 2-3　产品销量统计

年度(年)	2010	2011	2012	2013	2014	2015	2016	2017
销售量(t)	710	680	720	690	700	730	720	740

【思考】

我们可以用哪些预测方法来预测 2017 年的销售量呢？

2.2　市场预测

2.2.1　市场预测概述

1. 市场预测的概念

市场预测就是运用科学的方法，对影响市场供求变化的诸因素进行调查研究，分析和预见其发展趋势，掌握市场供求变化的规律，为经营决策提供可靠的依据。预测为决策服务，是为了提高管理的科学水平，减少决策的盲目性，我们需要通过预测来把握经济发展或者未来市场变化的有关动态，减少未来的不确定性，降低决策可能遇到的风险，使决策目标得以顺利实现。

2. 市场预测的分类

市场预测按照不同标准可以有不同的分类，常用的有以下几种分类方法。

1）按预测期长短不同分类

按预测期长短不同，可分为长期预测、中期预测和短期预测。

（1）长期预测指五年以上市场发展前景的预测，它是制订中长期计划和经济发展规划的依据。

（2）中期预测指对一年以上五年以下的市场发展前景的预测，它是制订中期计划和规划经济五年发展任务的依据。

(3) 短期预测是指对一年以下的市场发展变化的预测，是经营决策的依据。

2) 按预测的范围不同分类

按预测的范围不同，可分为宏观市场预测和微观市场预测。

(1) 宏观市场预测是指以整个国民经济、部门、地区的市场活动为范围进行的各种预测，主要目标是预测市场供求关系的变化和总体市场的运行态势。

(2) 微观市场预测是指从事生产、流通、服务等不同产业领域的企业，对其经营的各种产品或劳务市场的发展趋势做出估计和判断，为生产经营决策提供支持。

3) 按预测的性质不同分类

按预测的性质不同，可分为定性预测和定量预测（下面的章节会详细讲解）。

4) 按预测结果有无附加条件分类

按预测结果有无附加条件分类，可分为有条件预测和无条件预测。

(1) 有条件预测是指市场预测的结果要以其他事件的实现为条件。

(2) 无条件预测是指预测的结果不附加任何条件。

3. 市场预测的要求

市场预测的准确度愈高，预测效果就愈好。然而，由于各种主客观原因，预测不可能没有误差。为了提高预测的准确程度，预测工作应该具有客观性、全面性、及时性、科学性、持续性和经济性等基本要求。

(1) 客观性。市场预测是一种客观的市场研究活动，但这种研究是通过人的主观活动完成的。因此，预测工作不能主观随意地"想当然"，更不能弄虚作假。

(2) 全面性。影响市场活动的因素，除经济活动本身外，还有政治的、社会的、科学技术的因素，这些因素的作用使市场呈现纷繁复杂的局面。

(3) 及时性。为了帮助企业经营者不失时机地做出决策，要求市场预测快速提供必要的信息，过时的信息是毫无价值的。信息越及时，不能预料的因素就越少，预测的误差就越小。

(4) 科学性。预测所采用的资料，须经过去粗取精、去伪存真的筛选过程，才能反映预测对象的客观规律。运用资料时，应遵循近期资料影响大、远期资料影响小的规则。预测模型也应精心挑选，必要时还须先进行试验，找出最能代表事物本质的模型，以减少预测误差。

(5) 持续性。市场的变化是连续不断的，不可能停留在某一个时点上。相应地，市场预测须不间断地持续进行。

(6) 经济性。市场预测是要耗费资源的。有些预测项目，由于预测所需时间长，预测的因素又较多，往往需要投入大量的人力、物力和财力，这就要求预测工作本身必须量力而行，讲求经济效益。

4. 市场预测的内容

市场预测的内容十分广泛丰富，从宏观到微观，二者相互联系、相互补充。具体讲主要包括以下几个方面。

1) 预测市场容量及变化

市场商品容量是指有一定货币支付能力的需求总量。市场容量及其变化预测可分为生产资料市场容量预测和消费资料市场容量预测。生产资料市场容量预测是通过对国民经济发展方向、发展重点的研究，综合分析预测期内行业生产技术、产品结构的调整，预测工业品的需求结构、数量及其变化趋势。消费资料市场容量预测重点有以下3个方面。

(1) 预测消费者购买力。预测消费者购买力要做好两个预测：第一，人口数量及变化预测。人口的数量及其发展速度，在很大程度上决定着消费者的消费水平。第二，消费者货币收入和支出的预测。

(2) 预测消费者购买力投向。消费者收入水平的高低决定着消费结构，即消费者的生活消费支出中商品性消费支出与非商品性消费支出的比例。消费结构规律是收入水平越高，非商品性消费支出会增大，如娱乐、消遣、劳务费用支出增加，在商品性支出中，用于饮食费用支出的比例大大降低。另外，还必须充分考虑消费心理对购买力投向的影响。

(3) 预测商品需求的变化及其发展趋势。根据消费者购买力总量和购买力的投向，预测各种商品需求的数量、花色、品种、规格、质量等。

2) 预测市场价格的变化

企业生产中投入品的价格和产品的销售价格直接关系到企业的盈利水平。在商品价格的预测中，要充分研究劳动生产率、生产成本、利润的变化，市场供求关系的发展趋势，货币价值和货币流通量的变化，以及国家经济政策对商品价格的影响。

3) 预测生产发展及其变化趋势

对生产发展及其变化趋势的预测，是对市场中商品供给量及其变化趋势的预测。

知识提示

市场预测要解决的基本问题包括：投资项目的方向；投资项目的产品方案；投资项目的生产规模。

2.2.2 市场预测的程序

市场预测的程序就是开展预测工作的步骤，它是提高预测工作的效率和质量的重要保证。完整的预测工作一般包含以下几个步骤。

1. 确定预测目标

明确目标是开展市场预测工作的第一步。由于预测的目标、对象、期限、精度、成本和技术力量等的不同，预测所采用的方法、资料数据收集也有所不同。明确预测的具体目标，是为了抓住重点，避免盲目性，提高预测工作的效率。

2. 搜集资料

资料是预测的依据，有了充分的资料，才能为市场预测提供可靠的数据。搜集有关资料是进行市场预测重要的基础工作，搜集影响预测对象的真实可靠的资料，并剔除偶然性因素造成的不正常情况，是进行准确市场预测的基础条件。

3. 选择预测方法与建立预测模型

市场预测方法很多，每种方法都有自己的优缺点和适用范围。预测方法选用是否得当，将直接影响预测的精确性和可靠性。根据预测的目的、费用、时间、设备和人员等条件选择合适的方法，是预测成功的关键。

4. 分析预测误差

预测是对未来的估计和推测，很难与实际情况百分之百吻合，出现误差是不可避免的。产生误差的原因，可能是搜集的资料有遗漏和篡改或预测方法有缺陷，也可能是工作中的处理方法失当、工作人员的偏好影响等。因此，每次预测实施后，要利用数学模型计算的理论预测值，与过去同期实际观察值相比较，计算出预测误差，估计其可信度。同时，还要分析各种数学模型所产生误差的大小，以便对各种预测模型做出改进或取舍。误差分析往往同选择预测方法结合进行。

5. 编写预测报告

预测报告是对预测工作的总结，也是向使用者做出的汇报。预测结果出来之后，要及时编写预测报告。报告的内容，除了应列出预测结果外，一般还应包括资料的搜集与处理过程、选用的预测模型及对预测模型的检验、对预测结果的评价（包括修正预测结果的理由和修正的方法），以及其他需要说明的问题等。

2.2.3 市场预测的方法

市场预测的方法可以归纳为定性预测和定量预测两大类。将这两大类方法结合起来，并结合计算机技术，是预测方法发展的总趋势。

1. 定性预测法

定性预测是指预测者依靠熟悉业务知识、具有丰富经验和综合分析能力的人员与专家，根据已掌握的历史资料和直观材料，运用个人的经验和分析判断能力，对事物的未来发展做出性质和程度上的判断，然后，再通过一定形式综合各方面的意见，作为预测未来的主要依据。

定性预测在工程实践中被广泛使用，无论是有意还是无意的，特别适合于对预测对象的数据资料（包括历史的和现实的）掌握不充分，或影响因素复杂，难以用数字描述，或对主要影响因素难以进行数量分析等情况。

常见的定性预测方法主要有以下几种。

1) 头脑风暴法

头脑风暴法出自"头脑风暴"一词。所谓头脑风暴（Brain-Storming），最早是精神病理学上的用语，是针对精神病患者的精神错乱状态而言的，而现在则成为无限制的自由联想和讨论的代名词，其目的在于产生新观念或激发创新设想。头脑风暴法可分为直接头脑风暴法（通常简称为头脑风暴法）和质疑头脑风暴法（也称反头脑风暴法）。前者是专家群体决策尽可能激发创造性，产生尽可能多的设想的方法；后者则是对前者提出的设想、方案逐一质疑，分析其现实可行性的方法。

头脑风暴法是以小规模专家会议探求预测结果的方法,头脑风暴法力图通过一定的讨论程序与规则来保证创造性讨论的有效性,因此,讨论程序构成了头脑风暴法能否有效实施的关键因素。

> **知识链接**
>
> 实践经验表明,头脑风暴法可以排除折中方案,对所讨论问题通过客观、连续的分析,找到一组切实可行的方案,因而头脑风暴法在军事决策和民用决策中得到了较广泛的应用。例如,在美国国防部制定长远科技规划中,曾邀请50名专家采取头脑风暴法开了两周会议。参加者的任务是对事先提出的长远规划提出异议。通过讨论,得到一个使原规划文件变为协调一致的报告,在原规划文件中,只有25%~30%的意见得到保留。由此可以看出头脑风暴法的价值。当然,头脑风暴法实施的成本(时间、费用等)是很高的,另外,头脑风暴法要求参与者有较好的素质。这些因素是否满足会影响头脑风暴法实施的效果的好坏。

2) 德尔菲法

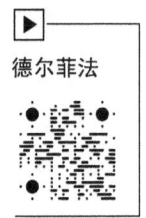

德尔菲法

德尔菲法,是采用背对背的通信方式征询专家小组成员的预测意见,经过几轮征询,使专家小组的预测意见趋于集中,最后做出符合市场未来发展趋势的预测结论。该方法是依据系统的程序,采用匿名发表意见的方式,即团队成员之间不得互相讨论,不发生横向联系,只能与调查人员发生关系,以反复地填写问卷,集结问卷填写人的共识及搜集各方意见,用来构造团队沟通流程,应对复杂任务难题的管理技术。

> **知识链接**
>
> 德尔菲法是在20世纪40年代由O.赫尔姆和N.达尔克首创,经过T.J.戈尔登和兰德公司进一步发展而成的。德尔菲这一名称起源于古希腊有关太阳神阿波罗的神话。德尔菲是古希腊地名。相传太阳神阿波罗在德尔菲杀死了一条巨蟒,成了德尔菲主人。传说中阿波罗具有预见未来的能力。因此,这种预测方法被命名为德尔菲法。1946年,美国兰德公司为弥补集体讨论存在的屈从于权威或盲目服从多数的缺陷,首次用这种方法进行定性预测,后来该方法被迅速广泛采用。

采用德尔菲法进行预测的主要优点在于:吸收专家参与预测,充分利用专家的经验和学识;采用匿名或背靠背的方式,能使每一位专家独立自由地做出自己的判断;预测过程经过几轮反馈,使专家的意见逐渐趋同。德尔菲法的这些特点使它成为一种最为有效的判断预测法。

3) 主观概率法

主观概率法是市场趋势分析者对市场趋势分析事件发生的概率(即可能性大小)做出主观估计,或者说对事件变化动态的一种心理评价,然后计算它的平均值,以此作为市场趋势分析事件的结论的一种定性市场趋势分析方法。主观概率法一般和其他经验判断法结合运用。

主观概率法是一种主观预期,具有明显的主观性,结果准确与否完全依赖于预测者的经验、专业知识和判断预测能力;预测结果具有相对性,"主观性"的预测结果只能相对地反映客观结果,但由于其预测简便、快捷、经济,适用范围较广泛,在现实预测过程中也是一种常用的定性预测办法。

2. 定量预测法

定量预测是指在数据资料充分的基础上,运用数学方法,有时还要结合计算机技术,对事物未来的发展趋势进行数量方面的估计与推测。定量预测方法有两个明显的特点:一是依靠实际观察数据,重视数据的作用和定量分析;二是建立数学模型作为定量预测的工具。随着统计方法、数学模型和计算机技术日益为更多的人所掌握,定量预测的运用会越来越广泛。

定量预测的方法有很多,这里主要介绍两种定量预测方法:时间序列预测法和回归分析预测法。

1) 时间序列预测法

时间序列是指同一种现象在不同时间上的观察值排列而成的一组数字序列。时间序列预测方法的基本思想是:预测一个现象的未来变化时,用该现象的过去行为来预测未来,即通过时间序列的历史数据揭示现象随时间变化的规律,将这种规律延伸到未来,从而对该现象的未来做出预测。它是以时间数列所能反映的社会经济现象的发展过程和规律性,进行引申外推,预测其发展趋势的方法。时间序列预测法又分为平均数市场预测法和指数平滑市场预测法。

(1) 平均数市场预测法。

平均数市场预测法是在对时间序列进行分析研究的基础上,计算时间序列观察值的某种平均数,并以此平均数为基础确定预测模型或预测值的市场预测方法。它的计算过程比较简单,具有简便易行的特点。平均市场预测法由于所计算的平均数不同,可以具体分为以下几种方法。

① 简单算术平均法。简单平均数的计算,是以市场现象观察值数据之和除以观察值的期数。其公式为

$$\hat{y}_t = \frac{\sum_{i=1}^{n} y_i}{n} \tag{2-1}$$

式中:$\hat{y}_t$——t 期的预测值;

$\sum y$——各期观察值之和;

n——观察期数。

【例 2-1】某企业 1～5 月份销售额见表 2-4,用简单算术平均法预测该企业 6 月份的销售额。

表 2-4 某企业销售额

月份	1月	2月	3月	4月	5月
销售额(万元)	120	135	145	155	160

解：$\hat{y}_t = \dfrac{\sum_{i=1}^{n} y_i}{n} = (120+135+145+155+160)/5 = 143(万元)$

② 加权算术平均法。采用时间序列预测法，时间序列中各期市场现象观察值，对预测值的影响是不一样的。一般来说，距预测期远的观察值对预测值的影响小一些，距预测期近的观察值对预测值的影响大些。这种根据观察值的重要性不同，分别给予相应的权数后，再计算加权平均数作为建立预测模型和计算预测值依据的方法，称为加权平均预测法。

加权平均预测法，通常采用加权算术平均法来计算平均值，其公式为

$$\hat{y}_t = \dfrac{\sum_{i=1}^{n} y_i w_i}{\sum_{i=1}^{n} w_i} \tag{2-2}$$

式中：y——各期实际观察值$(t=1, 2, \cdots, n)$；
$\quad\quad w$——各期权数。

【例2-2】某企业近5年销售某种商品的销售额分别为120万元、130万元、115万元、125万元、135万元，假设每年的权重依次为1、2、3、4、5，用加权算术平均法预测下一年的销售额。

解：$\hat{y}_6 = (120\times1+130\times2+115\times3+125\times4+135\times5)/(1+2+3+4+5) = 126.7(万元)$

加权平均预测法，必须确定适当的权数，才能得到满意的预测值，而权数的确定，主要考虑两点：首先是考虑距预测期的远近，远的权数小些，近的权数大些；其次是考虑时间序列本身的变动幅度大小，变动幅度较大的给予的权数差异就大些，反之权数的差异就可以小些。

③ 移动平均法。移动平均法是对时间序列观察值由远及近按一定跨越期计算平均值的一种预测方法。移动平均法有两个显著的特点：第一，对于较长观察期内时间序列的观察值变动方向和程度不尽一致，呈现出波动状态，或受随机因素影响比较明显时，移动平均法能够在消除不规则变动的同时，又对其波动有所反映；第二，移动平均法所需储存的观察值比较少，因为随着移动，远期的观察值对预测期数值的确定就不必要了，这一点使得移动平均法可长期用于同一问题的连续研究，而不论延续多长时间，所保留的观察值是不必增加的，只需保留跨越期这个观察值就可以了。

移动平均法的准确程度，主要取决于跨越期选择得是否合理。而预测者确定跨越期长短要根据两点，一是要根据时间序列本身的特点，二是要根据研究问题的需要。

移动平均法适合于既有趋势变动又有波动的时间序列，也适合于有波动的季节变动现象的预测。其主要作用是消除随机因素引起的不规则变动对市场现象时间序列的影响。具体方法有一次移动平均法、二次移动平均法，这里仅介绍一次移动平均法。

一次移动平均法是时间序列按一定跨越期，移动计算观察值的算术平均数，其平均数随着观察值的移动而向后移动。计算公式为

$$M_{t+1}^{(1)} = \dfrac{Y_t + Y_{t-1} + Y + \cdots + Y_{t-n+1}}{n} \tag{2-3}$$

式中：$M_{t+1}^{(1)}$——第 $t+1$ 期的一次移动平均值，即 $t+1$ 期的预测值；

Y_t——第 t 期的观察值($t=1, 2, \cdots, N$)；

n——跨越期数($1 \leqslant n \leqslant N$)。

> **知识提示**
>
> 平均数市场预测法适用于两种情况：一种是市场现象时间序列呈水平发展趋势，不规则变动即随机因素的影响较小。此时应用此方法，实际上是进一步消除不规则变动的影响，将水平型变动规律更清楚地反映出来。另一种情况是市场现象在一年中各月的观察值有明显的季节变动，而在几年之间不存在明显的趋势变动，且不规则变动(即偶然因素)的影响很小。

(2) 指数平滑市场预测法。

指数平滑市场预测法实际上是一种特殊的加权移动平均法。它的特点在于：对离预测期近的观察值，给予较大的权数，对离预测期远的观察值给予递减的权数；对于同一市场现象连续计算其指数平滑值，由近及远按等比级数减小；指数平滑法中的 α 值，是一个可调节的权数值，$0 \leqslant \alpha \leqslant 1$。

指数平滑法按市场现象观察值被平滑的次数不同，可分为单重指数平滑法和多重指数平滑法。

单重指数平滑法也称一次指数平滑法，是指对市场现象观察值计算一次平滑值，并以一次指数平滑值为基础，估计市场现象的预测值的方法。这里仅介绍一次指数法。

一次指数平滑法中平滑值的计算公式为

$$F_t = \alpha x_t + (1-\alpha) F_{t-1} \tag{2-4}$$

式中：α——平滑系数；

x_t——历史数据序列 x 在第 t 期的观测值；

F_t——第 t 期的平滑值；

F_{t-1}——第 $t-1$ 期的平滑值。

初始值 F_0 的确定：当时间序列期数在 20 个以上时，$F_0 = x_1$；当时间序列期数在 20 个以下时，可取前 3～5 个观测值的平均值，如 $F_0 = \dfrac{x_1 + x_2 + x_3}{3}$。

2) 回归分析预测法

回归分析预测法是预测学的基本方法，它是利用预测目标(因变量)与影响因素(自变量)之间的相关关系，通过建立回归模型，由影响因素的数值推算预测目标的数值。回归分析中，当研究的因果关系只涉及因变量和一个自变量时，叫做一元回归分析；当研究的因果关系涉及因变量和两个或两个以上自变量时，叫做多元回归分析。

此外，回归分析中，又依据描述自变量与因变量之间因果关系的函数表达式是线性的还是非线性的，分为线性回归分析和非线性回归分析。通常，线性回归分析法是最基本的分析方法，遇到非线性回归问题可以借助数学手段化为线性回归问题处理。

回归分析预测法是利用回归分析方法，根据一个或一组自变量的变动情况预测与其有相关关系的某随机变量的未来值。进行回归分析需要建立描述变量间相关关系的回归方程。

根据自变量的个数,可以是一元回归,也可以是多元回归。根据所研究问题的性质,可以是线性回归,也可以是非线性回归。非线性回归方程一般可以通过数学方法为线性回归方程进行处理。下面介绍一元一次线性回归方程。

设直线回归的方程为
$$\hat{y} = \hat{a} + \hat{b}x \tag{2-5}$$

$$\hat{b} = \frac{\sum_{i=1}^{n} x_i y_i - \bar{x}\sum_{i=1}^{n} y_i}{\sum_{i=1}^{n} x_i^2 - \bar{x}\sum_{i=1}^{n} x_i}$$

$$a = \bar{y} - b\bar{x}$$

式中:a,b——待定系数;
x——自变量;
y——因变量。

> **知识提示**
>
> 只有当两个变量的线性关系较为明显,样本点大致呈一条直线分布时,所求的回归直线才有实际意义,此时我们需用相关系数来描述两个变量的线性关系的关联程度。

▶▶**案例**

题干见"引例2-2"。

1. 采用简单算术平均数预测

$$\hat{y}_t = \frac{\sum y}{n} = (710+680+720+690+700+730+720+740)/8 = 711.25(万元)$$

2. 采用加权算术平均数预测

根据公式 $\hat{y}_t = \frac{\sum yw}{\sum w}$,首先要设置权数,由于各年度间销量差距不大,我们将权数设计为(1,2,3,4,5,6,7,8),则2018年的预测销量为

$$\hat{y}_t = \frac{\sum yw}{\sum w} = (710×1+680×2+720×3+690×4+700×5+730×6+720×7+740×8)/(1+2+3+4+5+6+7+8)$$

$$= 717.5(t)$$

3. 移动平均法

$$M_{t+1}^{(1)} = \frac{Y_t + Y_{t-1} + Y + \cdots + Y_{t-n+1}}{n}$$

一次移动平均法,主要根据原有时间序列进行判断预测,首先,根据设计数据周期,设 $n=3$,分别计算各周期移动平均数。

$M_3^{(1)} = (710+680+720)/3 \approx 703.33\,(t)$；$M_4^{(1)} = (680+720+690)/3 \approx 696.67\,(t)$

$M_5^{(1)} = (720+690+700)/3 \approx 703.33\,(t)$；$M_6^{(1)} = (690+700+730)/3 \approx 706.67\,(t)$

$M_7^{(1)} = (700+730+720)/3 \approx 716.67\,(t)$；$M_8^{(1)} = (730+720+740)/3 \approx 730\,(t)$

4. 指数平滑市场预测法

指数平滑法只计算一次指数平滑，根据公式 $F_t = \alpha x_t + (1-\alpha)F_{t-1}$，首先计算出初始值。初始值 $F_0 = (710+680+720)/3 \approx 703.33\,(t)$，平滑系数 $0 \leqslant \alpha \leqslant 1$。设 $\alpha = 0.4$（平滑系数越大，则平滑效果越显著）。

$F_1 = 0.4 \times 710 + (1-0.4) \times 703.33 = 705.998\,(t)$；$F_2 = 0.4 \times 680 + (1-0.4) \times 705.998 = 695.5988\,(t)$；

$F_3 = 0.4 \times 720 + (1-0.4) \times 695.5988 = 705.36\,(t)$；$F_4 = 0.4 \times 690 + (1-0.4) \times 705.36 = 699.22\,(t)$

同理，$F_8 = 0.4 \times 740 + (1-0.4) \times 715 = 725\,(t)$

所以 2017 年的预测值为 725t。

小 结

（1）市场调查指运用科学的方法，有目的地、系统地搜集、记录、整理有关市场营销的信息和资料，分析市场情况，了解市场的现状及其发展趋势，为市场预测和营销决策提供客观的、正确的资料。

（2）市场调查的主要方法有文案调查法、访问调查法、观察法、实验法和网络调查法。这几种调查方法各有优点，在使用过程中要结合调查目的进行有选择性的使用，才能达到更好的效果。

（3）市场预测就是运用科学的方法，对影响市场供求变化的诸因素进行调查研究，分析和预见其发展趋势，掌握市场供求变化的规律，为经营决策提供可靠的依据。

（4）市场预测的主要方法有定性预测和定量预测两种。定性预测法包括头脑风暴法、德尔菲法和主观概率法；定量预测法包括时间序列预测法和回归分析预测法。

习 题

一、填空题

1．按照调查的内容可以将市场调查划分为_____与_____两种。

2．对所面临的不同因素、不同方面现状的调查研究，其资料数据的采集和记录，着重于客观事实的静态描述的调查是_____。

3．_____是指调查者到现场凭自己的观察或借助摄录像器材，直接或间接观察和记录正在发生的市场行为或状况，以获取有关信息的一种实地调查法。

4．按预测的性质不同，可分为市场预测分为_____和_____。

5．市场趋势分析者对市场趋势分析事件发生的概率（即可能性大小）做出主观估计，或者说对事件变化动态的一种心理评价，然后计算它的平均值，以此作为市场趋势分析事件的结论的预测方法是_____。

二、单项选择题

1．为了预测未来一定时期内某一环节因素的变动趋势及其对企业市场营销活动的影响而进行的市场调研是（　　）。

　　A．描述性调查　　　B．因果性调查　　　C．预测性调查　　D．探索性调查

2．市场调研者有目的、有意识地改变一个或几个影响因素，来观察市场现象在这些因素影响下的变动情况，以认识市场现象的本质特征和发展规律的调查方法是（　　）。

　　A．访问法　　　　　B．观察法　　　　　C．实验法　　　　D．文案法

3．根据观察值的重要性不同，分别给予相应的权数后，再计算加权平均数作为建立预测模型和计算预测值依据的方法是（　　）。

　　A．简单算术平均法　B．加权算术平均法　C．移动平均法　　D．指数平滑法

三、简答题

1．市场调查的内容有哪些？

2．文案调查法有哪些优势？

3．简述头脑风暴法的含义及特点。

4．简述德尔菲法的含义及特点。

四、实训题

某企业5～9月份销售额表2-5所示，用简单算术平均法预测该企业10月份的销售额。

若采用加权平均法预测，各月份权数分别为1、2、4、5、7，则10月份的销售额预测值又是多少？

表2-5　某企业销售额

月份	5月	6月	7月	8月	9月
销售额（万元）	145	155	135	150	175

项目2在线答题

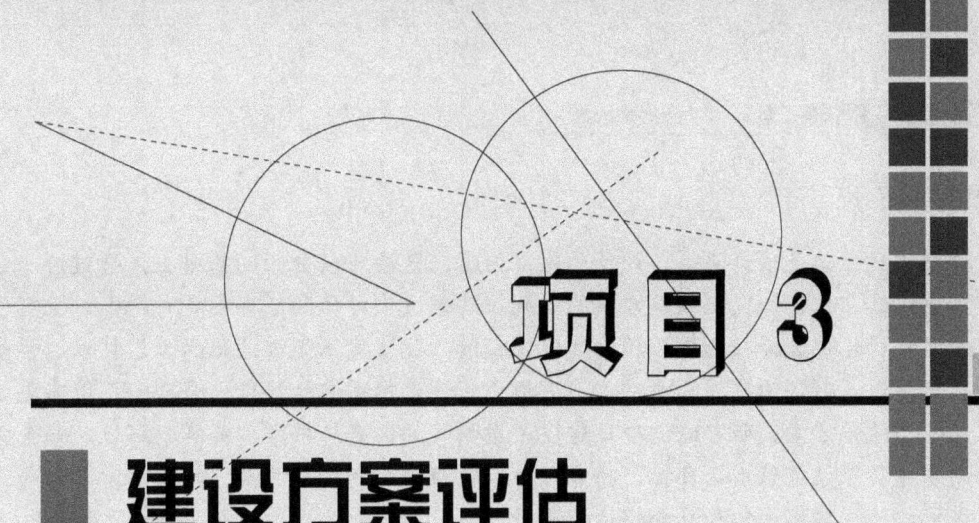

项目 3 建设方案评估

教学目标

了解建设方案评估的内容,培养建设方案包含的各具体方案评估的能力。

教学要求

知识要点	能力要求	相关知识	所占分值(100分)
产品方案与建设规模评估	1. 理解产品方案及建设规模的内涵; 2. 掌握产品方案评估应考虑的因素及建设规模评估的目的及其影响因素	建设方案、产品组合、合理建设规模	20
生产工艺技术方案评估	1. 掌握生产工艺技术设备选择的原则; 2. 了解生产工艺技术设备方案的比选	比选内容、比选方法、比选指标	20
场(厂)址比选	1. 掌握选址的原则及注意事项; 2. 场(厂)址比较的主要内容	选址原则、注意事项、地质灾害危险性	25
原材料与燃料供应	1. 熟悉分析的内容; 2. 了解原材料和燃料供应方案比选的主要内容	供应分析、比选内容	15
总图运输方案研究与比选	1. 掌握总图运输方案包括的内容; 2. 熟悉总图运输方案比选的内容	总图技术经济指标、竖向布置、平面布置	20

▶▶项目导读

建设方案评估是项目决策与评估的核心内容,是在市场分析的基础上,通过各个方面的多方案比选,构造和优化项目方案的过程。建设方案评估的任务就是对两个以上可能的建设方案进行优化选择。选择合理的建设规模和产品方案、先进适用的工艺技术、性能可靠的生产设备;制定明确的资源供应、运输方案;选择适宜的场址、合理的总图布置以及相应的配套设施方案。研究建设项目建设方案的目的,是从技术、经济、环境、社会各方面全面研究实现设定的市场目标、功能目标和效益目标的较优方案。建设方案评估是进行项目经济评估、环境评估和社会评估的基础。

3.1 产品方案与建设规模评估

引例 3-1

××石化作为我国大型石化企业之一,正在准备进行的炼油系统 $1350×10^4$t/年的填平补齐工程,包括新建 $260×10^4$t/年柴油加氢精制装置、$100×10^4$t/年航煤加氢装置的扩量改造、$280×10^4$t/年重油加氢装置、10 万标准立方米/小时制氢装置和 $90×10^4$t/年 S-Zorb 装置等项目,预计 20××年竣工投产。届时该公司原油加工能力将从目前的 $1000×10^4$t/年提至 $1350×10^4$t/年,而且全部汽油、柴油质量将达到欧 V 排放标准,高品质航空煤油产量提高 50%,达 $158×10^4$t/年。依托已投用的环北京六环路成品油管道,××石化向北京市供应成品油更加安全环保,优势更加突出,对首都的能源安全保障更加有力。

【思考】
××石化投资的这些新建、扩建、改建项目,准备生产什么产品?产品的生产规模将达到多少?

3.1.1 产品方案评估

1. 产品方案与产品组合的含义

产品方案即拟建项目的主导产品、辅助产品或副产品及其生产能力的组合方案,包括产品品种、产量、规格、质量标准、工艺技术、材质、性能、用途、价格、内外销比例等。

产品组合是指项目的各种不同产品的划分及其比例,其中包括产品的种类、品种的结构和相互之间的数量关系。

产品方案需要在产品组合的基础上形成。有的项目只有一种产品。有的项目生产多种产品,其中一种或几种产品为主导产品。首先需要确定项目的主要产品、辅助产品、副产品的种类及其生产能力的合理组合,使它与技术、设备、原材料及燃料的供应等方案协调一致。

2. 产品方案评估应考虑的因素

（1）国家产业政策和企业发展战略。项目产品方案应符合国家产业政策，符合企业发展战略，使产品具有先进性或高附加值，有利于提高在国内外市场的竞争力。

（2）市场需求和专业化协作。应从市场需求导向和目标市场来确定产品品种、数量、质量，项目产品方案应能适应市场多变的要求。产品市场的界定应具有战略价值。同时还应从社会和区域的角度考察项目产品方案是否符合专业化协作以及上下游产品链衔接的要求。

（3）资源综合利用。对共生型资源开发或者在生产过程中有副产品的项目，在确定产品方案时，应考虑资源的综合利用，提出主导产品和辅助产品的组合方案。

（4）环境制约条件。应根据当地环境的要求和可能提供的环境容量来确定项目产品方案。

（5）原材料、燃料供应。应遵循行业对原材料、燃料供应的相关规定、规范，根据项目所采用的原材料、燃料的可得性及其数量、品质、供应的稳定性来确定项目产品方案。

（6）技术设备条件。项目产品方案应与可能获得的技术装备水平相适应。

（7）生产运输包装储存条件。对生产、运输包装、储存有特殊要求的项目，确定产品方案时，应考虑满足这些要求的可能性。

3. 产品方案的比选

考虑上述因素，进行产品方案比选后提出推荐方案，说明推荐方案的产品、副产品、中间产品的名称、数量、规格、相态、质量和主要去向，以及依据的产品标准。推荐产品方案可以列表说明，其具体格式见表3-1。

表3-1 产品方案表

序号	装置名称与规模	主要产品（含副产品、中间产品）	年产量	年商品量	规格	年操作时数	备注

知识提示

研究产品方案，应重点考虑6个因素：符合产业政策；立足于市场需求；锁定产品定位；分析产品竞争力；技术来源的渠道和可靠度；生产技术条件影响。

3.1.2 建设规模评估

建设规模也称生产规模，是指项目在设定的正常生产运营年份达到的生产或者服务能力。建设规模是在产品方案的基础上，结合工艺技术、原材料和能源供应、协作配套、项目投融资以及规模经济等研究而进行的。

1. 建设规模评估的目的和影响因素

建设规模评估的目的是确定建设项目的合理经济规模。合理经济规模是指项目投入产出处于较优状态，资源和资金可以得到充分利用，并可获得最佳经济效益的规模。通常的衡量指标有单位产品投资、单位产品成本、劳动生产率、单位投资利润等。国家和行业制定了某些重要产品的经济规模标准，应予遵守。也可根据技术装备水平和市场需求的变化，参考世界发达国家公认的经济规模，来确定拟建项目的建设规模。

通常情况下，项目建设规模评估的影响因素主要有以下几个方面。

1) 市场需求

市场对拟建项目的产品品种、规格和数量的需求，从产出方向上制约项目建设规模。应根据市场调查和预测得出的产品市场信息容量、目标市场、可能占有的市场份额等结论，考虑拟建项目的建设规模。当产品市场需求变化快，品种规格多时，应采用中、小规模战略。当产品适应性强、市场需求大、品种规格变化较小时，可以采用大、中规模战略。同时也要重视关联产品或副产品的受制因素对建设规模的影响。

2) 资源供应及其他外部建设条件

资源包括土地资源、生物资源、矿产资源、能源、水资源和人力资源等。各类原材料及燃料供应、动力供应、交通运输、通信、建筑材料、施工能力等，都可能对项目建设规模产生影响。

3) 生产技术和设备的先进性及其来源

生产技术与主要设备的制造水平与建设规模相关。确定建设规模，要研究该类产品生产技术的先进性和可得性，按照先进而不可得的技术确定建设规模是不现实的，按照没有工业化的技术确定建设规模也是不可取的。

4) 资金的供应量

结合资金的可得性，量力而行考虑建设规模。

5) 环境容量

建设项目生产期间排出的污染物不仅要达标排放，而且排出污染物总量也要在环境保护行政主管部门给出的总量控制范围内。因此，建设规模的确定，既要考虑当地环境的承受能力，还要考虑企业污染物控制总量。

6) 社会因素和政策法规

产业政策、投资政策、民族关系、军事国防等，都是考虑项目建设规模的重要因素。

7) 行业因素

不同行业、不同类型的项目，在确定建设规模时应考虑与行业相关的特殊因素。如水利水电项目，应考虑水资源量、可开发利用量、地质条件、建设条件、库区生态影响、占用土地及移民安置条件等。煤炭、金属与非金属矿山、石油、天然气等矿产资源开发项目，应考虑资源合理开发利用要求和资源可采储量、赋存条件等。铁路、公路项目，应根据拟建项目影响区域内一定时期运输量的需求预测以及该项目在综合运输系统和本运输系统中的作用确定线路等级、线路长度和运输能力。

2. 建设规模的合理性分析

评估项目建设规模时，应对其进行合理性分析，主要应分析以下几个方面。

1) 产业政策和行业特点的符合性

项目建设规模设计是否符合国家和行业的产业政策是考虑其合理性的首要因素。为了使国民经济有序发展，节约有限的资源，国家和行业制定了某些重要产品的生产经济规模标准和鼓励发展、限制发展和禁止发展产业（含规模）目录，项目建设规模的确定应符合国家和行业的产业政策的要求。

2) 收益的合理性

建设规模的变动会引起收益的变动，而适当的经营规模可节约费用，提高竞争力，获得经济效益，所以必须确定合理的建设规模。

项目规模的经济性问题，是建设方案总体设计时需要考虑的重要问题。不同产业规模的经济性可能不同，并不是所有项目都是越大越经济。对规模效益显著的产业，规模扩大在一定限度内，达到规模效益递增即项目收益增加的幅度大于规模扩大的幅度。规模效益递增到一定限度后，收益增加幅度会和规模增加幅度相等，进而收益增量有可能与规模增量成反比。因此要着重研究规模效益显著的产业的规模经济性，选择能够实现规模效益递增的经济规模。在确定建设规模时，理论上应追求最优经济规模。但现实中由于各种因素的制约，往往难以达到理论上最优经济规模，一般来说我们寻求的是合理的经济规模。

3) 资源利用的合理性

资源利用的合理性是建设规模合理性分析的重要内容。这里的资源是广义的，包括物质资源、人力资源和资金。资源利用的合理性应考虑以下几个方面。

(1) 资源利用的可靠性。建设规模必须以资源的可靠来源为前提。

(2) 资源利用的有效性。有效利用资源可以节约资源、降低成本、提高效益。资源利用的有效性来自技术的先进性和合理的建设规模。

(3) 资源利用的经济性。资源利用的经济性，一方面可以更加有效地利用资源；另一方面有利于合理组合、综合利用资源，节能降耗，降低成本，提高效率，实现经济性。

4) 外部条件的适应性和匹配性

外部条件泛指项目之外的所有方面，包括市场、原材料供应和其他外部建设条件（包括物资条件、交通条件、自然环境和社会人文环境等）。分析建设规模的合理性，必须考虑外部条件的适应性与匹配性，适应性与匹配性应包括以下几个方面。

(1) 项目的建设规模应与市场需求相适应。

(2) 投入物供应能满足建设规模的要求，并且稳定可靠、价格合理。

(3) 其他外部建设条件与建设规模相互适应和匹配。

3. 比较选定建设规模

在多方案比较后，在初步可行性研究（或项目建议书）阶段，应提出项目建设（或生产）规模的倾向意见。在可行性研究阶段，应进一步研究建设规模问题，验证推荐方案的合理性，并在可行性研究报告中列出多方案比较的资料。在项目评估阶段，应对可行性研究中关于建设规模的内容做新一轮的审核和评价。

> **知识链接**
>
> 建设规模的选择首先应在市场调查、预测和资源评价(指资源开发项目)的基础上，结合营销战略以及产品方案的初步研究成果，考虑各种影响建设规模的因素，论证比选拟建项目的建设规模；然后在建设规模研究中，应由咨询机构提出几个可供选择的建设规模；最后经技术经济比较，提出合理的建设规模。确定建设规模的主要方法有经验法、生存技术法、规模效果曲线法。

3.2 生产工艺技术方案评估

引例 3-2

工艺是指项目生产产品时所采用的制造方法及生产流程，而技术则是指根据生产实践经验和自然科学原理而发展起来的各种工艺操作方法及技能。在项目评估中，往往将两者合称为工艺技术。工艺技术方案不仅涉及项目的投资多少、建设周期的长短，而且对未来的产品质量、产量和项目的投资效益都产生直接的影响。做好项目的生产工艺技术方案的分析工作，对整个项目投资成败具有重要的意义。

【思考】

在产品方案与建设规模基本确定的前提下，如何选择生产工艺技术方案？

3.2.1 生产工艺技术选择

1. 生产工艺技术选择的原则

(1) 先进性和前瞻性。技术的先进性主要体现在产品质量性能好、工艺水平高、装备自动控制程度和可靠性高。

(2) 适用性。适用性主要体现在与项目的生产规模相匹配，与原材料路线、辅助材料和燃料相匹配，与设备(包括国内和国外供应设备，主要和辅助设备)相匹配，与资源条件、环保要求、经济发展水平、员工素质和管理水平相适应，与项目的建设规模相适应。

(3) 可靠性。可靠性是指生产工艺技术成熟。可靠性体现在能生产出合格的产品，实现建设项目目标。对尚在试验阶段的新技术、新工艺、新设备、新材料，应采取积极和慎重的态度。未经生产实践或有遗留技术难题的新技术不能盲目采用。

(4) 安全性。项目所采用的技术，在正常使用中应确保安全生产运行。核电站、产生有毒有害和易燃易爆物质的项目，以及地下矿开采、水利水电枢纽约等，尤其应注重技术的安全性研究。

(5) 经济合理性。经济合理性体现在工艺技术流程短，设备配置合理，自动化程度高，工序紧凑、均衡、协调，物流输送距离短，投资小，成本低，利润高。

(6) 技术来源可靠性。技术来源可靠体现在技术持有者信誉好，并愿意转让技术，转让条件合理，知识产权经过确认。

(7) 符合清洁生产要求。清洁生产体现了集约型的增长方式和发展循环经济的要求。

2. 生产工艺技术方案研究的内容

生产工艺技术方案研究就是通过调查研究、专家论证、方案比较、初步技术交流和询价，确定拟建项目所使用的生产技术、工艺流程、生产配方及生产方法、生产过程控制程序、操作规程及程序数据等，以确保生产过程合理、通畅、有序地运行。

1) 生产工艺技术方案比选的主要内容

生产工艺技术方案比选主要是对各技术方案的先进性、适用性、可靠性、可得性、安全环保性和经济合理性等进行论证。其具体内容与行业特点有关。一般包括技术特点、原料适应性、工艺流程、关键设备结构及性能、产品物耗和能耗、控制水平、操作弹性、操作稳定性、安全和环保、配套条件、建设费用和营运费用、效益等诸多方面，要突出创新性，重视对专利、专有技术的分析，突出特点，具有针对性。

2) 生产工艺技术方案比选的方法

生产工艺技术方案比选一般采用定性分析和定量分析相结合的方法。

(1) 需要对比的技术指标有原材料和辅助材料的物耗指标、能源消耗指标、产品收率、原料损失率、产品质量(包括高附加值产品产率)等。

(2) 需要对比的综合指标有占地面积、定员等。

(3) 工艺技术风险分析有影响技术先进性、适用性和可靠性的因素，未来被其他新技术替代、淘汰的可能性，国家产业发展和环境保护政策的影响。

(4) 需要对比的经济指标有单位产品成本、单位产品投资、技术使用权费用等。

(5) 全厂性的项目(或联合项目)要进行全厂总工艺流程方案、生产单元及规模、生产单元组成布置、全厂物料平衡对比。

(6) 选用国内外开发的新技术，应有符合正式审批程序的工业化技术鉴定和相应的技术许可证。

(7) 从与建设规模相适应的程度，主要设备之间、主要设备与辅助设备之间能力的相互配套性，以及设备质量、性能等方面总结各设备配置方案的优缺点。

(8) 选用技术设备，应掌握国内外同类技术设备的成交价格；要进行设备软件和硬件在内的专有技术和专利技术的比较，重视设备结构和材质的创新。

(9) 对利用和改造原有设备技术改造项目，提出各种对原有设备的改造方案，并分析各方案的效果。

(10) 对国内外新开发的，并尚未实现工业化的技术和设备，应着重论证其工业化的可行性，并保证其投资估算误差在合理范围内。

(11) 各设备配置方案的风险分析，应从各方案关键设备的制造、运输、安装和项目建设进度的匹配，以及运行中的可靠性和耐用度、安全和环保等方面进行对比。

（12）自动化方案，应说明自控水平的选择理由和原则，说明控制系数各类输入输出点数；对于新控制方案，应与常用的控制方案进行对比。

3）推荐生产工艺技术方案

比选后提出推荐方案。推荐的工艺技术和设备方案，应详细说明理由，包括对产品质量、销售与竞争的影响，对项目财务效益的影响等。推荐方案描述的工艺流程，应标明主要设备名称和主要物料、燃料流量及流向。项目属一次规划、分期建设、分期投产的，应有分期流程的说明和流程图。应绘制主要工艺流程图，编制主要物料平衡表，车间（或装置）组成表，主要原材料、辅助材料及水、电、汽等公用工程的消耗定额表。

> **知识提示**
>
> 主要工艺设备选择和配置的基本要求：①满足生产能力、生产工艺和产品技术标准要求；②立足于选用国产或国内合资企业生产的产品，同等优先；③根据生产工艺要求，分析主、客观条件，合理选择自动化生产线和控制系统，务求实效；④具有柔性性能和可兼容性，适应同类产品的多品种生产的需要，以增强企业的市场应变能力；⑤对于产品更新换代快的高技术项目关键设备的技术性能参数选择，应适当留有余地，以满足产品在一定技术性能参数范围内更新换代的要求；⑥节能降耗，符合环境保护规定和循环经济的要求。

3.2.2 技术设备来源方案研究

技术设备来源方案包括技术来源方案和设备来源方案。

1. 技术来源方案

技术来源方案一般分为以下5类。

（1）凡国内有工业化业绩，技术先进、可靠、成熟的，采用国内成套技术建设，即生产工艺技术全部国产化。

（2）采用合作开发技术，其工艺技术是国内外合作开发，且有生产业绩，即生产工艺技术部分国产化。

（3）国内外都有成熟技术，但技术路线不同，或国内尚无大规模运行业绩，可以采用国内外招标，择优选择。

（4）引进国外先进技术（仅限于工艺包范围），基础设计、详细设计、设备采购由国内工程公司完成，实现工程技术国产化。

（5）技术特别复杂、国内为第一套的建设项目，其工艺技术、工艺包、基础设计由国外工程公司完成，详细设计、部分设备采购由国内工程公司完成。

2. 设备来源方案

一般来讲，工业建设项目中其设备投资在总投资中占相当大的比重，利用国产化设备可以大大降低投资。如某石化企业裂解气压缩机组的国产化可以节约商务投资3300万元。确定设备来源方案，需对建设项目需要的所有设备细分。如石油化工项目设备细分为主机（如乙烯装置中的"三机"）、静设备（反应器、换热器、容器、塔类等）、动设备（泵、风机、压缩机等)、阀门、挤压造粒机等；按细分后的设备清单，根据国内设备制造厂家的业绩、研发能力确定设备来源方案。通常，设备来源方案有以下几种。

(1) 国内有成熟制造经验且有应用业绩的由国内制造。

(2) 国内尚无业绩，可以利用国内外市场资源，通过技贸合作制造。国内尚无制造业绩的某些关键设备，在确定由国内制造时，需在行业主管部门与有关制造方的协调下进行技术论证，优化并落实制造方案，同时研究分析设备国产化带来的风险，提出规避措施。

知识提示

生产工艺技术是生产原理、生产工艺、流程、参数、制造方法、设备选型、物料、能量平衡和提出配套公用工程需求等全套技术的总称，工艺技术同设备联系在一起，体现项目的生产力水平，是项目经济合理的主要条件。

3.3 场(厂)址比选

【思考】

重大项目选址时，应从比较广泛的范围内选择几个可供选择的建场(厂)区，并在一个地区内详细调研几个可供选择的场(厂)址，综合比较后，进行选择。那么，在选择时，应遵循哪些原则？注意哪些事项？如何进行比选？

3.3.1 项目选址原则及注意事项

场(厂)址选择是指根据地区规划、城市规划等的要求，结合拟选项目的性质、功能、条件研究选择建设地点或地址的工作。不同行业项目选择场(厂)址需要研究具体内容、方法和遵循的规程规范不同，其称谓则不同。例如，工业项目称厂址选择，水利水电项目称场址选择，铁路、公路、城市轨道交通项目称线路选择，输油气管道、输电和通信线路项目称路径选择。

1. 选址的基本原则和要求

(1) 符合国家和地区规划要求。要妥善处理全局与局部的关系，不造成新的布局不合理和冷气的发展不平衡，做到全面考虑，统筹安排。

(2) 符合城市(乡、镇)总体规划、土地利用总体规划的要求。重视节约用地和合理用地，充分利用荒地、劣地。

(3) 有可供选择利用的固体废弃物的存放场地、污水排放口及纳污水体，有省市规定的危险废弃物处置场所。

(4) 有丰富可靠(或靠近)的原料供应市场和产品销售(或靠近)市场，减少运输环节；有充足的水源和电源。

(5) 有便利的外部交通运输条件。对外向型企业应考虑靠近港口。

(6) 有利于生产协作和上下游加工一体化，有利于原料资源的合理利用，防止资源浪费。

(7) 场(厂)址地形地貌要适合项目特点。对适合多层标准厂房生产的工业项目,应按多层标准厂房建设,一般情况下不宜另选场(厂)址。

(8) 有良好的社会经济环境,可依托的基础设施和方便的生活服务设施。

(9) 有良好的工程地质、水文地质、气象、防洪防涝、防潮、防台风、防地质灾害、防震等条件。

(10) 环境条件良好,有一定的环境容量和纳污能力。工程建设和生产运营不会对公众利益造成损害。

2. 选址注意事项

场(厂)址选择应注意以下事项。

(1) 要贯彻执行国家的方针政策,遵守有关法规和规定。避开国防军事禁区、空港控制范围区、泄洪区或洪水淹没区、地下可能有文物存在的场地。

(2) 要听取当地政府主管部门(如规划、建设、安全消防、土地管理、环境保护、交通、地质、气象、水利、电力、文物管理等部门)的意见。

(3) 要充分考虑项目法人对场(厂)址的意见。

(4) 在工程地质条件方面,尽可能避开不良地质现象发育且对场地稳定性有直接危害或潜在威胁的区域;地基土性质严重不良的区域;与有未开采的有价值矿藏或未稳定的地下采空区及泥石流多发区等区域。

(5) 避开对工厂环境、劳动安全卫生有威胁的区域。如有严重放射性物质或大量有害气体的地域,传染病和地方病流行区域;有爆破作业的危险区等区域。

3.3.2 场(厂)址比选的主要内容及意见

1. 场(厂)址比较的主要内容

场(厂)址比较的内容一般包括建设条件比较、建设费用比较、运营费用比较、环境保护条件比较和安全条件论证比较。

(1) 建设条件比较。包括拟建项目地理位置、土地资源、地势地貌条件、工程地质条件、土石方工程量、动力供应条件、资源及燃料供应条件、生活设施及协作条件比较等。建设条件比较见表 3-2。

表 3-2 建设条件比较表

序号	比较内容	场(厂)址			备注
		方案 1	方案 2	方案 3	
一	场(厂)址位置				
1	与土地利用总体规划的关系				
2	与城市总体规划的关系				
3	拆迁工程量				
二	土地资源				

(续)

序号	比较内容	场(厂)址			备注
		方案1	方案2	方案3	
1	用地总规模(公顷)				
1.1	其中：基本农田				
1.2	基本农田以外耕地				
1.3	其他土地				
2	发展条件				
三	厂区地势				
1	地势走向				
2	地势高差(m)				
四	地质条件				
1	土壤种类				
2	地基承载力(kPa)				
3	地下水深度(m)				
4	区域稳定情况及地震烈度				
五	土石方(填、挖)工程量(万 m^3)				
1	挖方工程量(万 m^3)				
2	填方工程量(万 m^3)				
六	动力供应条件				
1	水源及供水条件				
1.1	自来水				
1.2	地表水				
1.3	地下水(含矿井水)				
2	排水条件				
2.1	地区污水处理厂				
2.2	纳污水体				
2.3	距排污口距离(km)				
3	电力				
3.1	电源点规模				
3.2	电源点至场(厂)址距离				
4	供热				
4.1	地区热源厂至场(厂)址距离				
4.2	燃料种类				
4.3	燃料供应点至场(厂)址距离				
5	消防站点至场(厂)址距离				
七	交通运输条件				
1	铁路				
1.1	接轨条件				
1.2	专用线长度(km)				

(续)

序号	比较内容	场(厂)址			备注
		方案1	方案2	方案3	
2	公路				
2.1	连接条件				
2.2	连接路线长度(km)				
3	水运				
4	航空				
5	管道				
八	施工条件				
九	生活条件				
十	区域经济				
十一	市场环境				
十二	政策环境				

(2) 投资费用比较。包括场地开拓工程、基础工程、运输工程、动力供应及其他工程等费用比较,见表3-3。

表3-3 场(厂)址投资费用比较表　　　　　单位:万元

序号	比较内容	建设投资			备注
		方案1	方案2	方案3	
一	场地开拓工程				
1	建设用地费用				
1.1	土地补偿费				
1.2	居民搬迁安置补偿费				
1.3	地上附着物和青苗补偿费				
1.4	征地动迁费				
2	土地出让(转让)金				
3	租地费用以及临时用地补偿费				
4	场地平整费				
4.1	土石方挖方量				
4.2	土石方填方量				
5	场地防洪防涝				
二	基础工程				
1	基础处理费				
2	抗震措施费				
三	运输工程				
1	铁路专用线及工厂编组站				
2	公路				
3	码头				

(续)

序号	比较内容	建设投资			备注
		方案1	方案2	方案3	
4	管道				
5	其他运输方式				
四	给排水工程				
1	取水及净化工程				
2	给水管渠等				
3	排水工程				
五	供电工程				
1	变电所				
2	输电线路				
六	供热工程				
1	地区热电站扩建分摊费用				
2	供热管网				
3	自建供热设施				
七	其他				
1	消防设施				
2	环境保护投资				
3	其他保护性工程				
4	临时建筑设施费用				
	合计				

(3) 运营费用比较。主要包括原材料、燃料及运输费、产品运输费、动力费、排污费和其他运营费用比较，见表3-4。

表3-4　场(厂)址方案运营费用比较表　　　　　　　单位：万元

序号	比较内容	运营费用			备注
		方案1	方案2	方案3	
一	运输及装卸				
1	原材料				
2	燃料				
3	辅助料				
4	产品				
5	装卸				
二	动力供应				
1	给水(含工业水和饮用水)				
2	排水(含合格污水、清净下水排放)				
3	供电				
4	供热				
5	其他(如工业气体等)				
三	环境总量控制指标交易				
	合计				

(4) 环境保护条件比较。包括场(厂)址位置与城镇规划的关系、与风向的关系、与公众利益的关系等的比较，见表 3-5。

表 3-5　环境保护条件比较表

序号	比较内容	场(厂)址			备注
		方案 1	方案 2	方案 3	
一	城市规划				
1	与城(镇)总体规划符合性				
2	与工业园区总体规划、产业定位的符合性				
3	与土地利用总体规划的符合性				
4	与环境保护规划的符合性				
二	场(厂)址地理位置与环境敏感区的关系				
1	是否为需特殊保护地区				
2	是否为生态敏感与脆弱区				
3	是否为文物古迹保护区或保护单位				
4	是否为社会关注区				
5	是否为环境质量已达不到环境功能区划要求的地区				
三	土地				
1	场地是否已被污染				
2	场(厂)址周边是否被污染				
四	环境条件				
1	大气环境质量				
2	水环境质量				
2.1	地下水环境				
2.2	地表水环境				
3	声环境				
4	固体废弃物处置场				
5	危险废弃物贮存设施				
6	危险废弃物填埋场				
7	环境容量				
8	环境总量控制指标来源				
五	气象				
1	风向与场(厂)址、居民区的关系				
2	不良气象影响				
六	公众利益				
1	公众意见调查				
2	公众影响				
3	公众支持度				

> **特别提示**
>
> 环境敏感区包括以下区域：①需特殊保护地区，是指国家或法律法规确定的或是县以上有关政府划定的特殊保护的地区，如水源保护区、风景名胜、自然保护区、森林公园、国家重点保护文物、历史文化地(区)、水土流失重点预防保护区、基本农田保护区；②生态敏感与脆弱区，是指水土流失重点治理及重点监督区、天然湿地、珍稀动植物栖息地或特殊生态环境、天然林、热带雨林、红树林、珊瑚礁、产卵场、渔场等重要生态系统；③社会关注区，是指文教区、疗养地、医院等区域以及具有历史、科学、民族、文化意义的保护地；④环境质量已达不到环境功能区划要求的地区。

（5）安全条件论证比较。生产、储存危险化学品的项目，按照《危险化学品生产储存建设项目安全审查办法》规定，建设场(厂)址应位于"直辖市及设区的市、地区、盟、自治州人民政府批准的规划区域内"。在可行性研究阶段，可用比较表的形式进行初步论证，形成"安全条件论证报告"。项目评估阶段则做进一步审查。审查的内容见表 3-6。

表 3-6　项目安全条件比较表

序号	比较内容	场(厂)址			备注
		方案1	方案2	方案3	
一	场(厂)址地理位置				
1	是否在直辖市及设区的市、地区、盟、自治州人民政府批准的规划区域内建设				
2	场(厂)址边界距城镇规划边界距离				
3	与村庄、居民集中区等的距离				
4	与食品、医药等企业距离				
5	与主要交通干线(铁路、公路、主航道)距离				
6	与高压线路/通信线路距离				
7	与相邻企业距离(同类企业/其他企业)				
二	对周边环境的影响				
1	对居民区、商业中心、公园等人口密集区域的影响				
2	对学校、医院、影剧院、体育场(馆)等公共设施的影响				
3	对供水水源、水厂及水源保护区的影响				
4	车站、码头、机场以及公路、铁路、水路交通干线、地铁风亭及出入口的影响				
5	对基本农田保护区、畜牧区、渔业水域和种子、种畜、水产苗种生产基地的影响				
6	对河流、湖泊、风景名胜区和自然保护区的影响				
7	对军事禁区、军事管理区的影响				
8	对法律、行政法规规定予以保护的其他区域的影响				
三	周边环境对建设项目的影响				
1	居民区、商业中心、公园等人口密集区域对其影响				
2	学校、医院、影剧院、体育场(馆)等公共设施对其影响				
3	供水水源、水厂及水源保护区对其影响				

(续)

序号	比较内容	场(厂)址			备注
		方案1	方案2	方案3	
4	车站、码头、机场以及公路、铁路、水路交通干线、地铁风亭及出入口对其影响				
5	基本农田保护区、畜牧区、渔业水域和种子、种畜、水产苗种生产基地对其影响				
6	河流、湖泊、风景名胜区和自然保护区对其影响				
7	军事禁区、军事管理区对其影响				
8	法律、行政法规规定予以保护的其他区域对其影响				
四	建设条件对建设项目影响				
1	不良地质现象				
2	地震				
3	地质灾害如泥石流等				
4	恶劣气象条件(风灾、沙尘暴、雪害、雷电、大雾、暴雨等)				
5	台风				
6	潮浪				
7	洪水				

2. 场(厂)址选址意见

通过方案比较，编制场(厂)址选择报告，提出场(厂)址推荐意见。应描述推荐方案场(厂)址概况、优缺点和推荐理由，以及项目建设对自然环境、社会环境、交通、公用设施等的影响。选址方案的位置图应标明原料进厂方式和路线、水源地、进厂给水管线、热力管线、发电厂或变电所、电源进线、灰渣场、排污口、铁路专用线、生活区等位置。

3.3.3 地质灾害危险性评估

根据《地质灾害防治管理办法》和《地质灾害防治条例》要求，城市建设、有可能导致地质灾害(主要包括崩塌、滑坡、泥石流、地面塌陷、地裂缝、地面沉降等)发生的工程项目建设和在地质灾害易发区内进行工程建设，在申请建设用地之前必须进行地质灾害危险性评估。编制和实施水利、铁路、交通、能源等重大建设工程项目时，应当充分考虑地质灾害防治要求，避免和减轻地质灾害造成的损失。在地质灾害易发区内进行工程建设应当在决策分析与评价阶段进行地质灾害危险性评估，并将评估结果作为可行性研究报告及其后的项目评估的组成部分。

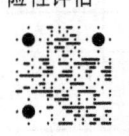
地质灾害危险性评估

对经评估认为可能引发地质灾害或者可能遭受地质灾害的建设工程，报告编制和评估单位应提出配套建设地质灾害治理工程。地质灾害治理工程的设计、施工和验收应当与主体工程的设计、施工、验收同时进行。地质灾害危险性评估主要内容有工程建设可能诱发、加剧地质灾害的可能性；工程建设本身可能遭受地质灾害危害的危险性；拟采取的防治措施。

> **知识链接**
> 项目选址应考虑和研究的主要内容：①厂（场）址的自然资源；②地形地貌及占地面积；③厂（场）址的工程地质和水文地质条件；④征地拆迁情况；⑤环境保护；⑥地区经济技术条件；⑦交通运输条件；⑧建设项目所需要的其他外部条件。

3.4 原材料与燃料供应

【思考】
原材料和燃料是项目得以正常生产的基本物质条件，什么样的产品决定什么样的原材料和燃料，原材料和燃料供应分析主要分析哪些内容？

3.4.1 原材料供应分析

所谓原料，是指耗费了人类劳动而开采出来的劳动对象，如采掘工业和农业的产品是加工工业的原料。所谓材料是指经过工业进一步加工过的原料。原料和材料一般统称为原材料。原材料按其在生产过程中所起的作用，可分为主要原材料和辅助材料。凡是在生产过程中构成产品主要实体的原材料称为主要原材料；凡是参加生产过程，但不构成产品主要实体的，则被称为辅助材料。燃料也是一种辅助材料，但由于它的消耗量大、影响大，在实际工作中将其单独列出。

在项目评估中，对拟建项目所需要的原材料情况必须进行详细的调查分析，否则项目一旦建成而没有足够数量并符合质量要求的原材料，生产就不能顺利进行，投资的效益就不能正常发挥。对原材料的供应分析，应着重在以下几个方面。

（1）原材料的品种、质量、性能分析。原材料是项目建成后生产运营所需的主要投入物。应根据产品方案和工艺技术方案，研究确定所需原材料的品种、质量、性能（含物理性能和化学成分）。

（2）原材料需求量。根据项目产品方案提出的产品的品种、规格，以及建设规模和物料消耗定额，分析计算各种物料的年消耗量。根据生产周期、生产批量、采购运输条件等，计算各种物料的经常储备量、保险储备量、季节储备量和物料总储备量，作为生产物流方案（含运输、仓库等）研究的依据。

（3）原材料供应多种方案比较。外购原料的项目应对原料供应和价格进行预测，分析供应商的概况、供应周期、供应方案、数量的稳定性与可靠性等情况。内供原材料的项目，应计算说明有关生产单位之间的物料平衡，并提出优选方案。矿产开采项目和以矿产资源为原料的项目，其资源储量、品位及开采厚度、利用条件等，须经国土资源部评审备案。

（4）对于稀缺的原料还应分析其来源的风险和安全性，包括原料质量和数量的变化、市场价格的变化，以及运输安全便捷性与经济合理性分析。

（5）涉及原料进口的项目，若存在进口配额、贸易权限等法律规定，应当说明与分析。

3.4.2 燃料供应分析

项目所需的燃料包括生产工艺、公用和辅助设施、其他设施所用燃料。燃料供应方面应分析以下内容。

（1）根据项目所在地区的燃料构成和项目对燃料类别的特殊需求，进行经济技术比较，确定燃料类别和质量指标，计算所需燃料数量。

（2）根据燃料类别、质量、数量、供应的稳定性和可靠性研究燃料来源、价格、运输条件(含距离、接卸方式、运输设备和运输价格等)，进行方案比选。对大宗燃料，应与拟选供应商、运输公司签订供应意向书和承运意向书。需要特殊运输方式和特殊保护措施的辅助材料供应方案，须做重点说明。

（3）研究所选辅助材料和燃料被替代的可能性与经济性。对于工艺品有特殊要求的辅助材料及燃料应分析其品种、质量和性能能否满足工艺生产要求。

3.4.3 原材料和燃料供应方案比选

主要原材料和燃料供应方案应通过多方案比较确定。在满足生产要求的类别、质量、性能、数量等条件下，主要比较：①采购的可靠性、稳定性、安全性；②价格(含运输费)的经济性及可能的风险。

价格比选采用单位新产品边际利润法、盈亏平衡法和原材料最低成本法等进行定量分析。

经过比选，提出推荐方案。

> **知识提示**
>
> 在研究确定建设规模、产品方案、工艺技术方案时，要明确项目所需主要原材料和燃料的品种、数量、规格、质量的要求，并对价格进行分析研究，结合场(厂)址方案的比选确定其供应方案。

3.5 总图运输方案研究与比选

【思考】

项目总图运输方案是一个复杂的系统，在确保各种物料流通便捷的情况下，如何解决好一个固定场(厂)址范围内各个要素的平面、立面关系？如何解决好场(厂)区建筑物、道路、绿化及其他公用配套设施的关系？

总图运输方案研究是依据确定的项目建设规模，结合场地、物流、环境、安全、美学等条件和要求对工程总体空间和设施进行合理布置。

3.5.1 总图运输方案研究

1. 总体布置与厂区总平面布置

1) 总体布置的要求

总体布置应满足生产工艺过程要求，满足厂内外运输的要求，适应气象、地形、水文、地质等自然条件和城市规划的要求，符合防火、安全、环境保护和卫生规划的要求。

2) 厂区总平面布置的要求

厂区总平面布置是在总体布置的基础上，根据工厂性质、规模、生产流程、物流运输、环境保护、防火防爆、安全卫生、施工检修、生产经营等要求，结合场地地形地貌、气象因素、防洪排涝等自然条件及厂外配套设施分布，进行合理布置，比选择优。工厂总平面布置一般应符合下列条件。

(1) 满足生产工艺流程和物料流向要求，做到物料流程顺畅、短捷、连续、贯通、运输通畅。

(2) 合理划分生产功能区。可以把生产性质功能相近、火灾危险等级相近、环境要求相近及联系紧密的装置(车间)集中在一个分区内组成综合建筑物。如石化企业的工艺装置区、储运区、公用工程设施区、辅助生产区、管理区；钢铁企业的原燃料准备、烧结、焦化、活性石灰、炼钢、轧钢、动力、仓库、运输、管理等，能合并的尽量合并。

(3) 生产装置布置充分利用风向，考虑工程地质及水文地质的影响。合理布置有污染源的装置及有毒有害、易燃易爆的生产装置。处理好邻里关系，减少潜在危险和二次灾害的可能，为生产、运输和管理创造有利条件。

(4) 结合场地地形、地质、地貌等条件，因地制宜，并尽可能做到紧凑布置，最大限度地节约用地。做到近期相对集中，远期预留合理。对发展目标不确定的项目，其布置应有一定的弹性，近期建设要集中，避免过多过早占用土地，避免多征少用、早征迟用。

(5) 总平面布置要与厂外铁路接轨站、码头的位置相适应；应满足人流、货流和消防安全的要求，做到人行便捷、货流畅通、内外联系方便；其他运输设施布置，要减少转角，运距短、线路直。

(6) 合理确定厂区通道宽度。通道宽度要满足道路、人行道、铁路、管线占地、排水沟，以及消防、绿化、采光、通风等要求。通道宽度应依据企业规模、通道性质确定。

(7) 有洁净要求的生产装置和辅助设施和布置要考虑风向的影响，合理布置建筑朝向，管理机构应布置于方便生产管理、环境洁净、方便员工出入、有利于对外经营的区位。

(8) 改扩建项目要充分利用现有空地、现有建构筑物、现有仓储运输设施，调整理顺现有总图布置，使之符合新老产品流程要求。

2. 厂区竖向布置

厂区竖向布置主要是根据工厂的生产工艺流程、运输要求、场地排水，以及厂区地形、工程地质、水文地质等条件，确定建设场地上的高程关系，合理组织场地排水。竖向布置有以下要求。

(1) 竖向布置与总体布置和总平面布置相协调，并充分利用和合理改造厂区自然地形，为全厂各区提供合理高程的用地。

(2) 满足生产工艺、场内外运输装卸、管道敷设对坡向、坡度、高程的要求。

(3) 充分利用地形，选择相适应的竖向布置形式，合理确定建(构)筑物和铁路、道路的标高，避免深挖高填，力求减少土石方工程量，保证物流、人流的良好运输与通行。

(4) 保证场地排水通畅，不受潮水、内涝、洪水的威胁。

3. 运输

企业物流系统由原料供应物流、生产物流和销售物流组成。运输是物流活动的核心。运输活动包括供应和销售过程中用车、船、空运及管道、传送带方式对物资的输送。可行性研究阶段要确定原料供应物流和销售物流的运输方案(即厂外运输方案)，同时确定生产物流的运输方案(即厂内运输方案)。

1) 厂外运输方案

根据厂外运进、厂内运出的实物量、物态特性、包装方式、产地、运距、可能运输方式，通过经济技术比较，确定并推荐运输方式，编制厂外运输量一览表(表 3-7)。对大宗货物的铁路、水路运输，要分析铁路、航道的运输能力，并附承运部门同意运输的"承运意见函"。

表 3-7　厂外运输量统计表

序号	货物	货运量	起点	终点	运距	运输方式	备注
一	厂外运入						
1							
2							
	合计						
二	厂内运出						
1							
2							
	合计						
	总计						

厂外运输方案的经济技术比较随项目而异。仅有一种运输方式时，可不做比较。有道路运输、铁路运输、水运、管道运输、皮带运输等多种方式时，要通过经济技术比较确定较优运输方式。进行经济技术比较选择要考虑的因素一般包括运输距离、包装方式、线路能力、运费、运输工具来源、运力、运输可靠程度、安全程度、承运公司资质等。

2) 厂内运输方案

根据项目生产的特点和生产规模、货物运输的要求、运输距离的长短等，经技术经济比选确定厂内运输方式。

(1) 标准轨距铁路运输主要用于原材料和成品大批量运输的企业，只有年运输量达到一定规模或有特殊要求时，车间之间采用铁路运输才比较合理。

(2) 水上运输一般适用于厂外运输，用于靠近港口的大型企业的原材料运进和成品的运出。

(3) 无轨运输具有方便灵活的特点，是广泛采用的运输方式。无轨运输种类较多，一般的厂内外运输都以汽车运输为主。

(4) 短运距的厂内运输采用电瓶车和内燃搬运车、叉车运输最为适宜。

(5) 带式输送机适用于经常的大量的松散物料运输。如将煤从受料装置输送到煤仓，从煤仓输送到锅炉房等。

4. 厂区道路

1) 道路布置的要求

(1) 道路布置应满足生产、运输和消防的要求，使厂内外货物运输顺畅、行人方便，合理分散物流和人流，尽量避免或减少与铁路的交叉，使主要人流、物流路线短捷，运输安全，工程量小。

(2) 应与厂外道路衔接顺畅，便于直接进入国家道路网。

(3) 应与厂区的总平面布置、竖向布置、铁路、管线、绿化等布置相协调。

(4) 应尽可能与主要建筑物平行布置。一般采用正交和环形式布置，对于运输量少的地区或边缘地带可采用尽头式道路。当采用尽头式布置时，应在道路尽头处设置回车场。

(5) 道路等级及其主要技术指标的选用，应根据生产规模、企业类型、道路类别、使用要求、交通量等综合考虑确定。

(6) 当人流集中，采用混合交通会影响行人安全时，应设置人行道。人行道一般应结合人流路线和厂区道路统一考虑进行布置，尽量使人行方便。

2) 道路方案设计的内容

可行性研究阶段的厂区道路方案设计的内容包括道路形式、路面宽度和纵坡的确定，以及路面的选择。其深度需满足总平面布置、土石方量计算和投资估算的要求。

5. 绿化

厂区绿化布置是总平面布置的内容之一，也是环境保护的重要措施之一。工业项目绿化应按照国土资源部《工业项目建设用地控制指标(试行)》规定，严格控制厂区绿化率；用地范围内不得建造"花园式工厂"，同时工厂的绿地率应符合有关标准和规范。

$$厂区绿化系数=厂区绿化用地计算面积÷厂区占地面积×100\% \qquad (3-1)$$

6. 总图技术经济指标

厂区总平面布置的技术经济指标应执行国土资源部《工业项目建设用地控制指标(试行)》(国土资发〔2008〕24)的规定。该技术经济指标，是贯彻国家供地政策，集约用地、节约用地及对土地资源合理利用的需要，是土地预审报告中的主要内容。总图技术经济指标可用于多方案比较或与国内外同类先进工厂的指标对比，以及进行企业改、扩建时与现有企业指标对比，也可用于衡量设计方案的经济性、合理性和技术水平。总图技术经济指标内容详见表 3-8。

表 3-8 总图布置方案技术指标比较表

序号	技术指标	单位	方案一	方案二	方案三
1	厂区占地面积	万 m^2			
2	建(构)筑物占地面积	万 m^2			
3	道路和广场占地面积	万 m^2			

(续)

序号	技术指标	单位	方案一	方案二	方案三
4	露天堆场占地面积	万 m²			
5	铁路占地面积	万 m²			
6	绿化面积	万 m²			
7	投资强度	万元/万 m²			
8	建筑系数	%			
9	容积率				
10	行政办公及生活服务设施用地所占比重	%			
11	绿化系数	%			
12	场地利用系数	%			
13	土石方挖填工程量	m²			
14	地上地下管线工程量	m²			
15	防洪措施工程量	m²			
16	不良地质处理工程量	m²			

以下是几个重要用地控制指标的计算。

1) 投资强度计算

投资强度是指项目用地范围内单位面积固定资产投资额。其计算公式为

$$投资强度=项目固定资产总投资÷项目总用地面积 \tag{3-2}$$

其中，项目固定资产总投资包括厂房、设备和地价款、相关税费，按万元计。项目总用地面积按公顷(万 m²)计。

2) 建筑系数及场地利用系数的计算

(1) 建筑系数的计算。建筑系数是指项目用地范围内各种建筑物、构筑物、堆场占地面积总和占总用地面积的比例。其计算公式为

$$建筑系数=(建筑物占地面积+构筑物占地面积+堆场用地面积)÷\\项目总用地面积×100\% \tag{3-3}$$

(2) 场地利用系数计算。

场地利用系数的计算公式为

$$场地利用系数=建筑系数+[(道路、广场及人行道占地面积+铁路占地面积+管线及管\\廊占地面积)÷项目总用地面积×100\%] \tag{3-4}$$

建筑系数和场地利用系数是衡量项目总平面布置水平的重要指标。由于各行业生产性质和条件的不同，建筑系数和场地利用系数的大小必然有所差异，就一般工业项目而言，其建筑系数应不低于30%。

3) 容积率计算

容积率是指项目用地范围内总建筑面积与项目总用地面积的比值。其计算公式为

$$容积率=总建筑面积÷项目总用地面积 \tag{3-5}$$

当建筑物层高超过 8m，在计算容积率时该层建筑面积加倍计算。

4) 行政办公及生活服务设施用地所占比重计算

行政办公及生活服务设施用地所占比重是项目用地范围内行政办公、生活服务设施占用土地面积占总用地面积的比例。其计算公式为

$$行政办公及生活服务设施用地所占比重=行政办公、生活服务设施占用土地面积÷项目总用地面积×100\% \qquad (3-6)$$

当无法单独计算行政办公和生活服务设施占用土地面积时，可以采用行政办公和生活服务设施建筑面积占总建筑面积的比例计算得出的分摊土地面积代替。

工业项目所需行政办公及生活服务设施用地面积不得超过工业项目总用地面积的7%。

3.5.2 总图运输方案比选

对总图布置方案从技术经济指标和功能方面进行比选，择优推荐。

1. 技术指标比选

总图布置方案技术指标比较见表3-8。

2. 总图布置费用比选

总图布置费用的比较见表3-9。

表3-9 总图布置费用比较表　　　　　　　　单位：万元

序号	指标	方案一	方案二	方案三
1	土石方费用			
2	地基处理费用			
3	地下管线费用			
4	防洪、抗震设施费用			

3. 其他比选内容

(1) 功能比选。主要比选生产流程的短捷、流畅、连续程度，项目内部运输的便捷程度及安全生产的满足程度等。

(2) 拆迁方案比选。对拟建项目占用土地内的原有建筑物、构筑物的数量、面积、类型、可利用的面积、需拆迁部分的面积、拆迁后原有人员及设施的去向、项目需支付的补偿费用等，进行不同拆迁方案的比选。

(3) 运输方案的比选。运输方案主要是在满足生产功能条件的前提下，进行技术经济比选。

> **知识提示**
>
> 建设项目总平面布置原则：①满足生产和工艺流程的要求，利于组织生产和管理；②根据场区自然地形、地貌和地质条件，因地制宜、依山就势进行总平面布置和竖向布置；③节约建设用地；④各项技术经济指标符合国家规范规定。

▶▶**案例**

某城市20世纪90年代初期，城市供电紧张，市政府招商准备建设一座5万千瓦燃油发电厂，作为城市补充电源。当时提供选址的用地经过比较只有靠近市区边缘的一处准备搬迁的工厂，但是该工厂周边是职工宿舍区，如果发电厂建设上马，势必会给临近的居住小区造成很大的污染，为此，市政府召开多次会议，各方意见争执不下，最后决定暂缓发电厂建设。经过两年以后，该市通过省电网提供了足够的电量，彻底解决了该市长期电力不足的困难。

案例评析：

（1）该项目选址，市政府还是考虑到了城市长期发展的需要，判断有严重污染的项目，即使近期有上马的必要，也还需要重点考虑项目的环境保护措施，如果措施不当，或措施不配套，污染项目将会给城市带来长期严重的危害。

（2）在项目选址上，首先应严格按照城市总体规划统一安排，其次，应处理好近期利益与城市可持续发展的关系。只有多方面比较，经过合法程序，采用科学方法，项目选址才会合理可靠。上述例子由于市政府采纳了专家的意见，采取了暂缓建设的计划，从而避免了拆迁和今后的重复建设。

小 结

（1）建设方案研究是项目前期阶段要解决的核心内容，是项目进行经济评价、环境评价和社会评价的基础。其内容主要包括产品方案和建设规模、生产工艺技术、场（厂）址、原材料和燃料供应、总图运输等。

（2）产品方案即拟建项目的主导产品、辅助产品或副产品及其生产能力的组合方案，产品方案需要在产品组合的基础上形成。产品方案应与技术、设备、原材料及燃料的供应等方案协调一致。建设规模评估的目的是确定建设项目的合理经济规模。合理经济规模是指项目投入产出处于较优状态，资源和资金可以得到充分利用，并可获得最佳经济效益的规模。

（3）生产工艺技术方案是项目技术方案评估的深入和具体化，采用什么样的工艺就会确定什么样的生产设备，所以工艺技术方案不仅涉及项目的投资多少、建设周期的长短，而且对未来的产品质量、产量和项目的投资效益都产生直接的影响。应做好生产工艺技术方案的选择评估。

（4）场（厂）址选择是指根据地区规划、城市规划等的要求，结合拟选项目的性质、功能、条件，研究选择建设地点或地址的工作。场（厂）址选择应遵循一些基本原则和要求，场（厂）址比选应考虑一些技术经济指标。

（5）原材料和燃料是项目得以正常生产的基本物质条件。在项目评估中，对拟建项目所需要的原材料和燃料情况必须进行详细的调查分析，主要原材料和燃料供应方案应通过多方案比较确定。

（6）项目总图运输方案是一个复杂的系统，在确保各种物料流通便捷的情况下，应解决好一个固定场所范围内各个要素的平面、立面关系及场（厂）区建筑物、道路、绿化及其他公用配套设施的关系。

习 题

一、填空题

1. 建设方案评估是进行项目_____、_____和_____的基础。
2. 可行性研究阶段要确定原料供应物流和销售物流的运输方案，即_____，同时确定生产物流的运输方案，即_____。
3. 容积率是指项目用地范围内_____与项目_____的比值。
4. _____和_____是衡量项目总平面布置水平的重要指标。就一般工业项目而言，其建筑系数应不低于_____。

二、单项选择题

1. 属于项目总体工程的方案比选内容是（   ）。
   A．工艺技术方案   B．专项工程设计
   C．专业设备方案   D．厂区管线设计
2. 建设规模的合理性分析中（   ）是首要因素。
   A．资源利用的合理性   B．收益的合理性
   C．产业政策和行业特点的符合性   D．外部条件的适应性和匹配性
3. 产品方案是在（   ）研究的基础上形成的。
   A．产业线设计   B．产品关联度
   C．产品营销渠道   D．产品组合
4. 工艺技术设计的核心是（   ）。
   A．产业线设计   B．产品关联度
   C．产品营销渠道   D．产品组合
5. 在确定建设项目的建设规模时，应力求达到（   ）。
   A．最优的经济规模   B．中等经济规模
   C．合理的经济规模   D．渗透型规模
6. 某项目厂区占地面积为52000m²，其中，建(构)筑物占地面积为12000m²，露天堆场占地面积为3600m²，道路及广场占地面积为20000m²，绿化面积为3000m²，地上地下工程管线占地面积为4000m²，建筑物散水占地面积为300m²，该项目没有专用铁路。经计算，该项目的建筑系数为（   ）。
   A．82.5%   B．76.7%
   C．30%   D．30.6%

三、多项选择题

1. 投资前期研究建设方案设计的深度要求分为（   ）。
   A．初步可行性研究阶段   B．初步论证阶段
   C．可行性研究阶段   D．可行性对比阶段
   E．评选最优方案阶段

2．场(厂)址比选的主要内容有（　　）。
　　A．工程技术条件　　　　　　　B．投资费用
　　C．运营费用　　　　　　　　　D．维护费用　　　　E．折旧费用
3．总图运输方案设计的内容包含（　　）。
　　A．厂区总平面布置　　　　　　B．竖向布置
　　C．横向布置　　　　　　　　　D．管线综合布置　　E．厂区运输
4．总图运输方案比选的内容有（　　）。
　　A．技术经济指标比选　　　　　B．功能比选
　　C．环保方案比选　　　　　　　D．拆迁方案比选
　　E．建筑结构方案比选

四、简答题

1．什么是产品方案？产品方案评估时应考虑哪些因素？
2．什么是建设规模？影响项目建设规模的因素有哪些？
3．在确定项目合理建设规模时应进行哪些方面的分析？
4．生产工艺技术选择的原则有哪些？
5．技术来源方案和设备来源方案分别有哪几种？
6．项目选址应遵循哪些原则？应注意哪些事项？
7．场(厂)址比较的主要内容包括哪些？
8．原材料和燃料的供应分析包括哪些内容？
9．总图运输方案中总平面布置应满足哪些要求？
10．总图运输方案中几个重要的用地控制指标是什么？

五、实训题

北京西城区××项目建设方案严格执行《北京市新建商品住宅小区住宅与市政公用基础设施、公共服务设施同步交付使用管理暂行办法》(京建法〔2007〕99号)及关于贯彻《北京市新建商品住宅小区住宅与市政公用基础设施、公共服务设施同步交付使用管理暂行办法》有关问题的通知(京建开〔2007〕660号)的相关要求，具体内容如下。

1．总体建设分期

该项目总建设规模为15202m^2，占地面积6246m^2，一期开发建设。

根据物业共用设施、建设规模等因素共划分一个物业管理区域进行物业管理。

建设范围和物业管理范围(四至)：东至北京市××中学南墙；南至××路77号北边界；西至××胡同；北至××厂南墙。

2．建设内容

建筑面积15202m^2，其中地上建筑面积12305m^2，地下建筑面积2897m^2。

建设内容：住宅楼1号楼及2号楼共两栋。

公共服务设施：

社区卫生服务站(建筑面积51m^2，2号楼地下一层)；

社区居民委员会(建筑面积90m^2，2号楼地下一层)；

物业管理用房(建筑面积 53m²，2 号楼地下一层)；

文体活动站(建筑面积 200m²，2 号楼地下一层)；

综合文体活动场地(用地面积 530m²，结合中心绿地设置)；自行车停放处(地上分散设置，2 号楼地下一层共 324 辆)；机动车库(地上结合绿化设置，地下车库位于 2 号楼地下二层，共计 66 辆)。

市政公用基础设施：

配电室(建筑面积 22m²，2 号楼地下二层)；垃圾分类投放(用地面积 6m²，地上汽车坡道附近)。

该项目上水、供电、燃气全部采用市政管网供给，执行居民住宅收费标准，分户计量；因周边无市政热力管线，该项目采用分户供暖，使用燃气分户采暖炉进行采暖。

本期区域内绿化 30%。

计划建设时间：2011 年 5 月至 2012 年 6 月。

3．拆迁进度

项目开工建设前，项目区域内需要拆迁的，其拆迁进度符合施工要求。

4．建设程序

1 号楼、2 号楼住宅楼及社区卫生服务站、社区居民居委会、物业管理用房、商业服务、自行车停放处、机动车库、公共服务设施、配电室、垃圾分类投放市政公用基础设施、道路一同办理工程施工招标。

因施工场地较小，1 号楼先行开工建设，2 号楼待场地允许后开工建设，1 号楼竣工后先行验收。

最后一栋 2 号楼竣工验收前，应完成区域内的所有公共服务设施、市政公用基础设施、道路、道路照明、绿化，与××路 75 号项目(二期工程)临时隔离措施等。竣工验收后，1 号楼与 2 号楼同期交付使用。

其中，临时隔离措施采用施工围墙。

如项目在绿化季节完成，建设单位应负责完成本期区域内的全部绿化；如非绿化季节完成，应有防尘措施，措施为密目网覆盖，并派专人每天洒水。

问题：试结合该北京西城区××项目的建设方案，谈谈住宅项目建设方案评估时，应注意哪些方面？

项目3在线答题

项目 4

资源利用分析与评估

教学目标

了解资源优化配置与合理性分析，了解资源利用的一般原则，熟悉资源开发项目资源条件评价的目的、资源开发利用的基本要求和资源条件评价的内容。

教学要求

知识要点	能力要求	相关知识	所占分值（100分）
土地资源优化配置与合理性分析	能够理解土地资源调查及土地资源论证内容	土地资源调查、土地资源论证	20
矿产资源优化配置与合理性分析	能进行矿产资源开发项目的资源条件评价及矿产资源开发的合理性分析	矿产资源分类、矿产资源种类、矿产资源优化配置的意义和重要性、矿产资源开发利用的原则要求	20
能源资源优化配置与合理性分析	1. 能进行能源资源优化配置与合理性分析； 2. 能对建设项目的节能方案进行评估	能源资源优化配置与合理性分析、节能	30
水资源的优化配置与合理性分析	1. 能编制水资源论证报告； 2. 能对建设项目的节水水平进行评价	水资源论证报告主要内容、节水措施及节水水平评价	30

▶▶ 项目导读

资源的概念有广义和狭义之分。广义的资源是泛指社会财富的来源,既包括自然资源,又包括人力资源、信息资源和技术资源等社会资源;狭义的资源指人类用来创造社会财富的自然资源,如土地资源、矿产资源、水资源、海洋资源、生物资源等,它们是人类赖以生存的基础,是社会可持续发展的物质保证。本项目所称资源指自然资源。编写投资项目可行性研究报告和建设项目评估报告,应对拟建项目开发利用资源的状况、条件及其合理性进行分析论证,为投资决策提供依据。本项目分别介绍了土地资源、矿产资源、能源资源和水资源的优化配置和合理利用,并重点阐述了关于节能、节水政策和技术规定。

"十三五"时期是全面建成小康社会的决胜阶段,必须贯彻落实"创新、协调、绿色、开放、共享"五大发展理念,深化资源领域重大改革,推动资源利用方式的根本转变,大幅提高资源利用综合效益。

4.1 土地资源优化配置与合理性分析

 引例 4-1

土地是民生之本,发展之基。1986 年 6 月,我国颁布了《中华人民共和国土地管理法》。2004 年,全国人大常委会又对《中华人民共和国土地管理法》做了适宪性修改。同年印发的《国务院关于深化改革严格土地管理的决定》,在严格土地执法、加强规划管理、促进集约用地等方面做出了全面系统的规定。2006 年 8 月,国家为严把土地"闸门",切实加强土地调控,又印发了《国务院关于加强土地调控有关问题的通知》。缓解土地资源与经济社会发展的矛盾将是长期而又艰巨的任务。土地资源优化配置是投资项目决策分析的一项重要内容。

【思考】
土地资源的优化配置涉及哪些内容?

4.1.1 土地资源调查

土地资源调查内容包括:拟选场(厂)址地区的地区分类和市县等别,城市总体规划中功能划分,土地总体规划中农用地、建设用地和未利用地规划,调查并踏勘建设用地和未利用地的位置分布、规模数量、土地权属、周边环境、利用现状等。初步判断土地资源利用的可能性;初步判断土地利用的合理性。

4.1.2 土地资源评估

1. 土地资源论证的目的

土地资源论证包括以下目的。
(1) 论证项目用地是否符合城市总体规划。

(2) 论证土地功能是否符合城市总体规划和土地利用总体规划中的土地功能划分。
(3) 论证项目用地是否符合国家规定的供地政策等。

2. 土地论证报告

1) 总论

总论包括以下内容。
(1) 编制土地资源论证报告的目的。
(2) 编制依据。
(3) 项目选址情况。
(4) 项目建议书提出的场址位置及主管部门审查意见等。

2) 建设项目概况

建设项目概况包括以下内容。
(1) 建设项目名称、项目行业代码。
(2) 建设地点地区分类和市县等别。
(3) 占地面积和土地利用情况(包括用地规模、土地权属、土地利用状况)。
(4) 建设规模及分期实施意见。
(5) 职工人数与生活区建设。
(6) 主要产品及生产工艺。
(7) 建设项目固体废弃物排放总量、储存场设置情况。

3) 建设项目占用土地资源论证

建设项目占用土地资源论证包括以下几个方面。
(1) 所选场地是否属于土地利用总体规划中的建设用地和未利用地。
(2) 预选的建设用地和未利用场地,其位置分布、规模数量、土地权属、周边环境、利用现况等能否满足建设项目需求。
(3) 分析不同场(厂)址位置对周边土地资源及其他土地用户的影响。
(4) 论证场(厂)址位置设置是否合理。

4) 建设项目用地合理性分析

建设项目用地合理性分析包括以下几个方面。
(1) 定性分析。
① 建设项目功能分类及土地功能规划分析。
② 土地利用的适宜性分析。以特定土地利用为目的,评价土地适宜性。具体来说,就是指某块土地针对特定利用是否适宜,适宜程度如何。
③ 土地利用合法性分析。分析项目用地是否符合相关法律法规要求。占用耕地的,严格落实补充耕地和基本农田保护措施,符合国家严格土地管理和基本农田保护条例的要求。计算建设项目用地投资强度、容积率、建设系数以及行政办公和生活服务设施用地所占比例等指标,分析项目用地规模是否合理,是否符合节约用地、集约用地原则。
④ 土地权利补偿方案。研究项目土地征用的补偿方案,编制建设项目用地补偿方案,

计算有关费用；分析研究拆迁、移民补偿方案以及当地有关部门对建设项目用地的意见。自2007年1月1日起，国家对新增建设用地的土地有偿使用费用征收标准在原有基础上提高1倍，提高后的新增建设用地土地有偿使用费征收标准由国土资源部或省、自治区、直辖市国土资源管理部门核定。

⑤ 土地利用的社会影响分析。调查当地民众、特别是农民对土地被占用的意见，分析土地被占用后对农民生活的影响和社会稳定的影响。

(2) 定量分析。

① 土地利用经济效益分析。

$$土地生产率=产量或产值/土地面积 \tag{4-1}$$

正向指标，指标数越大越好。

$$产值差异率=项目土地平均产值/城市土地平均产值 \tag{4-2}$$

正向指标，指标数必须大于1，且越大越好。

② 土地利用生态效益分析。

土地利用生态效益分析是指在土地经济效益分析的基础上，选择对环境意义较大的生态特征进行补充评价，着重对土地生态价值和功能评价。主要考察的是绿色GDP指标。

绿色GDP指标指项目建设对区域或周边环境造成影响的好坏程度，主要包括大气、水体、其他固体污染等，其计算方法应从国民经济的角度考察投资项目对生态环境的耗费或贡献。主要有两个分析指标：环境损失和环境贡献。其计算公式分别为

$$环境损失=绿色面积×单位面积损失价值 \tag{4-3}$$

$$环境贡献=绿地面积×单位面积贡献价值 \tag{4-4}$$

式中：单位面积损失价值——绿化面积减少对周围空气、水体等产生的影响；

单位面积贡献价值——绿化面积增加对周围空气、水体等产生的影响。

5) 节约用地措施

通过分析项目建设对周边环境的影响，提出节约用地的措施。

6) 土地资源论证结论

土地资源论证结论包括以下两个方面。

(1) 项目建设用地的合理性结论。

(2) 国土资源行政主管部门对项目用地的预审意见等。

特别提示

按国家有关规定，在工业项目建设用地的合理性分析中应计算的用地控制指标有容积率、投资强度、厂区绿化系数、场地利用系数等。容积率是指在城市规划区的某一宗地内，房屋的总建筑面积与宗地面积的比值，分为实际容积率和规划容积率两种。通常所说的容积率是指规划容积率，即宗地内规划允许总建筑面积与宗地面积的比值。容积率的大小反映了土地利用强度及其利用效益的高低，也反映了地价水平的差异。因此，容积率是城市区划管理中所采用的一项重要指标，也是从微观上影响地价最重要的因素。

▶▶ 案例 4-1

××县 2010 年度第一批次城镇建设用地土地利用论证报告

一、概述
(一) 项目概况
1. 项目名称、主管单位
(1) 项目名称:××县 2010 年第一批次用地。
(2) 呈报单位:××县国土资源局。
(3) 主管单位:××县人民政府。
2. 开发利用地点、规模及规划用途
(1) 地点:××县××村、××村、××村、××县农场。
(2) 规模:总用地面积 66.7873hm^2。农用地 65.7203hm^2、建设用地 0.2604hm^2、未利用地 0.8066hm^2,其中国有建设用地 0.0837hm^2,国有农用地 3.6112hm^2。
(3) 规划用途:工业园区基础设施建设及部分利用本县资源的厂矿建设面积 32.8691hm^2,占申请用地总面积的 49.21%;城区内原有加油站搬迁用地面积 0.8594hm^2,占申请用地总面积的 1.3%;车辆检测站用地面积 0.3899hm^2,占申请用地总面积的 0.6%;县城第二完全小学用地面积 1.7203hm^2,占申请用地总面积的 2.6%;汽车二级站、烟叶储备仓库道路建设等项目用地 30.9486hm^2,占申请用地总面积的 46.29%。
3. 投资估算及资金筹措
(1) 本批次用地估算总投资 11248.4 万元,其中征地补偿费 2443.1 万元,报批的各项费 4485.6364 万元,三通一平费用 3205 万元,其他费用 1200 万元。
(2) 资金筹措方式:县财政垫付资金 2000 万元,农业发展银行短期借款 7000 万元,其他途径筹集资金 791.5 万元,本批次用地共筹集资金 9791.5 万元。
4. 收益
预计土地收购储备投资净收益 2800 万元,预计土地收购储备投资收益率为 28%。
(二) 论证范围及依据
1. 论证范围
为积极实施国家西部开发和湘西开发战略,推进××县城镇发展进程,为工业园扩容提质提供有力保证,对××县 2010 年第一批次用地建设发展前景,××县 2010 年第一批次用地可行性和必要性经济效益的可靠性,用地需求及土地综合开发利用方面进行论证。
2. 论证依据
《中华人民共和国土地管理法》《××县土地用地利用总体规划》及国家相关标准、规范、规程和省、州、县等相关政策。
二、土地开发背景
××县城所在地迁陵镇,人口不到 7 万人,属于小城镇,城镇功能极不完善,对周边小城镇辐射、影响力小，为加快县城经济发展、促进县城扩容提质，把县城所在地迁陵镇尽快建设成为一个拥有9万~12万人口基础设施较为完善的较大城镇。

三、供地论证

（一）规划选址

1. 规划选址

本批次选址地点位于××县××镇及××镇茶市村一小部分，符合《××县城市建设总体规划》，土地四至清楚、权属无争议；符合有关城乡规划的法律法规、规范和标准；符合经批准的《××县土地利用总体规划》和相关专业专项规定；能满足环保、通信、能源、安全和综合防灾要求。

（二）供地规模确定

供地总规模：总用地面积66.7873hm^2。

（三）供地方案

（1）三通一平工作完成后，选择具有土地估价资质的专业评估机构，对拟公开出让的宗地进行估价并出具评估报告。依据评估报告作为基础，结合基准地价，参考本房地产市场价格，制定出挂牌低价。

（2）出让方式：采取公开挂牌竞价方式出让，竞价高者得到土地使用权。

（3）签订土地成交确认书，交齐土地出让金及相关税费后，签订土地出让合同，办理国有土地使用权证。

四、土地开发可行性分析

（一）土地初级开发投资估算11248.4万元

1. 征地补偿费用2443.1万元

2. 土地报批费用合计4485.6364万元

（1）耕地开垦费772.7652万元。

（2）耕地占用税1341.8618万元。

（3）新增建设用地土地有偿使用费931.2926万元。

（4）防洪保安资金80.1448万元。

（5）失地农民社会保障基金1261.848万元。

（6）用地管理费97.724万元。

3. 三通一平费用3205万元

（1）基础设施费用2564万元。

（2）场地平整费用641万元。

（二）土地开发收益。

1. 土地出让收入

（1）工业园基础设施的工业用地，项目用地493.0365亩，预计土地出让价格10万~15万元/亩，土地出让收入5916.4万元。

（2）商服用地供地88亩，预计土地出让价格40万元/亩，土地出让收入3520万元。

(3) 办公、城镇道路、经济适用房、汽车站、烟草储备库等用地 347.395 万元/亩,土地出让收入 3525.95 万元。

(4) 加油站搬迁用地及车辆检测站用地 18.74 亩,预计土地出让价格 30 万元/亩,土地出让收入 562.2 万元。

(5) 第二完全小学及其他用地 54.638 亩,预计土地出让价格 10 万元/亩,土地出让收入 546.38 万元。

合计土地出让收入 14070.93 万元。

2. 土地出让相关费用 348 万元

(1) 土地估价费用 200 万元。

(2) 土地权属调查及工本费 40 万元。

(3) 土地出让交易服务费 108 万元。

3. 土地报批成本 4485.6364 万元

4. 商业银行贷款利息 420 万元

五、土地开发和环境保护

1. 环境保护采用标准

污水排放:执行《污水综合排放标准》一级排放标准。

噪声:建筑施工执行建筑《建筑施工场界环境噪声排放标准》标准。

2. 治理措施

生活污水采用埋地式无动力处理装置进行处理,达到污水排放标准后排入××县城镇污水收集主干管,经污水干管汇集至××县污水处理厂进行处理。

施工阶段噪声主要是桩基础处理,严格按照国家规范施工,禁止在夜间施工扰民。

3. 土地开发运作模式

1) 基础设施

基础设施中的道路系统、给排水系统、强弱电管线工程由××县人民政府投资建设。

2) 场地平整

场地平整项目由××县土地整理储备中心实施,严格按照国家招投标法选择施工和监理队伍,组织实施。

3) 土地出让

按土地公开出让程序和要求,对该地块实施招、拍、挂进行出让。

4) 项目建设

各单位完成土地购置后,按照城市规划要求,按照国家建设程序进行建设,发挥投资效益。

六、结论及建议

结论:①项目符合土地利用总体规划和城市总体规划,符合国家土地供应政策。②通过土地储备,既丰富县土地整理储备中心实际运作储备土地能力,也能加强县级政府土地供应的宏观调控能力。

建议:供地环节,注重宣传策划,进行投入产出分析,选择适宜时机进行公开挂牌出让，使土地成交价位处在一个理想价位区间，在促进当地经济发展的基础上，实现理想的土地储备的投资收益，不断增强县土地整理储备中心储备土地的能力，增加县本级政府土地供应的宏观调控能力。

4.2 矿产资源优化配置与合理性分析

引例 4-2

据估计，我国的 45 种主要矿产保有储量到 2020 年有 40 种不能满足需要。我国 95%的能源消耗要靠矿产资源支撑，85%左右的工业原材料也依赖于矿产资源，即基本上是资源型经济，这种格局在可以预见的未来很难根本扭转。我国工业化道路，过去很大程度上靠矿产资源奠基，今后一段时期仍需要矿产资源铺垫。然而我国确实面临着资源短缺的严重威胁，同时还伴随着严重的生态破坏和环境污染，这已成为制约我国经济发展不可忽视的因素。因此在我国当前资源紧缺、环境压力增大的背景下加强矿产资源的综合利用，促进矿产资源领域循环经济的发展显得尤为重要。

【思考】
如何实现矿产资源优化利用与矿业可持续发展？

4.2.1 矿产资源概述

1. 矿产资源的概念

矿产资源是自然界中所有埋藏在地下或者分布在地表的、有利用价值并且在开采技术上可行的矿物和岩石资源的统称。矿产资源以化合物形态产出，用于加工成各种产品。矿产资源在漫长的地质作用过程中产生，属于不可再生资源。自石器时代以来人类就开始采集利用矿产资源，随着工农业的发展，人类对矿产资源的需求不断增大，然而可利用的矿产资源总量却是有限的。目前人类对于矿产资源的利用主要集中在陆地浅层岩石圈表层。矿产资源分为可枯竭资源和不可枯竭资源。

2. 矿产资源的种类

目前人类开发利用的矿产资源大约有 1100 多种，按照矿产所含的可用成分和用途，可以分为金属矿产、非金属矿产和有机矿产三类。

（1）金属矿产：通常分为黑色金属矿产、有色金属矿产、贵金属矿产、稀有金属矿产、放射性金属矿产五类。黑色金属矿产指可提炼铁、锰、铬、钒、钴、钛、钨、镍等钢铁工业原料矿产资源；有色金属矿产指可提炼铜、锌、铅、铝、锡等金属的矿产资源；贵金属矿产指能提取金、银、铂、钯、铑、锇、铱、钌等贵重金属的矿产资源；稀有金属矿产指可提取锂、铯、钽等稀土元素的矿产资源；放射性金属矿产指能提炼铀、钍、镭等放射性金属元素的矿产资源。

（2）非金属矿产：可提取非金属元素及其化合物，或可以直接利用的非金属矿物。只有少数非金属矿产资源用于提取某种非金属单质，如硅、磷、硫等，绝大多数非金属矿产资源直接利用其化合态矿物，如石棉、金刚石、石墨、云母、石膏等矿产资源。

(3) 可燃有机矿产：属于能源矿产资源的范畴，用于燃烧提供能源，如煤、石油和天然气等。俗名为"可燃冰"的天然气水合物、油页岩、泥炭等也属于可燃有机矿产。上述矿产多数与生物活动有关，在地质历史时期被固定下来，一般称为"化石燃料"。

4.2.2 矿产资源优化配置与合理性分析概述

1. 矿产资源优化配置的意义和重要性

(1) 加快建设资源节约型社会，推动循环经济发展，走新型工业化道路，缓解资源瓶颈制约，解决全国建设小康社会面临的资源约束和环境压力，促使国民经济持续、快速、协调、健康发展。

(2) 可以促进产业结构、产品结构和资源消费结构的调整，提高资源利用整体水平。

(3) 通过科学规划、合理开发、因地制宜、统筹安排、优化配置，以循环经济模式合理确定产业链，使分布不平衡的资源得到有效利用。

(4) 按照国情对资源进行功能定位、优化组合，有利于保障国家经济安全。

2. 矿产资源开发利用的原则要求

矿产资源的开发利用要认真贯彻落实《国务院关于加强发展循环经济的若干意见》文件要求。在资源开采环节要统筹规划矿产资源开发，推广先进适用的开采技术、工艺和设备，提高采矿回采率、选矿和冶炼回收率，大力推进尾矿、废石综合利用，大力提高资源综合回收利用率。特别是矿产资源开采过程中对伴生、共生矿的综合利用，对资源加工过程中产生的固体废弃物、废液、废水、废气、余热、余压等进行回收和综合利用。

在资源消耗环节要加强对冶金、有色、电力、煤炭、石化、化工、建材(筑)、轻工、纺织、农业等重点行业的能源、原材料、水等资源消耗管理，努力降低消耗，提高资源利用率。

对废物产生环节要强化污染预防和全过程控制，推动不同行业合理延长产业链，加强对各类废物的循环利用，推进企业废物"零排放"。

3. 矿产资源开发项目的资源条件评价

矿产资源开发项目的资源条件评价包括矿产储量和矿床地质条件、矿产地质特征、地矿工作、矿产储量等分析研究。

矿产储量和矿床地质条件分析研究是可行性研究的基础，是确定生产规模的依据。

矿产地质特征分析研究包括矿体外部特征要素(形态、产状、厚度、规模、空间位置和构造破坏等)和矿体内部结构要素(矿石物理化学性质、矿石物质组成、化学成分、矿石自然类型、工业类型、工业品级的种类及比例和分布规律等)以及其他标志变化规律分析。

地矿工作分析研究包括勘探方法、勘探手段、勘探工程量、矿体控制程度的分析研究。

矿产储量计算分析研究包括矿体圈定原则、圈定方法、储量计算参数的确定和储量计算方法等的分析研究。

此外，矿山供水、供电、自然经济条件研究及建设项目地区资源运输瓶颈制约分析是矿石开发建设的必要条件。

4. 矿产资源开发的合理性分析

矿产资源开发的合理性分析是项目决策分析与评价的一个重要任务，是从资源利用的科学性、经济发展成本和环境成本、经济性等方面分析论证。矿产资源优化配置要坚持循环经济理念，把经济活动组织成一个"资源—产品—再生资源"的反馈式流程，使所有物质在不断进行经济循环中得到合理和持久的利用，最大限度地利用资源实现资源利用的良性循环。

▶▶ **案例 4-2**

矿产资源开发利用方案编写内容要求

1. 概述

1) 矿区位置、隶属关系和企业性质

例如，为改扩建矿山，应说明矿山现状、特点及存在的主要问题。

2) 编制依据

（1）简述项目前期工作进展情况及与有关方面对项目的意向性协议情况。

（2）列出开发利用方案编制所依据的主要基础性资料的名称。如经储量管理部门认定的矿区地质勘探报告、选矿试验报告、加工利用试验报告、工程地质初评资料、矿区水文资料和供水资料等。对改、扩建矿山应有生产实际资料，如矿山总平面现状图、矿床开拓系统图、采场现状图和主要采选设备清单等。

2. 矿产品需求现状和预测

1) 该矿产在国内外需求情况和市场供应情况

（1）矿产品现状及加工利用趋向。

（2）国内外近、远期的需求量及主要销向预测。

2) 产品价格分析

（1）国内外矿产品价格现状。

（2）矿产品价格稳定性及变化趋势。

3. 矿产资源概况

1) 矿区总体概况

（1）矿区总体规划情况。

（2）矿区矿产资源概况。

（3）该设计与矿区总体开发的关系。

2) 该设计项目的资源概况

（1）矿床地质及构造特征。

(2) 矿床开采技术条件及水文地质条件。
(3) 设计利用矿产资源储量。
(4) 对地质勘探报告的评述。

4. 主要建设方案的确定

1) 开采方案

(1) 建设规模及产品方案。

① 可能的建设规模(两个以上方案比较)。
② 推荐规模方案的简要论证。
③ 可供选择的产品方案。
④ 推荐产品方案简要论证。

(2) 确定开采储量。

采矿权人在登记管理机关划定的矿区范围内，根据矿床赋存条件、勘探程度，并考虑产品方案及建设规模的要求，结合矿石品位变化，对开采品位进行技术、经济论证，确定开采矿体的最低品位，在此基础上，圈定矿体，并确定开采对象。有共生、伴生矿产的，必须体现综合开采、综合利用的原则。

(3) 矿床的开采方式。

根据矿体赋存情况及开采技术条件等因素，对矿床的开采方式进行分析研究。对于采用露天开采或地下开采优势不明显的矿床，应进行开采方式的技术经济比较，确定最佳方案。当采用露天和地下联合开采时，应确定二者的合理分布界线及阐明其在时间上和空间上的相互关系。

(4) 开拓运输方案及厂址选择。

根据地形、矿床赋存条件、备选厂址工程地质条件及环保要求，对各种可供比较选择的开拓运输系统及厂址配套方案，进行技术经济论证，提出推荐方案。

2) 防治水方案

当矿床水文地质条件复杂或有径流大量渗漏时，需采取地下和地表的防治水措施，以确保安全生产，应进行全面防治水方案的综合比较，并提出推荐方案。

5. 矿床开采

1) 露天开采

(1) 露天开采境界：阐明圈定露天开采境界的原则、方法及所采用的经济合理剥采比。
(2) 确定露天采场最终边坡要素。
(3) 工作面阶段回采率。
(4) 圈定露天开采境界，应进行不同境界方案比较，确定最优境界。

2) 地下开采

(1) 确定矿区开采总顺序并阐明首采地段选择的原则和依据。
(2) 推荐的生产能力及能力验证。
(3) 利用远景储量扩大生产能力或延长矿山生产年限的可能性。
(4) 开采崩落范围的确定。

(5) 简述开采技术条件和水文地质条件对采矿方法选择的影响。
(6) 采矿方法选择和比较，论证推荐采矿方法对资源充分利用的合理性。
(7) 矿块的结构参数及矿井、采区、矿块(工作面)的采矿回采率。

6. 选矿及尾矿设施

1) 选矿方案

(1) 选矿试验研究及评价。

① 选矿试验研究主要成果，并对其做出技术经济评价，指出存在问题及今后工作意见。

② 大、中型矿山应进行工业或半工业实验结果，应有加工评价试验结论。

(2) 根据选矿试验研究结果及评价资料提出推荐的选矿方案。

(3) 对难选矿种，根据已掌握的技术确定是否需建中间试验厂，并提出拟建规模、工艺流程和主要设备选择。

2) 尾矿设施

(1) 初步确定尾矿量并简述尾矿品位及其他特性。对于目前因技术或市场原因暂不能利用的矿产，应有保护的措施。

(2) 尾矿库址选择(应具有坝址选择阶段的工程地质资料)。

(3) 尾矿综合利用设想。

(4) 尾矿水的处理利用。

7. 环境保护

1) 矿山地质环境报告

(1) 对采矿引起的地质灾害，如崩塌、滑坡、泥石流、尾矿垮坝等应做出评价，并提出切实可行的监测预防措施。

(2) 对采矿引起的区域地质条件做出影响评价。

(3) 露天开采，应做边坡稳定性评价；坑采的，应做采空塌陷范围预测。

(4) 矿山闭坑时对造成的地质灾害提出处理措施。

2) 矿山环境影响报告书、水土保持和土地复垦方案

矿山环境影响报告书、水土保持和土地复垦方案应按国家有关规定编写相应的内容。

8. 开发方案简要结论

1) 设计利用矿产资源储量和根据矿床规模确定的设计生产规模及矿山服务年限

2) 产品方案

3) 厂址及开拓运输方案

4) 采、选工艺方案

5) 综合回收、综合利用方案

6) 对工程项目扼要综合评价

7) 存在的主要问题及建议

附表：综合技术经济指标表。

9. 附图
(1) 开拓系统纵投影图。
(2) 带有矿区范围、崩落范围的地形地质图。
(3) 矿区总平面图。
(4) 露天采矿最终境界图。
(5) 采矿方法标准图。

4.3 能源资源优化配置与合理性分析

引例 4-3

能源是战略资源，是全面建设小康社会的重要物质基础。解决能源约束问题，一方面要开源，加大国内勘探开发力度，加快工程建设，充分利用国外资源；另一方面，必须坚持节约优先，走跨越式节能的道路。节能是缓解能源约束矛盾的现实选择，是解决能源环境问题的根本措施，是提高经济增长质量和效益的重要途径，是增强企业竞争力的必然要求。必须从战略高度充分认识节能的重要性，树立忧患意识，增强危机感和责任感，大力节能降耗，提高能源利用效率，加快建设节能型社会，为保障到 2020 年实现全面建设小康社会目标做贡献。为此，中华人民共和国国家发展和改革委员会（以下简称"国家发改委"）于 2004 年 11 月 26 日发布了《节能中长期专项规划》，这是改革开放以来中国制订和发布的第一个节能中长期专项规划。

规划期分为"十一五"和 2020 年，重点规划了到 2010 年的目标和发展重点：到 2010 年每万元 GDP 能耗由 2002 年的 2.68 吨标准煤下降到 2.25 吨标准煤，2003—2010 年年均节能率为 2.2%，形成的节能能力为 4 亿吨标准煤。根据中国目前的节能潜力和未来能源需求的特点，规划提出了这一期间节能的重点领域是工业、交通运输、建筑、商用和民用。同时，国家将组织实施燃煤工业锅炉改造、区域热电联产、节约和替代石油、建筑节能等十项节能重点工程。

到 2020 年每万元 GDP 能耗下降到 1.54 吨标准煤，2003—2020 年年均节能率为 3%，形成的节能能力为 14 亿吨标准煤，相当于同期规划新增能源生产总量 12.6 亿吨标准煤的 111%，相当于减少二氧化硫排放 2100 万吨。

规划还提出，中国在制定和实施发展战略、产业政策、财政、税收等政策中都要体现节能优先的原则，同时加快调整产业结构、产品结构和能源消费结构，出台强化节能的激励政策等来保障节能中长期规划的实现。

【思考】
1. 我国能源利用的现状是什么？
2. 《节能中长期专项规划》体现了什么原则？其中提到的节能重点领域及重点节能工程有哪些？
3. 目前国家有哪些强化节能的激励政策来保障节能中长期规划的实现？

4.3.1 能源资源优化及合理性分析概述

1. 能源分类

能源分为不可再生能源和可再生能源。
(1) 不可再生能源,如煤、石油、天然气、核燃料等。
(2) 可再生能源,如风能、太阳能、水能、生物质能、地热能、海洋能等非石化能源。

2. 能源资源开发利用的一般原则和要求

(1) 能源资源开采要符合规划,根据能源资源禀赋条件确定适度开采规模。
(2) 利用先进的采掘技术,提高能源开发深度,提高回采率,力争能源资源开发利用的经济效益、社会效益和环境效益最大化。
(3) 符合可持续发展的要求,不仅要考虑当前利益,还要考虑长远利益。
(4) 从全球化角度出发,应充分利用国外相对丰富的资源条件。
(5) 根据当前科学技术发展水平,按照循环经济的配置原则,提高能源资源综合利用能力。
(6) 要与当地生态环境相协调。能源资源开发利用不能对土地、草原、水体、森林、大气等环境造成破坏,不能损害公众利益。

3. 能源资源开发项目的资源条件评价

能源资源开发项目的资源条件评价内容可参照"矿产资源开发项目的资源条件评价"。

4. 能源资源开发利用合理性分析

从能源资源的战略性地位考虑,坚持开发与节约并重,把节约放在首位的方针,要紧紧围绕实现经济增长方式的根本性转变,以提高能源利用效率为核心,以节能为重点,完成以下工作。
(1) 分析项目所用能源的来源,提出能源合理利用的优化方案。
(2) 列出提高能源资源利用率的具体措施。
(3) 明确资源利用要达到的水平。

4.3.2 节能评价

当今能源建设已成为世界性的重大问题之一,各国对能源问题都给予了极大的关注,合理利用能源、降低能耗被列为经济发展的重大课题。

能源一般分为一次能源和二次能源。煤、石油、天然气等,没有经过加工或转换的称为一次能源;煤气、电力、汽油、煤油、焦炭等,是在一次能源基础上经过加工转换而来的,称为二次能源。所谓节约能源,是指通过技术进步、合理利用、科学管理和经济结果合理化等,以最小的能源消耗取得最大的经济效益。节能的环节和表现尽管各不相同,但都以一次能源节约为最终目的。节能量一般以吨标准煤为计算单位。

按照国家有关规定,固定资产投资项目的可行性研究报告或项目申请书必须包括节能分析篇章，进行节能评价；由国务院以及国家发改委审批、核准的投资项目，还要根据节能审查的需要，编制项目节能报告。

1. 节能评价的原则

节约资源是我国的基本国策，国家实施节约与开发并重、把节约放在首位的能源发展战略。在固定资产投资项目上加强节能工作，是从源头上杜绝能源浪费、提高能源利用效率、加强能源消费总量管理、落实节约资源基本国策、建设节约型社会的一项重要措施。

1) 发展循环经济的原则

在节能评价工作中必须从可持续发展的角度，统筹考虑投资项目建设中资源、能源的节约与综合利用以及生态环境承载力等因素，按照促进循环经济发展的原则开展节能评价。

2) 遵守国家规定并与国内外先进水平进行对比的原则

节能评价要遵守国家及行业法律法规、标准、规范、规定。同时，为进一步提高投资项目节能水平和效果，如有条件，还要与同类项目的国内外先进水平进行对比分析，找出差距和潜力，有针对性地提出相关改进方案及节能措施等建议。

3) 项目全过程、全方位节能的原则

为实现建设项目的全面系统节能，应涵盖建设期、运营期的项目周期全过程进行节能评价，对项目涉及的能源生产、加工、转换、输送、储存、使用等各个环节进行全方位的节能评价。

4) 宏观微观相结合、定性定量相结合的原则

在项目节能评价中，采用宏观微观相结合、定性定量相结合的评价原则，既有战略性、方向性的宏观展望，又有具体的能耗指标分析等具体测算；既有定性分析，又要尽可能开展定量分析评价。

2. 节能评价的依据

1) 国家法律法规、标准及相关规定

开展项目节能评价工作，首要的依据是国家法律法规、标准及相关规定，如《中华人民共和国节约能源法》《节能中长期专项规划》，国家发改委《固定资产投资项目节能审查办法》等。

2) 行业法律法规、标准、规范及相关规定

项目节能评价工作还要依据行业法律法规、标准、规范及相关规定，如钢铁产业发展政策、《工业建筑节能设计统一标准》(GB 51245—2017)、《水泥工厂节能设计规范》《铁路实施节约能源细则》《水运工程设计节能规范》《民用建筑节能管理规定》(建设部令第 143 号)等。

3) 地方法律法规及相关规定

项目节能评价工作还要满足项目所在地方的法律法规及相关规定要求。

3. 节能评价的分析内容

1) 项目节能方案及措施分析评价

项目节能方案是指项目建设方案中采用的工艺技术、设备、材料等在建设期和运营期合理利用能源、提高能源利用率的方案。在满足工艺要求和不降低环境质量、生活质量的前提下，分析项目的工艺技术流程是否合理，分析评价项目是否采取了技术上先进可行、

经济上合理以及环境和社会上可以承受的节能方案及措施,从项目的能源生产、能源转化以及能源消费的各个环节,从建设期到运营期的项目周期全过程,降低能耗、减少损失、杜绝浪费、提高能源利用效率,实现有效、合理地利用能源。分析项目是否利用了国家鼓励的新能源和可再生能源。此外,还应对项目周期全过程的节能管理措施进行分析评价。

2) 项目能耗水平分析评价

项目能耗水平的分析评价是指对项目能源利用的合理性及能耗计算的依据、方法和过程的合理性进行分析评价,在此基础上分析评价项目的能耗水平和指标是否符合国家和行业有关规范、规定要求,如有条件还要与同类项目的国内外先进水平进行对比分析,提出项目能耗水平的评价意见,见表4-1。对于有强制性节能标准要求的项目(例如,有限制性要求的大型用能设备和工艺的项目,以及有明确能效标准要求的项目等),应严格按照强制性标准执行,对不符合强制性节能标准要求的项目,要明确提出项目不能建设的意见。

表4-1 单位产品能耗表

序号	能源名称	计算单位	产品年产量	能源年消耗量	单位产品实物消耗	折标准煤能耗	综合能耗比较		
							国内先进水平	国际水平	企业原有水平

3) 项目节能效果分析评价

采用定性与定量相结合方式,对项目节能效果进行分析评价。除定性分析外,尽量采用对比方法进行量化分析,如建设前后对比、与标准规范要求指标对比、不同建设方案对比、与国内外先进水平对比等,通过对比分析得出项目节能效果的定量指标。

4) 节能优化建议

针对投资项目在节能方面存在的问题和不足之处,提出改进优化的意见和建议。

4. 节能评价指标

1) 工业项目节能评价指标

(1) 单位产品能耗指标。

对于工业项目,通用的节能评价指标是单位产品能耗,这个指标在同行业、同类项目中具有可比性,是工业项目能耗指标是否先进、节能效果是否显著的重要评价指标。

测算单位产品能耗指标应注意口径一致、横向可比,对不可比因素要注意甄别剔除或补充说明,以保证指标的一致性、可比性。除特殊情况外,单位产品能耗指标的单位为吨、千克、克标准煤/单位产品。

(2) 其他能耗指标。

对于无法或难以测算单位产品能耗指标的项目,如产品不是最终产品的项目、属生产过程中间环节的项目、辅助工序及辅助设施类项目、资源综合利用类项目、工业环境治理项目等,可以采用行业通用或认可的、具有一定可比性的其他能耗指标来代替单位产品能耗指标,如工序能耗指标(转炉炼钢工序能耗等)、主要耗能指标(冶炼电耗、焦比等)等。比较的参照系一般是行业标准、规范、规定,以及同类项目的国内外先进水平。

(3) 节能效果指标。

尽量对工业项目节能效果进行量化分析，分析测算项目年总能耗，并通过对比得出项目年节能的量化数据。例如，与项目建设前对比年节能、节电指标，与代替落后工艺对比节能指标等。可选择的对比方式包括：与国家、行业标准规范的指标数值对比，项目建设前后对比，不同建设方案对比，与国内外先进水平对比等。

2) 建筑节能评价指标

分别对建筑节能设计前后计算单位面积消耗量，将前后计算结果相减得出可节省的单位面积消耗量，即

$$能源种类的数量 \times 折算系数 / 建筑面积 = 单位面积消耗量$$

$$建筑节能设计前 - 建筑节能设计后 = 可节省的单位面积消耗量$$

> **知识提示**
>
> 1. 能耗水平分析评价(住宅建筑)
> (1) 住宅建筑总平面布置应有利于人们冬季获取阳光。
> (2) 建筑体型系数应符合国家和地方节能设计标准的规定。当不能满足规定时，必须进行围护结构热工性能的综合判断。
> (3) 住宅建筑的外门窗、阳台透光及遮阳等部分不宜过大，以节省能源。
> (4) 住宅建筑应有利于夏季自然通风。投资项目应说明卧室、起居室(厅)、卫生间、厨房等房间的通风口有效面积与该房间地面面积比。
> (5) 住宅建筑应说明是否设置外遮阳，以及外遮阳的位置、形式。
> (6) 外窗(包括阳台门)和透明幕墙的气密性应满足国家和地方节能设计标准的要求；还应说明外窗(包括阳台门)和透明幕墙的气密性能达到几级标准。
> (7) 住宅建筑的围护结构如拟采用其他节能措施，应在申报文件说明，如通风屋面、浅色屋面、屋顶绿化、绿化墙面等。
>
> 2. 暖通空调、电梯、照明、泵房等电器、设备系统能耗水平分析评价(住宅建筑)
> (1) 住宅建筑应合理选定变配电中心，设置在负荷集中处。住宅用电指标可根据不同户型平均每户按3～8kW估算；当户数不确定时可按建筑面积每平方米15～50kW估算。
> (2) 住宅建筑应说明冬季供暖或夏季空调和主要系统形式。一般住宅建筑建议室内设定的温湿度：夏季为26℃左右，湿度小于60%；冬季为16℃以上，湿度大于35%。住宅室内温湿度环境标准的确定还应满足国家和地方节能标准的要求。
> (3) 住宅建筑应具备采用自然通风的条件，在室外空气参数适宜的情况下，应优先采用通风的方式消除建筑的余热、余湿，减少空调系统的运行。
> (4) 住宅投资项目要正确选择节能的供暖锅炉、电梯等大中型设备及电气照明等小型设备，提高额定效率，减少各种热损失；不得采用电锅炉作为集中空调和集中采暖的热源。
> (5) 住宅投资项目采用集中供暖、空调系统的住宅，应按照分户计量的系统设计，并设置室温调节的设施。散热器设温控阀，空调末端设温度控制面板。

▶▶ 案例 4-3

住宅小区节能评估报告模板

第一章　项目概况及建设单位

1.1　项目的名称

1.2　建设项目的性质

1.3　建设单位

1.4　建设规模与目标

1.5　建设单位概况

第二章　项目建设背景

2.1　××区经济发展概况

2.1.1　政区人口概况

2.1.2　经济发展概况

2.1.3　农业发展概况

2.1.4　工业发展概况

2.1.5　建设环保发展概况

2.1.6　交通邮电发展概况

2.1.7　贸易旅游发展概况

2.1.8　教科文卫体发展概况

2.1.9　社会生活发展概况

2.1.10　新农村建设发展概况

2.2　项目提出的背景

2.2.1　人们家居理念的变化

2.2.2　家庭模式和结构的变化

2.2.3　商品房价值观的变化

2.2.4　开发商建设理念的变化

2.3　项目建设实施的有利条件

2.3.1　××区房地产市场现状

2.3.2　住房与人民生活紧密相关，是群众基本的生活需求

第三章　项目基本情况

3.1　建设地点

3.2　主要建筑概况

第四章　主要能源消耗和来源条件

4.1　给水

4.1.1　水源

4.1.2　用水量

4.1.3 给水系统

4.2 供电

4.2.1 供电电源

4.2.2 负荷估算

4.2.3 供配电系统及电压

4.2.4 照明

4.3 采暖通风

4.3.1 热源

4.3.2 热负荷的估算

4.3.3 供热系统

4.4 燃气

4.4.1 供气源

4.4.2 用气量的估算

4.4.3 燃气供气系统

第五章 节能措施及能耗分析

5.1 项目节能评价依据

5.2 项目用能特点及节能原则

5.2.1 设计节能措施方案

5.2.2 建筑节能措施

第六章 综合评估意见

4.4 水资源优化配置与合理性分析

引例 4-4

我国水资源短缺，人均水资源不足世界平均水平的 1/4。目前我国万元工业增加值取水量是发达国家的 5~10 倍，我国灌溉水利用率仅为 40%~50%。节约用水、高效用水、建设节水型社会是缓解资源供需矛盾的根本途径，是关系到我国实现资源永续利用、经济和社会可持续发展的一项战略任务。《中华人民共和国水法》《中华人民共和国清洁生产法》《中国节水技术政策大纲》等相关法规，要求实行更加严格的水资源政策，要求项目建设必须充分评估水资源的承受能力与合理使用水资源。

根据《取水许可制度实施办法》《水利产业政策》和《建设项目水资源论证管理办法》规定，对于直接从江河、湖泊或地下取水并需申请取水许可证的新建、改建、扩建项目，应按规定进行建设项目水资源论证，编制建设项目水资源论证报告书。建设项目水资源论证报告，必须由取得相应的建设项目水资源论证资质的单位编制，具有水资源论证资质的单位应在资质等级许可的范围内开展工作。

【思考】

如何进行水资源优化配置与合理性分析？

4.4.1 水资源论证报告主要内容

建设项目规模不同，取水水源类型不同，水资源论证的内容也有所不同。可根据项目及取水资源类型，选择相应内容开展论证工作。水资源论证报告主要内容包括以下几方面。

1. 总论

总论包括编制论证报告书的目的、编制依据、项目选址情况、有关部门审查意见、项目建议书中提出的取水水源与取水地点、论证委托书或合同、委托单位与承担单位。

2. 建设项目概况

建设项目概况包括建设项目名称、项目性质；建设地点、占地面积和土地利用情况；建设规模及分期实施意见；职工人数与生活区建设；主要产品及用水工艺；建设项目用水保证率及水位、水量、水质、水温等要求，取水地点，水源类型，取水口的设置情况；建设项目废污水浓度、排放方式、排放总量、排污口设置情况。

3. 建设项目所在流域或区域水资源开发利用现状

建设项目所在流域或区域水资源开发利用现状包括水文及水文地质条件，地表水、地下水及水资源总量时空分布特征；地表、地下水质概述；现状供水工程系统，现状供水情况及开发利用程度；水资源开发利用中存在的主要问题。

4. 建设项目取水水源论证

1) 地表水源论证

地表水源应依据实测水文资料，分析不同保证率的来水量、可供水量及取水可靠程度；分析不同时段取水对周边水资源状况及其他取水户的影响；论证地表水资源取水口设置是否合理。提出地表水资源合理利用方案，列出主要节水措施，并简要叙述这些措施实施后的效果。

2) 地下水源论证

地下水源论证应在区域水资源评价和水文地质详查的基础上进行；中型以上的地下水源论证必须进行水文地质勘察工作；分析区域水文地质条件，含水层特征，地下水补给、径流、排泄条件；分析地下水资源量、可开采量及取水的可靠性；分析取水量及取水层位对周边水资源状况、环境地质的影响；论证取水井布设是否合理，以及可能受到的影响；提出地下水源合理利用方案，列出主要节水措施并简要说明效果。

3) 其他水资源论证

其他水资源论证包括城市污水处理厂的中水回用和采煤、采油、采矿等矿井水资源化利用以及海水淡化等非常规水资源利用。其他水资源论证应论证城市污水处理厂的建设规模，城市污水构成，污水处理工艺是否具备深加工工艺、中水水质、全年平均污水处理量、最小污水处理量。对矿井水论证，包括对矿井水的水质、矿井水赋存量的分析，最小流量论证，矿井水利用工艺论证等。推广矿井水作为矿区工业用水和生活用水、农田用水等替代水源。在沿海取水地区工业企业考虑发展海水直接利用和海水淡化等非常规水资源利用的可能，也是水资源论证的一部分。

5. 项目用水合理性分析

（1）建设项目用水过程及水平衡分析。包括产品用水定额、生活区生活用水定额及用水水平分析，节水措施及节水潜力分析。

（2）建设项目退（排）水情况及其对水环境的影响分析。包括退（排）水系统及其组成概况，污染物排放浓度、总量和达标情况，污染物排放时间变化情况，对附近河段环境的影响，论证排污口设置是否合理。

（3）对水资源状况及其他取水户的影响分析。包括建设项目开发利用水资源对区域水资源状况影响，建设项目开发利用水资源对其他用水户的影响。

6. 水资源的保护措施

根据水资源保护规划提出水资源量、质保护措施。

7. 影响其他用水户权益的补偿方案

说明周边地区及有关单位对建设项目取水和退水的意见，对其他用水户影响的补偿方案。

8. 水资源论证结论

水资源论证结论包括建设项目取水的合理性，取水水源量、质的可靠性及允许取水量的意见，退水情况及水资源保护措施，确定水资源利用方案及主要节水措施。

> **知识链接**
>
> 《建设项目水资源论证导则》（SL 322—2013）是编制水资源论证报告依据的标准，主要内容包括：总则，水资源论证内容及工作等级、范围与程序，建设项目所在区域水资源状况及其开发利用分析，建设项目取用水合理性分析，建设项目（地表、地下）取水水源论证，建设项目取水和退水影响论证，特殊水源论证要求及部分典型行业（项目）论证补充要求。
>
> 本标准对建设项目水资源论证的分析和论证范围、论证分类分级指标、取用水合理性分析、取水水源论证、取水和退水影响论证做了详细的技术规定。

▶▶案例 4-4

××某水厂水资源论证报告

1. 总论

1.1 编制论证报告书的目的

××水厂位于××市南城区水濂山水库西南侧，因位在市南郊区，市政水网配套未达预期，因此，××商品住宅建造有限公司决定从水濂山水库取水，处理净化后供业主使用，取水量为 10000m^3/d。

根据《中华人民共和国水法》《取水许可制度实施办法》《取水许可水质管理规定》和《建设项目水资源论证管理办法》等有关法规及文件规定，建设项目业主单位应当按照《建设项目水资源论证管理办法》的规定进行建设项目水资源论证，并向水行政主管部门报审建设项目水资源论证报告书。××商品住宅建造有限公司委托珠江流域水环境监测中心开展承担××水厂供水工程的水资源论证工作。

对于供水工程的水资源论证工作，水源区水量与水质及对其他取水户的影响程度是论证的关键。本项论证工作将根据水濂山水库的水文水质资料，采取数理统计等评价方法进行水量、水质分析论证，并评价工程取水后是否对其他取水户产生影响，为取水许可审批提供决策的科学依据。

1.2 编制依据

1.2.1 法律、法规

(1)《中华人民共和国水法》(2016年7月)；
(2)《中华人民共和国水污染防治法》(2008年2月)；
(3)《中华人民共和国防洪法》(2016年7月)；
(4)《中华人民共和国环境保护法》(2014年4月)；
(5) 国务院《取水许可制度实施办法》(1993年9月)；
(6) 水利部《取水许可管理办法》(2008年4月)；
(7) 水利部《取水许可水质管理规定》(1997年12月)；
(8) 水利部《取水许可监督管理办法》(1996年7月)；
(9) 水利部、国家计委《建设项目水资源论证管理办法》(2015年12月)；
(10) 广东省水利厅、广东省发展计划委员会"关于贯彻水利部、国家计委《建设项目水资源论证管理办法》(第十五号令)的实施意见"(2002年9月)；
(11)《广东省珠江三角洲水质保护条例》(1998年11月)；
(12)《广东省地表水环境功能区划(试行方案)》(粤府函〔1999〕553号)；
(13)《广东省政府关于加强水污染防治工作的通知》(粤府〔1999〕74号)。

1.2.2 标准及规范

(1)《地表水环境质量标准》(GB 3838—2002)；
(2)《生活饮用水卫生标准》(GB 5749—2006)；
(3)《生活饮用水水源水质标准》(CJ 3020—1993)；
(4)《水污染物排放限值》(DB 44/26—2001)；
(5)《取水许可技术考核与管理通则》(GB/T 17367—1998)；
(6)《城市给水工程规划规范》(GB 50282—2016)；
(7)《水资源评价导则》(SL/T 238—1999)；
(8)《建设项目水资源论证导则》(SL 322—2013)。

1.2.3 其他依据

(1)《广东省水资源保护规划》；
(2)《××市水资源保护规划》；

(3)《××（××商品住宅建造有限公司）项目工程环境影响报告书》（2001年11月）；

(4)《××市城市供水规划》（2002—2015年）。

1.3 技术路线

本次论证工作采用的技术路线为：首先进行研究区域社会经济、水资源开发利用、河流水质现状及水文特征的调查与评价，并在对水文水质调查评价的基础上，进行水源水量与水质可行性分析，并进行取水退水对水环境的影响分析，提出相应的水资源保护措施。

2. 建设项目概况

2.1 建设项目名称、项目性质

(1) 建设项目名称：××水厂取水工程。

(2) 项目性质：新建。

2.2 建设地点、占地面积

××水厂拟设计在××东山头，占地面积约8700m^2。

2.3 建设规模

建设规模：水厂总规模1m^3/d。

2.4 供水对象与范围

某水厂主要供应某小区生活用水，整个小区主要划分为3个功能区：别墅区、高级公寓区、公建服务区。项目总用地面积1300亩（$90×10^4m^2$），总户数约4600户。

2.5 主要净水工艺

净水处理工艺的主要任务是中和沉降，其次是杀菌。针对水处理的需要，结合本地区几十年的生产实践经验，拟采用中和加常规一级混凝沉淀及过滤处理工艺。

2.6 建设项目用水要求及取水口设置情况

水量水质要求：作为自来水供水工程，根据《城市给水工程规划规范》（GB 50282—2016)的规定，选用地表水为城市给水水源时，城市给水水源的枯水流量保证率应根据城市性质和规模确定，可采用90%～97%。城市生活饮用水给水水源的卫生标准应符合《生活饮用水水源水质标准》（CJ 3020—1993)的规定。

取水口设置情况：根据调查，确定水厂取水点设置在蛤地水厂取水口以南10m处。

3. 建设项目所在区域环境概况

3.1 自然地理条件

××市位于广东省的中南部，珠江入海口东侧，北濒东江，西临狮子洋，东邻惠阳，南接宝安，地处东经113°31′～114°15′，北纬22°09′～23°09′，东西宽76km，南北长40km。

××市总面积2465km^2，其中山地677km^2，占27.5%，水面210km^2，占8.5%。境内有低山、丘陵、平原和河汊纵横交错的东江三角洲。地势东南高、西北低；东部和东南部为山区，中部为丘陵台地，北部为东江流域平原，西部和西北部濒临珠江口，为三角洲平原河网区。

南城区土地类型属三角洲平原网河区，地势依山傍水，半属丘陵地带，半属水乡。东部地势较高，是起伏较大的丘陵地；西部地势较低，属冲积平原。西部地区毗邻东江南支流和东引运河，可利用潮汐自流灌溉。

××市处于南亚热带季风区，气候特点是高温多雨，且受台风影响，据气象台统计，多年(1957—1997年)平均降雨量1763mm，最大年降雨量2395mm，最小降雨量972mm。每年4～9月的降雨量占全年降雨量的84%。多年平均年径流深为800mm。多年平均年水面蒸发量为1321mm，多年平均气温22.8℃。台风多发生在5～11月，而以7～9月居多，平均每年台风发生次数达2.8次，风灾较严重的地区是珠江口一带。

××水厂位于××市南城区水濂山水库旁，北临莞城区，西邻万江区，南接厚街，东连东城区，距市中心约9km，距广州60km，距深圳100km。

3.2 社会环境概况(略)

3.3 水濂山水库概况

水濂山水库位于××城区偏南约8km的南城区蛤地村，坝址与莞太公路相距7km，与新建成的××大道相距1km。水系东江，河名为豆腐河。水库工程于1959年兴建，按50年一遇洪水设计，1000年一遇洪水校核。根据《××市水资源保护规划》，水濂山水库主要功能为饮用、农业用水区，其水质保护目标为《地表水环境质量标准》(GB 3838—2002)Ⅱ类。水库正常水位21m，设计水位22.3m，水库集雨面积12.2km^2，总库容977×10^{4}m^3，汇流主要来自水濂山山脉和一些中低山脉。库区多年平均降雨量1774.1mm，历史年最大雨量2394.9mm，年最高水位21.62m，年最低水位13.4m。2002年最大雨量70mm，最高水位 20.48m，最低水位18.55m，总放水938万m^3。

4. 建设项目取水水量论证

4.1 水文资料

本次论证搜集到的资料有水濂山水库的1984年、1987年、1989—2002年的水库逐日降水量表、逐日平均水位表，1992—2002年连续11年的逐日放水表、逐日蓄水表、历年水文数据汇总表，以及水库汛期控制水位、相关的库容参数等。

4.2 水库现状

水库正常水位21m，设计水位22.3m，水库集雨面积12.2km^2，水面面积约1 km^2，总库容977万m^3，兴利库容477万m^3，死库容162万m^3，水库蓄水主要来自水濂山山脉和一些中低山脉。库区多年平均降雨量1774.1mm，历史年最大雨量2394.9mm，年最高水位21.62m，年最低水位13.4m。

水濂山水库总库容977万m^3。由于水库具有防洪功能，因此制定了严格的汛期限制水位，见表4-1(略)。

根据水濂山水库历年水文数据汇总表中的最低水位、最高水位、最小库容、最大库容和降水表及蓄水表进行内插，可得出表4-2(略)水库水位-库容关系。

目前，水库已有蛤地水厂取水，设计日取水量为1万m^3；本次论证××水厂取水工程规划取水量为10000m^3/d。

4.3 来水量计算

4.3.1 汛期来水情况

水库所在地区汛期为4～9月(183天)，其中重点来水期为4～6月份。表3-1(略)为4～6月份降水量与全年降水量的比例，从表3-1中可以看出，水濂山水库所在地区降雨年内分配极不均匀，降雨主要集中在4～6月。水库汛期来水量情况见表3-2(略)。

4.3.2 枯水期来水量

水库所在地区枯水期为10月至来年3月，枯水期来水量见表3-2(略)。其中1998—1999年枯水期来水量只有80万m^3。7~9月份的来水量及相应保证率情况见表3-3(略)。

4.4 取水保证程度分析

4.4.1 汛期

由于水库所在流域没有正规水文站点，因此没有流量资料。本次论证通过降雨径流关系来计算各时期的径流量。根据全国第一次水资源综合规划，××市××站的年水面蒸发量为1337.4mm，即3.66mm/d；据水濂山水库管理处人员提供的资料，水库渗漏量较小，从建库到现在泥沙淤积约3万m^3，此处不做考虑；径流系数为0.62。据水濂山水库管理人员分析，由于近年来城市化的发展，水库所在流域内农田已被城市化的高楼大厦所取代，水库原有的灌溉功能已不存在，即不再考虑灌溉用水。对于汛期，蛤地水厂和某水厂两水厂取水加上蒸发损失水量共需水量为434万m^3，从1992—2002年汛期来水量看能满足需水要求。

4.4.2 枯水期

对于枯水期，两水厂取水加上蒸发损失水量共需水量为431万m^3。由于枯水期来水变化较大，现分两种情况讨论。

(1) 9月末水库水位按汛期限制水位20.5m考虑，其对应的库容为591万m^3，减去死库容162万m^3，可供枯水期用的水量为429万m^3，只需来水2万m^3即可满足枯水期的取水要求，从枯水期来水量[表3-2(略)]来看，最小来水年份1998—1999年枯水期来水也达到80万m^3，因此可以满足要求。

(2) 9月末蓄水水位不能达到20.5m。按照水库运行机制，4~6月的蓄水水位不能超过汛期限制水位19.3m，因此在来水最多的4~6月水库水位超过19.3m时就必须大量弃水，而7~9月的来水量较4~6月相对较少，可能造成9月末蓄水水位达不到20.5m。

① 7~9月的来水量按平均来水量计算。

7、8、9月份的平均来水量分别为132万m^3、153万m^3、117万m^3，取水户(即蛤地水厂和规划的某水厂)7月和8月月取水量为62万m^3，蒸发损失水量为11.53万m^3，9月取水量为60万m^3，蒸发损失水量为11.1万m^3。

由于水库4~6月来水较多，在6月末水库水位足以蓄水至汛期限制水位19.3m，相应的库容为476万m^3，按平均来水量计算[表3-4(略)]，水库9月末蓄水量达到589万m^3，去掉死库容162万m，能供应的水量为427万m^3，距离取水户需水和蒸发损失需水量431万m^3还差4万m^3，即枯水期来水超过4万m^3即可满足取水要求。

从表3-2(略)中可以看出13年的枯水期来水均超过4万m^3，1984年和1987年枯水期前3个月的来水也都超过4万m^3，即从15个枯水期的情况来看，平均来水量情况下，水库在枯水期可以满足取水户用水需求。

② 7~9月的来水量按保证率75%计算。

同上，若7、8、9月来水量按保证率75%计算，7、8、9月的来水量分别为77.7万m^3、92.4万m^3、51.8万m^3[表3-4(略)]，9月末水库蓄水量为480万m^3，能供应的水量为318万m^3，距离取水户需水和蒸发损失需水量431万m^3还差113万m^3，即枯水期来水超过 113 万 m^3 即可满足取水要求,从表 3-2(略)中的 13 个枯水期来看,保证率为 88%。

③ 7～9 月的来水量按保证率 95%计算。

7、8、9 月来水量按保证率 95%计算,7、8、9 月的来水量分别为 45.7 万 m^3、46.7 万 m^3、17.1 万 m^3[表 3-4(略)],9 月末水库蓄水量为 368 万 m^3,能供应的水量为 206 万 m^3,距离取水户需水和蒸发损失需水量 431 万 m^3 还差 225 万 m^3。根据《城市给水工程规划规范》(GB 50282—1998),城市给水水源的枯水流量保证率为 90%～95%,水资源丰富的地区及大中城市的枯水流量保证率宜取上限。

按照枯水期来水保证率 95%计算,枯水期的来水量为 94 万 m^3,则水库在枯水期末水库库容必须蓄水至 499 万 m^3 才能保证取水要求。即 9 月末水库库容为 499 万 m^3(对应的水位为 19.54m)时某水厂取水保证率为 95%。

4.5 结论及建议

对于汛期,水库蓄水及来水能满足需水要求。对于枯水期,当来水保证率为 95%,9 月末水库库容应为 499 万 m^3(对应的水位为 19.54m)时某水厂取水保证率能达到 95%。

从已有的 16 年的资料来看,多年平均 4～6 月降雨量占全年降雨量的 46.7%,其最高值达到 68.5%,而 7～9 月的降水量相对较少,因此,7～9 月防洪的压力较 4～6 月小。

由于该水库具有防洪功能,制定了 4～6 月汛限水位为 19.3m,导致有较多来水的时期水库不能蓄水,只能将多余的来水作为弃水处理。鉴于此,建议加强水库地区的降水预报工作,在安全的前提下考虑 4～6 月份多蓄一部分水,特别是 6 月份可以考虑多蓄水,这样枯水期的用水保证率将得到较大的提高。

5. 水源区水质分析

5.1 水源区 2001 年水质分析

2001 年枯水期××市环境监测站进行了水濂山水库水质监测,在水库中央、离原水库养猪场 70m 处(养猪场已关闭)、离孔雀养殖场 70m 处共设置 3 个监测断面所得监测结果见表 5-1(略)。

根据广东省和××市政府的有关规定,水濂山水库应执行《地表水环境质量标准》(GB 3838—2002)中的Ⅱ类标准。本项目为供水工程,水质要求满足《生活饮用水水源水质标准》(CJ 3020—1993),因此,采用 GB 3838—2002 和 CJ 3020—1993 进行评价。

根据 CJ 3020—1993,生活饮用水水源水质分为二级,一级水源水质良好,经简易净化处理、消毒后即可供生活饮用,二级水源水质受轻度污染,经常规净化处理即可达到 GB 5749 的规定。

采用的评价标准见表 5-2(略)。根据监测结果,对照表 5-2 进行评价,水濂山水库除氨氮指标超过 GB 3838—2002Ⅱ类水标准,符合 CJ 3020—1993 二级标准外,其余均符合Ⅱ类水标准及达到 CJ 3020—1993 一级标准。

5.2 水质现状分析

为了掌握水厂取水点附近水质状况,于 2003 年 6 月在拟选取水点处设置了一个监测断面,根据《生活饮用水水源水质标准》的要求,选取 pH、总硬度、溶解铁、硫酸盐、氨氮、硝酸盐、化学耗氧量、氟化物、砷、汞共十项水质参数进行分析,上述水质参数标准见表 5-3(略)。

注：一级水源水表示水质良好，地表水经简易净化处理(如过滤)消毒后即可供生活饮用；二级水源水表示水质受轻度污染，经常规净化处理(如絮凝、沉淀、过滤、消毒等)，其水质即可达 GB 5749 规定，可供生活饮用。

根据监测结果，对照表 5-3(略)，拟选取水点水质级别见表 5-4(略)。拟选取水点除氨氮指标为二级水质标准外，其余均属一级水质标准，说明取水点处水质受轻度有机污染，经常规净化处理后，可供生活饮用。

6. 取水合理性分析及对其他取水户影响

6.1 取水规模的确定

6.1.1 南城区现状用水量分析

某属于××市南城区范围，为进行需水量预测，有必要分析南城区的现状用水量情况。据调查，南城区目前主要靠××第二水厂及几个村级小水厂供水，1998—2001 年用水量情况统计见表 6-1(略)。

根据 2000 年人口普查，南城区户籍人口 4.81 万人，非户籍人口 14.63 万人，则 2000 年人均生活用水量为 474L/(人·d)。

6.1.2 需水量预测

根据现状调查，2000 年××南城区人均生活用水量达 474L/(人·d)，而 2000 年广州市人均生活用水量 397L/(人·d)，全国城镇人均生活用量为 219L/(人·d)，这说明××市人均生活用水量偏高，因此，在进行需水量预测时，拟采用 400L/(人·d)进行预测。

××小区建成后，其公寓、洋房、别墅的户数分别为 4186 户、296 户、118 户，总户数约 4600 户，平均按每户 4 人计，则居住人口 18400 人，若加上物业管理、服务人员等，总人口约 19000 人，则日均需水量约 0.76 万 m^3/d。

6.2 取水规模合理性分析

随着小区的开发建设日趋完善，用水规模不断扩大，其日均用水量达 7630m^3/d。××小区的建设，从一开始就应重视节约用水，保护水资源的工作。本着这一原则，在进行需水预测时，其用水指标低于南城区现状用水指标，根据有关规定，水厂应有 15%~20%的富余能力，供水工程适当超前，并留有一定的弹性，以适应将来的发展，因此供水规模 10000m^3/d 是必要的。

6.3 节水措施与节水潜力分析

节约用水是水资源保障机制中不可缺少的重要组成部分。大量用水既浪费水资源，增加供水压力，又增加废、污水量，加重治理难度和水环境压力，导致水资源开发利用的恶性循环，因此，节水是水资源可持续发展的重要措施。

××小区的节水工作，主要从以下几个方面着手。

(1) 采用节水器具，使浪费水的现象成为不可能。如公共场所采用水量可调式马桶水箱、安装语音、绿化浇水推广喷灌技术等。建议小区用户在进行房屋装修时应使用节水型水龙头节水器具。

(2) 当小区开发成熟后，建议进行水量平衡测试，对住宅小区的用水体系进行测试，根据其输入水量和输出水量之间的平等关系进行分析，可以查清小区内用水现状、各项用水水量之间的定量关系,并进行合理化用水分析,找出节约用水潜力,根据实际条件,制定切实可行的合理用水计划。

(3) 生活用水水价可能根据不同的用水量分为低价、平价及高价三档;用水量档次的划分则根据居民平均用水情况来制定,以经济手段促进节约用水。

(4) 加强节约用水宣传教育,提高小区居民的节水意识。

6.4 对其他取水户的影响分析

除本取水工程外,在水库取水的只有蛤地水厂。蛤地水厂设计取水规模为 10000m^3/d,实际取水 3000m^3/d。根据第 4 章的分析,只要采取有效措施,枯水期两水厂的供水保证率可达 95%。因此本工程对蛤地水厂取水无不利影响。

7. 水环境影响分析及水资源保护措施

7.1 退水系统及其组成概况

水厂自身产生的退水主要是少量生产废水,生产废水主要是沉淀池排泥水及滤池反冲洗水排放的废水,主要含有悬浮物及其他有机无机物,由于水厂规模不大,所以废水产生量很少,且与某小区的其他污水统一排入市政污水管网。自来水使用后产生的某小区污水分Ⅰ、Ⅱ、Ⅲ个区排入市政污水管网,按污水量约为用水量80%计,规模10000m^3/d 的自来水使用后约产生废污水 8000m^3/d。

7.2 退水对附近水域的影响

水厂自身产生的退水量很少,统一排入市政管网后不会对附近水域产生影响。水厂自来水使用后产生的小区污水经城市下水管网排入东引运河石鼓段,据《××(××商品宅建造有限公司)项目工程环境影响报告书》中计算,若某小区污水不经任何处理即排入下水管网,则会对受纳水体东引运河造成一定的影响,形成较长的污染带,BOD_5 增值 5.0mg/L 的浓度包络线,在河宽约 5m,距排口上下游长度约 150m 范围,BOD_5 增值1.0mg/L 的浓度包络线,在河宽约 30m,距排口上下游长度约5000m 范围;若小区污水全部经过处理后达标排放,BOD_5 增值 1.0mg/L 的浓度包络线,在河宽约 5m,距排口上下游长度约 50m 范围,BOD_5 增值 0.5mg/L 的浓度包络线,在河宽约 8m,距排口上下游长度约 250m。说明污水未经处理排放对东引运河排口附近河段水质的影响范围和程度远大于达标排放。因此,从保护水环境,使东引运河水质免受更为严重的污染的角度出发,某小区必须建设污水处理站,小区污水经处理达标后再排放。

7.3 水厂水环境保护措施

水厂净水生产中排放少量的生产废水,废水中主要含原水中浓缩下来的悬浮物及投入的混凝剂,与原水相比并无其他有毒有害物质,唯泥沙含量较高,但为了更好地保护水环境,应对其进行浓缩、脱水处理后再排放。

7.4 水源区水资源保护措施

水濂山水库作为某水厂取水水体,现状水质较好,但氨氮已超 GB 3838—2002 Ⅱ类水质标准及 CJ 020—1993 一级标准,说明水库由于周围居民点、孔雀养殖场等排放的污水以及面源污染的影响,受到一定程度的有机污染,因此,为保障水源区水质不受污染,应采取如下措施:

(1) 根据《生活饮用水卫生标准》的要求,取水点周围半径 100m 水域内,严禁捕捞、停靠船只、游泳和从事可能污染水源的任何活动,并由供水单位设置明显的范围标志和严禁事项的告示牌。

(2) 对水体水质产生较大影响的污染源如孔雀养殖场等排放的污水,应进行污水处理后达标排放。

(3) 禁止开发对水濂山水库水质产生严重影响的旅游项目,水库管理所、水库度假村的污水禁止排入水库。

(4) ××小区在施工期内,应采取措施减少施工期废水排放及水土流失对水库的影响:①施工上,尽量求得土石工程平衡,减少弃土,做好各项排水、截水、防止水土流失的设计;②在施工场地,开挖边沟、边坡时要用石块铺砌,填土场的上游要设置导流沟,填土作业尽量避开暴雨期;③工程场地内需构筑相应容量的集水沉砂池和排水沟,以收集地表径流和施工过程产生的泥浆水、废污水。

(5) 在开发人造沙滩、建造人工湖景时,严禁景点污水排入水濂山水库。

8. 水资源论证结论

8.1 建设项目取水的合理性

随着××小区的开发建设日趋完善,用水规模不断扩大,其日均用水量达 $7630m^3/d$。根据有关规定,水厂应有15%~20%的富余能力,供水工程适当超前,并留有一定的弹性,以适应将来的发展,因此供水规模 $10000m^3/d$ 是必要的、合理的。

8.2 取水水源量、质的可靠性及允许取水量意见

根据枯水期水库来水量及水库蓄水量计算,水厂供水保证率可达95%。根据水库水质监测结果,水濂山水库除氨氮指标超过 GB 3838—2002 Ⅱ类水标准,符合 CJ 3020—1993 二级标准外,其余均符合Ⅱ类水标准及达到 CJ 3020—1993 一级标准。水库水量水质可满足取水需求,可以按水厂设计规模进行取水。

8.3 退水情况及水资源保护措施

水厂自身产生的退水量很少,统一排入市政管网后不会对附近水域产生影响。但由于小区污水经城市下水管网排入东引运河石鼓段,如污水未经处理直接排放,则对东引运河排口附近河段水质有一定影响。

水濂山水库作为××水厂取水水体,现状水质较好,为保障水源区水质不受污染,应禁止旅游、养殖及其他一些影响水源水质的开发活动。

附件一:水源论证项目委托书

附件二:关于取用水濂山水库水的报告(东御司字〔2003〕第006号)

附件三:关于申请水濂山水库取水的意见(东水利函〔2003〕37)

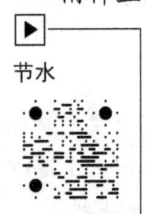
节水

4.4.2 节水

1. 项目建设节水的原则与要求

(1) 节水工作要实现工程措施与非工程措施相结合、先进技术与常规技术相结合、强制节水与效益引导相结合的"三个相结合"原则。

(2) 大力推行节约用水措施，推广节约用水新技术、新工艺，发展节水型工业、农业和服务业，建立节水型社会。

(3) 加强用水管理，采取技术上可行、经济上合理、符合环保要求的节约和替代措施，坚守和避免生产及辅助生产过程中水的损失和浪费，高效、合理地利用水资源。

(4) 坚持开源节流并重，把节水放在突出位置的方针，提高水的重复利用率，扩大海水、苦咸水、再生水等非传统水资源在工业中的利用，创建节水型工业。

(5) 新建、改建和扩建项目在实行"三同时、四到位"制度(即节水设施必须与主体工程同时设计、同时施工、同时投入运行，用水单位做到用水计划到位、节水目标到位、节水措施到位、管水制度到位)过程中，应积极采用《中国节水技术政策大纲》推荐的节水技术。

(6) 采取分质用水，一水多用，提高水的重复利用率，减少取水量和废水排放量，杜绝"跑、冒、滴、漏"。加强节水基础管理，制订节水计划和规章制度。

(7) 优先选用列入国家鼓励发展的节水技术、工艺和设备目录中的设备。

知识链接

全面节水是缓解水资源短缺的重要途径，是关系到我国实现资源永续利用、经济和社会可持续发展的一项战略任务。1978 年颁布的《中华人民共和国宪法》中就已载明"国家保护环境和自然资源"。1984 年中华人民共和国国家经济贸易委员会(以下简称国家经贸委)和原城乡建设环境保护部制定了《工业用水定额》(试行)，规定不同行业、不同规模的用水定额，对建设项目在合理利用水资源、减少水消耗、降低生产成本等方面发挥了积极作用。1988 年颁布的《中华人民共和国水法》中规定"国家实行计划用水、厉行节约用水"。1993 年国家实行取水许可证制度，从此结束无序取水的历史，标志着我国水资源管理进入法制化阶段。2002 年 5 月国家计委和水利部颁布《建设项目水资源论证管理办法》，实行更加严格的水资源政策，要求项目建设必须充分评估水资源的承受能力和合理使用水资源。国家将逐步完善水法规和节水管理办法，加紧组织修订重点行业用水定额，强化节水的基础工作，为水资源的高效利用和优化配置提供依据。

2. 节水措施

在研究技术方案、设备方案和工程方案时，应提出节水措施，并对水耗指标进行分析。对于水资源消耗量大的项目，应进行重点研究。

(1) 采取有效措施提高水资源利用率。项目建设首先应选用节水型生产工艺技术和设备，降低水的耗用量，用有限的水资源生产出更多更好的产品。必须强制淘汰落后的卫生器具、设备和管道材料，采取高效节水型新工艺、新技术、新设备、新材料，对解决水资源关系重大。同时供水系统采取防渗、防漏措施，降低水资源的无效消耗。

(2) 提高工业用水回收率和重复利用率。推广一水多用、循环利用、逆流回用等节约用水措施。尽管各行各业情况和条件差别很大，要求各不一样，但节约用水的潜力还是很大的。

(3) 提高再生水回收率。积极稳妥地推行污水再生利用，也是节水的措施之一，是缓解水资源短缺的有效途径,特别对水资源型缺水地区尤为重要。工业和市政污水经过适当处理后,根据回用水的用途和水质要求,有针对性地再进行补充处理,作为再生水资源(中水)用于农业灌溉用水、工业冷却或工业生产用水及其他杂用水。

(4) 有条件的项目应采取海水替代技术和设备。

3. 节水方案设计的评价

1) 水耗水平

采用节水措施后,对拟建项目的水资源消耗量进行分析。计算单位产品的耗水量,对水耗指标和水的重复利用率进行对比分析。水耗指标一般应达到国内外同行业的先进水平,水的重复利用率应达到当地政府规定的指标。应编制单位产品的水消耗表,见表4-2。

表4-2 单位产品水耗表

序号	水源名称	计算单位	产品年产量	年消耗水量	单位产品消耗水量	综合水平比较		
						国内先进水平	国际水平	企业原有水平
1	新鲜水							
2	循环水							
3	化学水							
…	……							

2) 节水水平评价

2005年4月,中华人民共和国国家发展和改革委员会、科技部、水利部、建设部(现为住房和城乡建设部)、农业部5部委联合发布了《中国节水技术政策大纲》,在农业节水、工业节水、城市生活节水等重点领域阐明了我国节水技术选择原则、实施途径、发展方向和鼓励政策,为指导节水技术开发应用,推动节水技术进步,提高用水效率与效益,促进水资源的可持续利用和实现节水目标提供了技术和政策支撑。要评价项目节水工艺是否贯彻《中国节水技术政策大纲》规定的节水技术;采用的节水技术、节水工艺是否为国内或国际先进水平;水耗指标是否达到国内外同行业的先进水平,水的重复利用率是否满足要求;等等。

特别提示

我国水资源管理进入法制化阶段的标志是国家实行取水许可证制度。

小 结

广义的资源包括自然资源和社会资源。本项目所讲的资源仅限于对自然资源的研究,即主要对土地资源、矿产资源、能源资源、水资源等自然资源的优化配置及合理性进行分析。

由于资源的有限性及不均衡性,因此需要对资源进行优化配置,即在资源利用原则的指导下,合理利用有限的资源。资源优化配置的整体目标是实现可持续发展。对于具体投资项目的目的是合理利用资源。资源优化配置的分析标准是实现资源利用的科学性、有效性、有偿性、综合性、经济性、可靠性。

对于矿产资源及水资源等的开发利用项目，应对资源进行评价，即从资源开发的合理性、资源的可利用量、资源的自然品质、资源的赋存条件、资源的开发价值等方面进行分析，为项目建设规模的确定、开发方案的设计以及效益评定奠定基础。此外，资源的开发利用也要体现合理性，遵循国家对资源利用的统一规划，满足可持续性发展、环境保护和资源综合利用等方面的要求。

此外，本项目介绍了建设项目的节能节水方案(报告)的编写及水平评价。

习 题

一、填空题

1. 矿产资源开发利用的不同环节其原则与要求是不同的，主要是 3 个环节，分别是_____、_____和_____。

2. 矿产资源开发的合理性分析是项目决策分析与评价阶段的一项重要任务，应坚持_____理念，其分析论证的内容主要包括资源利用的_____和_____等方面。

3. 按照可否再生可以分为_____和_____两大类。

4. 水资源论证报告必须由_____单位编制。

5. _____是缓解水资源供需矛盾的根本途径，是关系到我国实现资源永续利用、经济和社会可持续发展的一项战略任务。

6. 节约用水原则及要求中"三个相结合"原则是指_____、_____和_____。

7. 节能方案的技术要求主要遵循两个文件：_____和_____。

二、单项选择题

1. 在下列各项中，属于不可再生能源的是( )。

    A．风能　　　　B．太阳能　　　C．水能　　　　D．核燃料

2. 绿色 GDP 指标考察投资项目对生态环境的耗费或贡献，该指标的计算角度是( )。

    A．企业经济　　B．区域经济　　C．国民经济　　D．国际经济

3. 按照我国节能中长期专项规划，我国工程建设项目的单位产品能耗指标要达到的水平是( )。

    A．国内平均　　B．国内现金　　C．国际平均水平　D．国际先进水平

4. 能源开发利用的合理性核心是( )。

    A．经济增长　　B．节约能源资源　C．环境协调　　D．提高资源利用效率

5. 下列关于水资源论证的表述中，错误的是( )。

    A．从江河、湖泊或地下取水并需申请取水许可证的新建、改建、扩建项目应当进行建设项目水资源论证

    B．建设项目水资源论证报告，必须由取得相应的建设项目水资源论证资质的单位编制

    C．《建设项目水资源论证管理办法》统一了建设项目水资源论证内容

D．建设项目水资源论证报告应含有项目用水合理性分析

6．国家发展和改革委发布的《节能中长期专项规划》要求，2010 年新增主要耗能设备的能源效率要达到或接近（　　）。

　　A．国内先进水平　B．国内领先水平　C．国际先进水平　D．国际平均水平

7．矿产资源开发的合理性分析，应分析论证资源利用的科学性、经济发展成本和（　　）等。

　　A．勘探方法　　　B．储量计算　　　C．环境成本　　　D．环境贡献

三、多项选择题

1．项目节水方案的评价指标有（　　）。

　　A．产品生产耗水总量　　　　　　B．单位产品耗水量
　　C．水的重复利用率　　　　　　　D．供水保证率　　　E．耗水量下降率

2．项目可行性研究报告的"节能篇（章）"，需包括的内容有（　　）。

　　A．节能措施综述　　　　　　　　B．建设项目的建筑能耗水平分析
　　C．建设项目设备、工艺的能耗水平分析　　D．能耗指标分析
　　E．水耗指标分析

3．决定矿产资源开发项目的生产规模的依据是（　　）。

　　A．矿产储量　　　　　　　　　　B．矿床地质条件
　　C．矿产地质特征　　　　　　　　D．地矿工作分析研究
　　E．地区资源瓶颈制约分析

4．直接从江河、湖泊或地下取水并需申请取水许可证的投资项目，应按国家有关规定进行建设项目水资源论证，并编制水资源论证报告书。报告书的主要内容应包括（　　）。

　　A．建设项目概况　　　　　　　　B．建设项目取水水源论证
　　C．节水技术选择的要求　　　　　D．项目用水合理性分析
　　E．节水政策研究

5．按国家有关规定，在工业项目建设用地的合理性分析中应计算的用地控制指标有（　　）。

　　A．容积率　　　　　　　　B．投资强度　　　　　　C．节约用地率
　　D．厂区绿化系数　　　　　E．场地利用系数

6．土地资源论证是项目决策分析与评价的一项重要工作，建设项目土地资源论证报告的内容一般包括（　　）。

　　A．土地价值评估　　　　　　　　B．建设项目概况
　　C．节约用地措施　　　　　　　　D．土地权益补偿方案
　　E．土地利用的适宜性分析

7．能源资源开发利用的一般原则和要求有（　　）。

　　A．根据能源资源禀赋条件确定适度开发规模
　　B．利用先进的采掘技术提高能源开发深度
　　C．充分利用国外相对丰富的资源条件

D. 充分利用当地化石能源供应条件

E. 鼓励开发获利高的小型一次能源

四、简答题

1. 土地资源论证的内容有哪些？
2. 反映土地利用经济效益的指标有哪些？如何计算？
3. 建设项目用地合理性分析的内容涉及哪些方面？
4. 按照我国节能中长期专项规划，我国工程建设项目的单位能耗指标要达到什么水平？
5. 水资源论证的内容有哪些？
6. 在大型或复杂工业项目的建设方案设计中，节能、节水方案一般必须包括哪些内容？

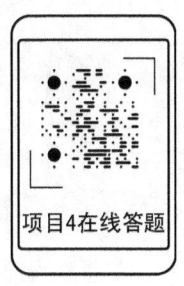
项目4在线答题

项目 5

环境影响评价

教学目标

了解《环境保护法》法的适用范围,掌握建设项目环境影响报告书的有关规定,熟悉环境影响评价的发展与管理体系、相关法律法规体系,熟悉我国现行的主要环境影响评价技术导则的种类及其应用范围,掌握环境影响评价的要求和内容,熟悉规划环境影响评价的适用范围及编写内容,理解环境影响的效益-费用评价方法。

教学要求

知识要点	能力要求	相关知识	所占分值(100分)
环境影响评价	1. 了解环境影响评价的概念和意义; 2. 掌握建设项目环境影响评价的要求	环境影响评价的发展、环境影响评价的制度体系	40
规划环境影响评价	1. 理解规划环境影响评价的概念、意义; 2. 掌握规划环境影响评价的内容	规划影响评价的适用范围	20
环境影响的经济损益分析	理解并熟悉环境影响的经济损益分析的步骤和方法	环保措施技术经济可行性论证、环境价值	40

▶▶项目导读

环境影响评价(Environmental Impact Assessment, EIA),是指对规划和建设项目实施后可能造成的环境影响进行分析、预测和评估,提出预防或者减轻不良环境影响的对策和措施,进行跟踪监测的方法与制度。

环境影响评价作为一种环境管理制度,是解决发展中的环境问题、促进经济发展和环境保护相协调,实现经济、环境、社会可持续发展的重要手段,是推动循环经济的发展、落实科学发展观、建设资源节约型和环境友好型社会的关键环节。

本项目主要介绍规划环境影响评价和环境影响的经济损益分析。

5.1 环境影响评价概述

 引例 5-1

《中华人民共和国环境保护法》中第二条规定的环境定义是:"本法所称环境,是指影响人类生存和发展的各种天然的和经过人工改造的自然因素的总体,包括大气、水、海洋、土地、矿藏、森林、草原、野生生物、自然遗迹、人文遗迹、自然保护区、风景名胜区、城市和乡村等。"作为环境保护对象的环境有 3 个特点:一是其主体是人类;二是既包括天然的自然环境,也包括人工改造后的自然环境;三是不含社会因素,如治安环境、文化环境、法制环境等。

【思考】

什么是环境影响评价,它的发展又如何呢?

5.1.1 环境影响评价的简介

1. 环境影响评价的概念和意义

1) 环境影响评价的概念

《中华人民共和国环境影响评价法》中第二条规定:"本法所称环境影响评价(Environmental Impact Assessment, EIA),是指对规划和建设项目实施后可能造成的环境影响进行分析、预测和评估,提出预防或者减轻不良环境影响的对策和措施,进行跟踪监测的方法与制度。"

环境影响评价制度是我国的一项基本环境保护法律制度,是从源头上控制环境污染和生态破坏的法律手段。1979 年颁布的《中华人民共和国环境保护法(试行)》首次将环境影响评价提至法律地位,1989 年颁布的《中华人民共和国环境保护法》则实质性地确立了环境影响评价的法律地位。该法明确了环境影响评价的适用范围是规划和建设项目,包括方法和制度两个方面的含义。

2) 环境影响评价的意义

环境影响评价作为一种环境管理制度，是解决发展中的环境问题，促进经济发展和环境保护相协调，实现经济、环境、社会可持续发展的重要手段，是推动循环经济的发展、落实科学发展观、建设资源节约型和环境友好型社会的关键环节。环境影响评价是环境保护"防患于未然"政策的具体体现，主要有3个层次：项目环境影响评价的层次、区域环境影响评价层次、规划环境影响评价层次。

2. 环境影响评价的发展历程和管理

1) 环境影响评价的发展历程

(1) 环境影响评价的由来。

20世纪中叶，随着科学、工业、交通的迅猛发展，环境污染扩大、生态环境恶化，人类对自身活动造成的环境影响越来越重视，并开始在活动之前进行环境影响评价。

1969年，美国国会通过了《国家环境政策法》，成为世界上第一个把环境影响评价用法律固定下来并建立环境影响评价制度的国家。随后瑞典(1970年)、新西兰(1973年)、加拿大(1973年)等国家也相继建立了环境影响评价制度。中国于1979年也建立了环境影响评价制度。与此同时，国际上也设立许多有关环境影响评价的机构，召开了一系列环境影响评价的会议，开展了环境影响评价的研究和交流，进一步促进了各国环境影响评价的应用和发展。1970年，世界银行设立环境与健康事务办公室，对其每一个投资项目的环境影响做出审查和评价。1974年，联合国环境规划署与加拿大联合召开了第一次环境影响评价会议。1992年，联合国环境与发展大会在里约热内卢召开，会议通过的《里约环境与发展宣言》和《21世纪议程》中都写入了有关环境影响评价的内容。经过30年的发展，现已有100多个国家建立了环境影响评价制度。

环境影响评价的内涵不断扩大，从自然环境影响评价发展到社会环境影响评价；自然环境影响从环境污染，扩展到生态影响；开展了环境风险评价；关注累积性影响，并开始对环境影响进行后评估；环境影响评价从工程项目环境影响评价发展到区域开发和战略环境影响评价。环境影响评价的技术方法和程序也不断完善。

(2) 我国环境影响评价制度的发展。

为了实施可持续发展战略，预防因规划和投资项目实施后对环境造成不良影响，促进经济、社会和环境协调发展，我国实行环境影响评价制度，并制定了严格的环境影响评价管理程序。环境影响评价已成为规划和项目前期工作的必不可少的内容。

我国的环境影响评价制度的发展经历了引入和确立、规范和建设、强化和完善以及提高和拓展4个阶段。

① 引入确立阶段。1973年第一次全国环境保护会议引入环境影响评价的概念。

② 规范和建设阶段。1979年颁布《中华人民共和国环境保护法(试行)》，再到1989年通过《中华人民共和国环境保护法》。

③ 强化和完善阶段。2002年通过《中华人民共和国环境影响评价法》。

④ 提高和拓展阶段。2004年2月通过建立环境影响评价工程职业资格制度，建设项

目环境影响评价从法规建设、评价方法、评价队伍以及评价对象和内容的拓展等方面取得了全面进展。在强化项目环境影响评价的同时，开展了规划环境影响评价；在注重环境污染评价的同时，强化了污染防治和生态保护；在环境影响评价中引入了清洁生产、总量控制、环境风险评估等内容，并实行了公众参与；陆续颁布实施了环评导则，加强了对环境影响评价单位和人员的资质管理，实行环境影响评价工程师职业资格制度。

2) 环境影响评价的管理

(1) 管理机构。

环境影响评价管理机构是国家环境保护部环境影响评价司（简称环评司），各省、市环保局相应设置了环境影响评价管理处，按分级管理办法的规定权限履行环境影响评价管理职责。

(2) 制度体系。

《中华人民共和国宪法》中对环境保护的规定是环境保护立法的依据和指导原则，在此基础上建立了《中华人民共和国行政许可法》《中华人民共和国清洁生产促进法》《中华人民共和国海域使用管理法》等环境保护相关法律；《中华人民共和国环境保护法》是我国环境保护综合法，依法确立和规范了我国的环境影响评价制度；各项污染防治和生态保护环境单行法、自然资源保护法和其他相关法律也有环境影响评价的相应规定。

1998年国务院颁布的《建设项目环境保护管理条例》规定对建设项目实行分类管理，对建设项目环境影响评价单位实施资质管理，规定了环境影响评价中违法行为的法律责任，成为指导建设项目环境影响评价极为重要和可操作性强的行政法规。

2003年实施的《中华人民共和国环境影响评价法》，用法律把环境影响评价从项目环境影响评价拓展到规划环境影响评价，标志着我国的环境影响评价制度发展到一个新的阶段。

依据《中华人民共和国环境影响评价法》和《建设项目环境保护管理条例》，国家环境保护总局和国务院有关部委，以及各省、自治区、直辖市人民政府和有关部门，陆续颁布了一系列环境影响评价的部门行政规章和地方行政法规，也成为环境影响评价制度体系的重要组成部分。

(3) 建设项目环境影响评价资质管理。

为加强建设项目环境影响评价管理，提高环境影响评价工作质量，维护环境影响评价行业秩序，根据《中华人民共和国环境影响评价法》和《中华人民共和国行政许可法》的有关规定，国家环保总局制定了并自2006年1月1日起施行《建设项目环境影响评价资质管理办法》。国家对从事环境影响评价的机构实行资质审查制度。承担环境影响评价的机构必须具备一定的资质和条件。为加强对环境影响评价专业技术人员的管理，规范环境影响评价行为，国家还实施了环境影响评价工程师职业资格制度，加强对环境影响评价人员的管理。

① 环境影响评价机构的资质管理。原国家环境保护总局（现为国家环境部，下同）在确定评价资质等级的同时，根据评价机构专业特长和工作能力，确定相应的评价范围。评价范围分为环境影响报告书的11个小类和环境影响报告表的2个小类，具体见表5-1。

表 5-1 建设项目环境影响评价资质的评价范围划分

分类	环境影响报告书	环境影响报告表
评价范围	1. 轻工纺织化纤；2. 化工石化医药；3. 冶金机电；4. 建材火电；5. 农林水利；6. 采掘；7. 交通运输；8. 社会区域；9. 海洋工程；10. 输变电及光电通信；11. 核工业	1. 一般项目环境影响报告表；2. 特殊项目环境影响报告表

取得甲级评价资质的评价机构，可以在资质证书规定的评价范围之内，承担各级环境保护行政主管部门负责审批的建设项目环境影响报告书和环境影响报告表的编制工作。取得乙级评价资质的评价机构，可以在资质证书规定的评价范围之内，承担省级以下环境保护行政主管部门负责审批的环境影响报告书或环境影响报告表的编制工作。

② 环境影响评价工程师职业资格制度。为维护国家环境安全和公众利益，加强环境影响评价管理，提高环境影响评价专业技术人员素质，确保环境影响评价质量，依据《中华人民共和国环境影响评价法》《建设项目环境保护管理条例》及国家职业资格证书制度的有关规定，人事部、国家环境保护总局在环境影响评价行业建立了环境影响评价工程师职业资格制度。2004 年 4 月 1 日起施行了《环境影响评价工程师职业资格制度暂行规定》《环境影响评价工程师职业资格考试实施办法》《环境影响评价工程师职业资格考核认定办法》。

从 2005 年 7 月起，开始实施《环境影响评价工程师职业资格登记管理暂行办法》（环发〔2005〕24 号文），实行环境影响评价工程师职业资格登记制度。环境影响评价工程师，是指取得《中华人民共和国环境影响评价工程师职业资格证书》（以下简称"职业资格证书"），并经登记后，从事环境影响评价、环境影响技术评估和竣工环境保护验收监测或调查等工作的专业技术人员。环境影响评价工程师应当在取得职业资格证书后 3 年内向登记管理办公室申请登记。登记有效期为 3 年。未在规定时间内申请登记的，其职业资格证书自动失效。环境影响评价工程师职业资格按设定的类别(表 5-2)进行登记。申请登记的类别不得超过两个。

表 5-2 环境影响评价工程师职业资格登记类别设定

编号	登记类别	所对应的业务领域
1	一般项目环境影响报告表	可主持编制除输变电及广电通信类、核工业类以外项目的环境影响报告表
2	特殊项目环境影响报告表	可主持编制输变电及广电通信类、核工业类项目的环境影响报告表
3	轻工、纺织、化纤类环境影响评价	(1) 可主持编制下列项目环境影响报告书：各种化学纤维、棉、毛、丝、绢等制造，以及服装、鞋帽、皮革、毛皮、羽绒及其制品的生产、加工等项目；食品、饮料、酒类、烟草、纸及纸制品、印刷业、人造板、家具、记录媒介的制造及加工等项目。 (2) 可主持编制一般项目环境影响报告表
4	化工、石化、医药类环境影响评价	(1) 可主持编制下列项目环境影响报告书：基本化学原料、化肥、农药、有机化学品、合成材料、感光材料、日用化学品及专用化学品的生产加工与制造等项目；人造原油、原油、石油制品、焦炭(含煤气)的加工制造等项目；各种化学药品原药、化学药品制剂、中药材及中成药、动物药品、生物制品的制造及加工等项目；转基因技术推广应用、物种引进等高新技术项目。 (2) 可主持编制一般项目环境影响报告表

(续)

编号	登记类别	所对应的业务领域
5	冶金、机电、类环境影响评价	(1) 可主持编制下列项目环境影响报告书：普通机械、金属加工机械、通用设备、轴承和阀门、通用零部件、铸锻件、机电、石化、轻纺等专用设备、农林牧渔水利机械、医疗机械、交通运输设备、航空航天器、武器弹药、电气机械及器材电子及通信设备、仪器仪表及文化办公用机械、家用电器及金属制品的制造、加工及修理等项目；拆船、电器拆解、电镀、金属制品表面处理等项目；电子加工等项目；黑色金属、有色金属、贵金属、稀有金属的冶炼及压延加工等项目。 (2) 可主持编制一般项目环境影响报告表
6	建材、火电类环境影响评价	(1) 可主持编制下列项目环境影响报告书：水泥、玻璃、陶瓷、石灰、砖瓦、石棉等各种工业及民用建筑材料的制造与加工项目；各种火电、脱硫工程、蒸汽、热水生产、垃圾发电等项目。 (2) 可主持编制一般项目环境影响报告表
7	农、林、水利类环境影响评价	(1) 可主持编制下列项目环境影响报告书：农、林、牧、渔业的资源开发、养殖及其服务项目；防沙治沙工程项目；水库、灌溉、引水、堤坝、水电、潮汐发电等项目。 (2) 可主持编制一般项目环境影响报告表
8	采掘类环境影响评价	(1) 可主持编制下列项目环境影响报告书：地质勘查、露天开采、煤炭、石油及天然气、金属和非金属矿、盐矿采选等项目。 (2) 可主持编制一般项目环境影响报告表
9	交通运输类环境影响评价	(1) 可主持编制下列项目环境影响报告书：铁路、公路、地铁、城市交通、桥梁、隧道、港口、码头、航道、水运枢纽、光纤光缆等项目；管线、管道、仓储建设及相关工程等项目；各种民用、军用机场及其相关工程等项目。 (2) 可主持编制一般项目环境影响报告表
10	社会区域类环境影响评价	(1) 可主持编制下列项目环境影响报告书：房地产、停车场、污水处理厂、城市固体废物处理(处置)、进口废物拆解、自来水生产和供应、园林、绿化等城市建设及综合整治项目；卫生、体育、文化、教育、旅游、娱乐、商业、餐饮、社会福利、社会服务设施、展览馆、博物馆、游乐场等项目；流域开发、海岸带开发、围海造地、围垦造地；开发区建设、城市新区建设和旧区改建的区域性开发等项目。 (2) 可主持编制一般项目环境影响报告表
11	海洋工程类环境影响评价	(1) 可主持编制下列项目环境影响报告书：海底管道、海底缆线铺设、海洋石油勘探开发等项目。 (2) 可主持编制一般项目环境影响报告表
12	输变电及广电通信类环境影响评价	(1) 可主持编制下列项目环境影响报告书：移动通信、无线电寻呼等雷达和电信等项目；输变电工程及电力供应等项目；邮电、广播、电影、电视等项目。 (2) 可主持编制各类项目环境影响报告表
13	核工业类环境影响评价	(1) 可主持编制下列项目环境影响报告书：核设施、核技术应用等项目；伴生放射性矿物资源开发利用、放射性天然铀、钍伴生矿的开采、加工和利用及废渣的处理和贮存等项目。 (2) 可主持编制各类项目环境影响报告表
14	环境影响技术评估	可主持编制环境影响技术评估报告
15	竣工环境保护验收监测	可主持编制竣工环境保护验收监测报告(表)
16	竣工环境保护验收调查	可主持编制竣工环境保护验收调查报告(表)

环境影响评价工程师职业资格实行定期登记制度。环境影响评价工程师须受聘并登记于一个有环境影响评价及相关业务资质的单位，并以该单位的名义接受委托业务。未经登记的人员，不得以环境影响评价工程师的名义从事环境影响评价及相关业务。环境影响评价工程师对其主持完成的环境影响评价工作的技术文件承担责任。

环境影响评价工程师职业资格登记有效期届满，需要继续以环境影响评价工程师名义从事环境影响评价及相关业务的，应于有效期满3个月前办理再次登记手续，有关规定详见国家环境保护部公告。

5.1.2 建设项目环境影响评价的要求

我国目前已经建立了由法律、国务院行政法规、政府部门规章、地方性法规和地方政府规章、环境标准、环境保护国际条约组成的完整的环境保护法律法规体系。它们是环境影响评价的依据。

1. 建设项目环境影响评价的分类管理

建设项目对环境的影响千差万别，不仅不同的行业、产品、规模、工艺、原材料生产的污染物种类和数量不同，对环境的影响不同，而且即使是相同的企业处于不同的地点、区域，对环境的影响也不一样。国家根据建设项目对环境的影响程度，对建设项目的环境影响评价实行分类管理。

建设单位应当按照下列规定组织编制环境影响报告书、环境影响报告表或者填报环境影响登记表（以下统称为环境影响评价文件）。

(1) 可能造成重大环境影响的，应当编制环境影响报告书，对产生的环境影响进行全面评价。

(2) 可能造成轻度环境影响的，应当编制环境影响报告表，对产生的环境影响进行分析或者专项评价。

(3) 对环境影响很小，不需要进行环境影响评价的，应当填报环境影响登记表。

《建设项目环境保护分类管理名录》(2015年6月1日起施行)对分类管理做出了具体规定。跨行业、复合型建设项目，其环境影响评价类别按其中单项等级最高的确定。

> **知识链接**
>
> 环境敏感区：分类管理名录中所称环境敏感区，是指依法设立的各级各类自然、文化保护地，以及对建设项目的某类污染因子或者生态影响因子特别敏感的区域，主要包括以下内容。
>
> (1) 自然保护区、风景名胜区、世界文化和自然遗产地、饮用水水源保护区。
>
> (2) 基本农田保护区、基本草原、森林公园、地质公园、重要湿地、天然林、珍稀濒危野生动植物天然集中分布区、重要水生生物的自然产卵场及索饵场、越冬场和洄游通道、天然渔场、资源性缺水地区、水土流失重点防治区、沙化土地封禁保护区、封闭及半封闭海域、富营养化水域。
>
> (3) 以居住、医疗卫生、文化教育、科研、行政办公等为主要功能的区域，文物保护单位，具有特殊历史、文化、科学、民族意义的保护地。

2. 建设项目环境影响评价的内容

根据建设项目环境保护分类管理要求，建设项目环境影响评价文件分为环境影响报告书、环境影响报告表和环境影响登记表。

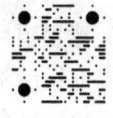
环境影响评价技术导则总纲

1) 建设项目环境影响报告书的内容

环境影响评价文件的等级要符合《建设项目环境保护分类管理名录》的规定；环境影响报告书要达到《建设项目环境影响评价技术导则总纲》(HJ 2.1—2016)规定的深度要求，其主要内容如下。

(1) 建设项目概况。
(2) 建设项目周围环境现状。
(3) 建设项目对环境可能造成影响的分析、预测和评估。
(4) 建设项目环境保护措施及其技术、经济论证。
(5) 建设项目对环境影响的经济损益分析。
(6) 对建设项目实施环境监测的建议。
(7) 环境影响评价的结论。

涉及水土保持的建设项目，必须有经水行政主管部门审查同意的水土保持方案。

特别提示

除上述主要评价内容外，根据实际情况还需要增加以下3个方面的内容。

(1) 公众参与的内容。提高科学民主决策的能力，体现以人为本的原则。

(2) 环境风险评价的内容。对存在风险事故的建设项目，特别是在原料、生产、产品、储存、运输中涉及危险化学品的建设项目必须有环境风险评价的内容。

(3) 清洁生产分析的内容。《中华人民共和国清洁生产促进法》规定：新建、改建和扩建项目应当进行环境影响评价，对原料使用、资源消耗、资源综合利用以及污染物产生与处置等进行分析论证，优先采用资源利用率高以及污染物产生量少的清洁生产技术。

2) 环境影响报告表的内容

《建设项目环境影响报告表(试行)》必须由具有环评资质的环评机构填写，环境影响报告的内容包括建设项目基本情况、建设项目所在地自然环境和社会环境简况、环境质量状况、主要环境保护目标、评价适用标准、工程内容及规模、与本项目有关的原有污染情况及主要环境问题、建设项目工程分析、项目主要污染物产生及预计排放情况、环境影响分析、建设项目拟采取的防治措施及预期治理效果、结论与建议等。

特别提示

环境影响报告表若不能说明项目产生的污染及对环境造成的影响，应依据建设项目的特点和当地环境特征，选择1~2项进行专项评价，专项评价按照环境影响评价技术导则中的有关要求进行。

3) 环境影响登记表的内容

《建设项目环境影响登记表(试行)》一般由建设单位自行填写。环境影响登记表的内容：表一为项目基本情况；表二为项目地理位置示意图和平面布置示意图；表三为周围环境概况和工艺流程与污染流程；表四为项目排污情况及环境措施简述。

3. 建设项目环境影响评价的工作程序

建设项目环境影响评价的工作程序，大体可分为3个阶段：准备阶段、正式工作阶段、报告书编制阶段。

（1）准备阶段：主要研究有关文件，进行初步的工程分析和环境现状调查，筛选重点评价项目，确定工作等级，编制评价工作大纲。

（2）正式工作阶段：进一步做规划方案分析或建设项目工程分析和环境现状调查，并进行环境影响预测和评价环境影响。

（3）报告书编制阶段：汇总、分析第二阶段工作所得到的各种资料、数据，做出结论，完成环境影响报告书的编制。

4. 建设项目环境影响文件的审批

1）建设项目环境影响评价文件的报批

建设项目环境影响评价文件，由建设单位按照国务院的规定报有审批权的环境保护行政主管部门来审批的，建设项目有行业主管部门的，其环境影响报告书或者环境影响报告表应当经行业主管部门预审后，再报有审批权的环境保护行政主管部门审批。

海洋工程建设项目海洋环境影响报告书的审批，依照《中华人民共和国海洋环境保护法》的规定办理。

2）环境影响评价文件的分级审批

建设对环境有影响的项目，不论投资主体、资金来源、项目性质和投资规模，其环境影响评价文件均应按照《建设项目环境影响评价文件分级审批规定》（2009年3月1日起施行）确定分级审批权限。

国务院环境保护行政主管部门负责审批的项目有：

① 核设施、绝密工程等特殊性质的建设项目；

② 跨省、自治区、直辖市行政区域的建设项目；

③ 由国务院审批或核准的建设项目，由国务院授权有关部门审批或核准的建设项目，由国务院有关部门备案的对环境可能造成重大影响的特殊性质的建设项目。

跨行政区域项目，若有关环保部门对该项目的环境影响评价结论有争议的，其环境影响评价文件由共同的上一级环境保护行政主管部门审批。

环境保护部可以将法定由其负责审批的部分建设项目环境影响评价文件的审批权限，委托给该项目所在地的省级环境保护部门，并向社会公告。环境保护部应当对省级环境保护部门根据委托审批环境影响评价文件的行为负责监督，并对该审批行为的后果承担法律责任。

建设项目的环境影响评价文件未经法律规定的审批部门审查或者审查后未予批准的，该项目审批部门不得批准其建设，建设单位不得开工建设。

3）建设项目环境影响评价文件的重新报批和重新审核

（1）重新报批。若环境影响评价文件经批准后，建设项目的性质、规模、地点，采用的生产工艺或者防治污染、防止生态破坏的措施发生重大变动的,应重新报批建设项目的环境影响评价文件。

(2) 重新审核。若环评文件自批准之日起超过5年,才决定该项目开工建设的,其环境影响评价文件应当报原审批部门重新审核。

5.2 规划环境影响评价

引例 5-2

随着经济建设的发展,环境形势严峻的状况仍然没有根本改变。重点污染物排放总量超过环境承载能力,流经城市的许多河段受到污染,许多城市空气污染严重,土壤污染面积扩大,自然生态遭到破坏,生态系统功能退化,而且逐步呈现出区域性和流域性特点。造成这种状况的原因是多方面的,其中一个重要的原因就是在编制区域、流域和自然资源开发利用规划以及产业发展建设规划时,对规划实施可能产生的环境问题缺少整体考虑,没有对规划进行充分的环境影响评价,规划实施后出现了不少环境问题,影响了经济社会的全面协调可持续发展。太湖、松花江等污染事件充分反映了环境问题的严重性,以及从整体上进行环境保护的重要性。

【思考】
哪些规划需要进行环境影响评价?如何进行规划环境影响评价?规划实施后,如何对规划的环境影响进行跟踪评价?

5.2.1 规划环境影响评价概述

1. 规划影响评价的含义

《中华人民共和国环境影响评价法》将环境影响评价从建设项目拓展到规划领域,规划有关环境的篇章或说明,应该作为规划草案的组成部分一并报送规划审批机关。从决策源头上防治环境污染和生态破坏,全面实施可持续发展战略。

规划环境影响评价是对规划实施可能造成的环境影响进行分析、预测和评价,并提出预防或者减轻不良环境影响的对策和措施的过程,应在规划编制阶段进行。

规划环境影响评价文件包括环境影响报告书、环境影响篇章或说明。

2. 规划环境影响评价的适用范围和要求

1) 规划环境影响评价的适用范围
规划环境影响评价的主要适用于两大层次和两大类。
两大层次:
① 国务院有关部门、设区的市级以上地方人民政府及其有关部门。其组织编制的下述两大类的规划应进行规划环境影响评价。
a. 土地利用的有关规划。区域、流域、海域的建设、开发利用规划,应当在规划编制

过程中组织进行环境影响评价，编写该规划有关环境影响的篇章或者说明，并作为规划草案的组成部分一并报送规划审批机关。

b. 专项规划。如工业、农业、畜牧业、林业、能源、水利、交通、城市建设、旅游、自然资源开发的有关专项规划，应在专项规划草案上报审批前，组织进行环境影响评价，并向审批该专项规划的机关提出环境影响报告书。

② 省、自治区、直辖市人民政府。可据本地实际情况，要求对本辖区县级人民政府编制的规划进行环境影响评价。

2) 规划环境影响评价的要求

(1) 对规划有关环境影响的篇章或者说明的要求。

① 对规划实施后可能造成的环境影响做出分析、预测和评估。

② 提出预防或减轻不良环境影响的对策和措施。

③ 作为规划草案的组成部分一并报送规划审批机关。

(2) 对规划进行环境影响评价，应当分析、预测和评估以下内容。

① 规划实施可能对相关区域、流域、海域生态系统产生的整体影响。

② 规划实施可能对环境和人群健康产生的长远影响。

③ 规划实施的经济效益、社会效益与环境效益之间，以及当前利益与长远利益之间的关系。

> **特别提示**
>
> 未编写有关环境影响篇章或说明的规划草案，审批机关不予审批。

5.2.2 规划环境影响评价的内容、审批及跟踪评价

1. 规划环境影响评价的基本内容及编制要求

1) 编制的法规依据

编制的法规依据是《规划环境影响评价技术导则总纲》(HJT 130—2014)及相关环境标准。

2) 规划环境影响评价的基本内容

规划环境影响评价的基本内容包括以下几个方面。

(1) 规划分析。

(2) 环境现状与分析。

(3) 环境影响识别与确定环境目标和评价指标。

(4) 环境影响分析与评价。

(5) 供决策的环境可行规划方案与环境影响减缓措施。

(6) 开展公众参与的评价。

(7) 拟定监测、跟踪评价计划。

(8) 编写规划环境影响评价文件，得出关于拟议规划的结论性意见与建议。

2. 规划环境影响评价的审批

规划编制机关在报送审批综合性规划草案和专项规划中的指导性规划草案时，应当将环境影响篇章或者说明作为规划草案的组成部分一并报送规划审批机关。未编写环境影响篇章或者说明的，规划审批机关应当要求其补充；未补充的，规划审批机关不予审批。

规划编制机关在报送审批专项规划草案时，应当将环境影响报告书一并附送规划审批机关审查；未附送环境影响报告书的，规划审批机关应当要求其补充；未补充的，规划审批机关不予审批。

（1）设区的市级以上人民政府审批的专项规划，在审批前由其环境保护主管部门召集有关部门代表和专家组成审查小组，对环境影响报告书进行审查。审查小组应当提交书面审查意见。

（2）省级以上人民政府有关部门审批的专项规划，其环境影响报告书的审查办法，由国务院环境保护主管部门会同国务院有关部门制定。

3. 规划环境影响评价的跟踪评价

规划环境影响的跟踪评价应当包括下列内容。

（1）规划实施后实际产生的环境影响与环境影响评价文件预测可能产生的环境影响之间的比较分析和评估。

（2）规划实施中所采取的预防或者减轻不良环境影响的对策和措施有效性的分析和评估。

（3）公众对规划实施所产生的环境影响的意见。

（4）跟踪评价的结论。

5.3 环境影响的经济损益分析

 引例 5-3

《环境影响评价法》第十七条规定，建设项目的环境影响报告书应当包括"建设项目环境保护措施及其技术、经济论证；建设项目对环境影响的经济损益分析"等内容。

国务院颁布的《建设项目环境保护管理条例》，第八条明确规定环评报告书内容包括环境影响经济损益分析，将其作为重点评价内容。

目前，在很多环境影响评价中缺乏环境影响经济损益分析内容，仅是将环保投资及环境效益简单地加以叙述，没有把一些潜在的经济问题和环境问题放在一起加以综合考虑，并对其做出客观的评价，忽略了项目的整体效益。在环境影响评价中应加强经济损益分析，将建设项目产生的环境影响量化或货币化，不仅增强了环境影响报告书的科学性、合理性，也使项目在设计和实施中更加完善，因此是十分必要的。

【思考】

环境保护措施的成本包含的内容有哪些？环境保护的效益如何界定？环境影响的经济效益分析有哪些量化的方法？

5.3.1 环境影响的经济损益分析的概念

环境影响的经济损益分析又称为环境影响经济评价,是对环境影响的一种经济分析(即费用效益分析),对负面的环境影响,估算出的是环境成本;对正面的环境影响估算出的是环境效益。它是在费用-效益分析方法中体现出环境影响的作用,即先把环境受到的损害货币化后计入费用(外部费用),把得到的环境效果货币化后计入效益(外部效益),然后再进行费用-效益分析。

建设项目环境影响经济损失分析包括建设项目环境影响经济评价和环保措施的经济损益评价。后者是环境保护措施的经济论证,要估算环境保护措施的投资费用、运行费用、取得的效益,用于多种环境保护措施的比较,选择费用比较低的环境保护措施。环境保护措施的经济论证不能代替建设项目环境影响的经济损益分析。

5.3.2 环境影响的经济损益分析的内容

环保措施经济损益评价即环境保护措施的经济论证,通过估算环境保护措施的投资费用、运行费用、取得的效益,用于多种环境保护措施的比较,以选择费用比较低的环境保护措施。

1. 环境保护措施及技术、经济论证的内容

1)环保措施技术经济可行性论证

根据建设项目产生的污染物的特点,调查同类企业现有环保处理方案的技术经济运行指标,按照技术先进、可靠、可达和经济合理的原则,对建设项目可行性研究阶段所提出的环境保护措施进行多方案比选,推荐最佳方案。若所提措施不能满足环保要求,则需提出切实可行的改进完善建议,包括替代方案。

2)污染处理工艺达标排放可靠性

对于建设项目的关键性环境保护措施,应调查国内外同类措施实际运行的技术经济指标,结合建设项目排放污染物的基本建设特点,分析、论证建设项目环保设施运行参数是否合理,有无承受冲击负荷能力,能否稳定运行,确保污染物排放达标的可靠性,并提出进一步的改进意见。

3)环保投资估算

按工程实施的不同时段,分别列出其环保投资额,分析其合理性。计算环保投资占工程总投资的比例,给出各项措施及投资估算一览表。

4)依托设施的可行性分析

对改建项目,原有工程的环保设施有相当一部分是可以利用的,如现有污水处理厂、固废填埋厂、焚烧炉等,原有环保设施是否能满足改扩建后的要求,需要认真核实,分析依托的可靠性。

随着经济的发展,依托公用环保设施已经成为区域环境污染防治的重要组成部分。对于项目依托的公用环保设施,也应分析其工艺合理性、接纳可行性等。

2. 环境影响经济损益分析的步骤

（1）筛选环境影响。
（2）量化环境影响。
（3）评估环境影响的货币化价值。
（4）将货币化的环境影响纳入项目的经济分析。

在筛选环境影响的过程中，一般将环境影响分为下列三类。

① 被剔除、不再做任何评价分析的影响：主要指的是内部的、小的以及能被控制的影响。

② 需要做定性说明的影响：指的是那些大的但可能很不确定的影响。

③ 需要并且能够量化和货币化的影响。

特别提示

上述环境经济损益步骤中，最重要的是对环境影响的货币化价值进行评估。

知识链接

环境影响因子和环境影响的确定及筛选

为确保建设项目环境影响评价的准确性、合理性及科学性，首先必须确定和列出一个建设项目所有实际的和潜在的环境影响因子和受影响的环境要素，并且对这些环境要素进行筛选，以决定其中最重要的影响。

环境影响因子可以定为对人体健康、人类福利、环境及资源造成影响的物理的、化学的或生物的因素。影响因子能够产生于项目的所有阶段，如运行阶段和建设阶段等。影响因子确定有助于相关环境要素的筛选。影响因子与一个项目预期的主要排放物有关。通常在环评工程分析阶段就已完成影响因子的确定工作。

筛选环境要素，是从诸多影响因素中选出在经济评价中最重要或起主导作用的影响因素。筛选有助于集中分析最重要的影响。一般把受损环境影响产生明显改变的环境要素，以及受潜在影响的环境要素作为建设项目环境影响经济损益分析的主要内容。这些环境要素主要包括人体健康、资源利用（农业、渔业、林业、畜牧业等）、环境资源（水资源、土地资源等）、人类福利（文物古迹、建筑等）、景观生态等要素。

3. 环境经济评价方法

1) 环境价值的概念

环境的总价值包括环境的使用价值和非使用价值。

（1）环境的使用价值，是指环境被生产者或消费者使用时所表现出的价值。环境的使用价值通常包含直接使用价值、间接使用价值和选择价值。如森林的旅游价值就是森林的直接使用价值，森林防风固沙的价值就是森林的间接使用价值。选择价值是人们虽然现在不使用某一环境，但人们希望保留它，这样，将来就有可能使用它，也即保留了人们选择使用它的机会，环境所具有的这种价值就是环境的选择价值。有的研究者将选择价值看作是环境的非使用价值的一部分。

（2）环境的非使用价值，是指人们虽然不使用某一环境物品，但该环境物品仍具有的价值。根据不同动机，环境的非使用价值又可分为遗赠价值和存在价值。如濒危物种的存在，有些人认为，其本身就是有价值的，这种价值与人们是否利用该物种谋取经济利益无关。

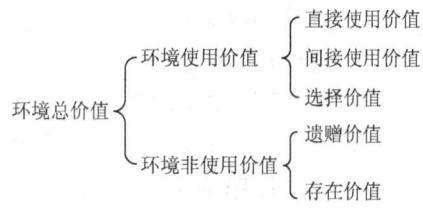

图 5-1　环境总价值的分类

2) 环境价值分类

环境总价值的分类如图 5-1 所示。

3) 环境价值的度量

无论是使用价值或非使用价值，价值的恰当量度都是人们的最大支付意愿，即一个人为获得某件物品（服务）而愿意付出的最大货币量。市场价格在有些情况下（如对市场物品）可以近似地衡量物品的价值，但它不能准确地度量一个物品的价值。市场价格是由物品的总供给和总需求来决定的，它通常低于消费者的最大支付意愿，二者之差是消费者剩余。三者关系为

$$价值=支付意愿=价格×消费量+消费者剩余 \tag{5-1}$$

影响支付意愿的因素有收入、替代品价格、年龄、教育、个人独特偏好以及对该物品的了解程度等。

人们在消费许多环境服务或环境物品时，常常没有支付价格，因为这些环境服务没有市场价格，如游览许多户外景观时。那么，这时这些环境服务的价值就等于人们享受这些环境服务时所获得的消费者剩余。有些环境价值评估技术，就是通过测量这一消费者剩余，来评估环境的价值。

环境价值也可以根据人们对某种特定的环境退化而表示的最低补偿意愿来度量。

4) 环境经济评价方法

面对千差万别的环境对象，人们使用过许多方法来评估环境的价值，同时在不断发明新的环境价值评估技术。

环境价值评价的方法有多种，人们在环境影响价值评估中可能会用到任何一种价值评估方法，下面简要介绍 3 组常用的环境价值评估方法。

(1) 第Ⅰ组评估方法。

① 旅行费用法。

旅行费用法，一般用来评估户外游憩地的环境价值，如评估森林公园、城市公园、自然景观等的游憩价值。旅行费用法的基本思想是到该地旅游要付出代价，这一代价即旅行费用。旅行费用越高，来该地游玩的人越少；旅行费用越低，来该地游玩的人越多。所以，旅行费用成了旅游地环境服务价格的替代物，据此，可以求出人们在消费该旅游地环境服务时获得的消费者剩余。当旅游地门票为零时，该消费者剩余就是这一景观的游憩价值。

基本公式：

$$旅游价值=旅游费用支出+旅行时间价值+其他花费 \tag{5-2}$$

【例 5-1】人们到某风景名胜区旅游，旅游费用支出包括人均交通费 30 元、餐饮费 50 元、门票 25 元、游船消费 35 元、住宿 100 元，旅行时间一般为两天，游客人均收入平均水平约 80 元/天，人均购买宣传资料、纪念品的费用约 50 元/人次，2007 年接待游客约 120 万人次，用旅行费用法评估该风景名胜区的旅游价值为多少万元？

解：该风景名胜区人均旅游费支出为 30+50+25+35+100=240(元)

人均旅行时间价值为 80×2=160(元)

人均购买宣传资料、纪念品等其他花费为 50(元)

则 2007 年 120 万人次的游客风景名胜区所创造的旅游价值为

旅游价值=旅游费用支出+旅行时间价值+其他花费

=(240+160+50)×120

=54000(万元)

② 隐含价格法。

隐含价格法需要建立隐含价格方程和建立环境质量需求方程后求解。

适用范围：用于评估大气质量改善的环境价值，也可用于评估大气污染、水污染、环境舒适性和生态系统环境服务功能等的环境价值。

基本思想：环境因素会影响房地产的价格，通过回归分析，可从房地产价格中分离出环境因素引起的那部分房地产价格变化，从而确定人们对环境因素的估价。

③ 调查评价法。

调查评价法通过构建模拟市场来揭示人们对某种环境物品的支付意愿，从而评价环境价值。它通过人们在模拟市场中的行为，而不是在现实市场中的行为来进行价值评估，通常不发生实际的货币支付。

适用范围：可用于评估几乎所有的环境对象。

基本思想：通过构建模拟市场来揭示人们对环境物品的支付意愿，从而评价环境价值。

④ 成果参照法。

成果参照法是把旅行费用法、隐含价格法、调查评价法的实际评价结果作为参照对象，用于评价一个新的环境物品，该法相当于类比分析法。成果参照法最大的特点是节省时间、费用。它包括三种类型：直接参照单位价值；参照已有案例研究的评估函数，代入要评估的项目区变量，得到项目环境价值；进行 Meta 分析(汇总分析、集成分析)。

【例 5-2】单位价值：为避免某呼吸道疾病 1 个病日，人们的支付意愿是 50 元。在当前项目区，该疾病通常持续 7 天，该项目在项目期第一年估计影响该区 100 万人口的 1%，则该项目的这一健康影响在项目期第 1 年的总价值是多少？

解：可直接参照单位价值求解

50 元/(人·天)×7 天×100 万人×1%=350 万元

知识提示

第 I 组评估方法都有完善的理论基础，是对环境价值(以支付意愿衡量)的正确度量，可以称为标准的环境价值评估方法。

该组方法已广泛应用于对非市场物品的价值评估。美国内政部、商务部在各自起草的自然资源损害评估原则条例中都把这些方法作为适用的评估方法。世界银行、亚洲开发银行等国际发展机构都在环境评估中应用这些方法。

(2) 第Ⅱ组评估方法。

① 医疗费用法。

医疗费用法用于评估环境污染引起的健康影响(疾病)的经济价值。如果环境污染引起某种疾病(发病率)的增加，治疗该疾病的费用，可以作为人们为避免该环境影响所具有的支付意愿的底限值。例如，大气 SO_2 污染会使哮喘发病率增加。一例哮喘发病的治疗费用若为 150 元/天，每次发病若持续 7 天，则避免该疾病一次发病的支付意愿最少有 1050 元。这里需要剂量-反应关系才能完成评估。

医疗费用法估价健康影响的缺陷是，它无视疾病给人们带来的痛苦。人们避免疾病，一方面是为了避免医疗费用，另一方面是为了避免疾病带来的痛苦。医疗费用法没有捕捉到健康影响的这一方面。

② 人力资本法。

人力资本法用于评估环境污染对健康的影响(收入损失、死亡)。

环境污染引起误工、收入能力降低、某种疾病死亡率的增加，由此引起的收入减少，可以作为人们为避免该环境影响所具有的支付意愿的底限值。

人力资本法把人作为生产财富的资本，用一个人生产财富的多少来定义这个人的价值。由于劳动力的边际产量等于工资，所以用工资表示一个人的边际价值，用一个人工资的总和(经贴现)表示这个人的总价值。

人力资本法计算的是环境污染的健康损害对社会造成的损失价值，这是其价值计量的基本点。例如，儿童铅中毒可降低智商，减少预期收入(流行病学、社会学)，所减少的预期收入可作为这一环境污染造成健康危害的损害价值。

③ 生产力损失法。

生产力损失法用于评估环境污染和生态破坏造成的工农业等生产力的损失。该方法用环境破坏造成的产量损失，乘以该产品的市场价格，来表示该环境破坏的损失价值。这种方法也称市场价值法。

例如，粉尘对作物的影响，酸雨对作物和森林产量的影响，湖泊富营养化对渔业的影响，常用生产力损失法来评估。例如，两广酸雨使玉米减产 10%～15%。减产量乘以当年玉米价格，作为酸雨的农业危害损失。

④ 恢复或重置费用法。

恢复或重置费用法用于评估水土流失、重金属污染、土地退化等环境破坏造成的损失。

用恢复被破坏的环境(或重置相似环境)的费用来表示该环境的价值。例如，水土流失的小流域治理费用是 50 万元/km^2，那么，水土流失这一环境影响的损失价值就是 50 万元/km^2。如果这种恢复或重置行为确会发生，则该费用一定小于该环境影响的价值，该费用只能作为环境影响价值的最低估计值。如果这种恢复或重置行为可能不会发生，则该费用可能大于或小于环境影响价值。

⑤ 影子工程法。

影子工程法用于评估水污染造成的损失、森林生态功能价值等。

用复制具有相似环境功能的工程的费用来表示该环境的价值，是重置费用法的特例。

如森林具有涵养水源的生态功能，假如一片森林涵养水源量是 100 万 m^3，在当地建造一个 100 万 m^3 库容的水库的费用是 150 万元，那么，可以用这 150 万元的建库费用，来表示这片森林涵养水源生态功能的价值。如果这种复制行为确会发生，则该费用一定小于该生态环境的价值，只能作为该价值的最低估计值。如果这种行为可能不会发生，则该费用可能大于或小于环境价值。

⑥ 防护费用法。

防护费用法用于评估噪声、危险品和其他污染造成的损失。用避免某种污染的费用来表示该环境污染造成损失的价值。

如用购买桶装净化水作为对水污染的防护措施，由此引起的额外费用，可视为水污染的损害价值。同样地，购买空气净化器以防大气污染，安装隔音设施以防噪声，都可用相应的防护费用来表示环境影响的损害价值。如果这种防护行为确会发生，则该费用一定小于该损失的价值，只能作为该损失的最低估计值。如果这种行为可能不会发生，则该费用可能大于或小于损失价值。

> **知识提示**
>
> 第Ⅱ组评估方法都是基于费用或价格的。它们虽然不等于价值，但据此得到的评估结果，通常可作为环境影响价值的低限值。
>
> 该组方法的优点是，所依据的费用或价格数据比较容易获得、数据变异小、易被管理者理解。缺陷是，在理论上，这组方法评估出的并不是以支付意愿衡量的环境价值。

(3) 第Ⅲ组评估方法。

① 反向评估。

反向评估不是直接评估环境影响的价值，而是根据项目的内部收益率或净现值反推，算出项目的环境成本不超过多少时，该项目才是可行的(数据严重不足时，可考虑用)。

例如，根据可研报告，项目成本是 120 万元，收益是 150 万元，则环境成本不超过 30 万元时，该项目才是可行的。要判断的是，识别出的环境影响的价值，将会大于 30 万元还是小于 30 万元，根据已有文献做出判断。

② 机会成本法。

机会成本法是一种反向评估法。它对项目只进行财务分析，先不考虑外部环境影响，计算出该项目的净收益。这时，提出这样一个问题：该项目占用的环境资源的价值是大于还是小于该收益？

例如，20 世纪 70 年代，新西兰有一个水电开发计划，但需提高一个风景湖区的水位。该湖的景观价值和野生生物栖息地价值难以估价。项目财务分析的结果是，该项目的净现值是 2000 万～2500 万新元(1973 年)，在项目计算期内，新西兰平均每人每年净收益约合 0.62 新元，这就是保护该湖区的机会成本。

上述三组环境价值评估方法的选择优先序(在可能情况下)应为第Ⅰ组评估方法、第Ⅱ组评估方法、第Ⅲ组评估方法，这样有助于项目决策。在环境影响评价实践中，最常用的方法是成果参照法。

▶▶案例

××公司年产11万吨硝酸装置项目环境影响评价报告书

前 言

××公司始建于1974年，于2000年1月1日起正式按新体制投入运行，是中国石油天然气集团公司直属的具有独立法人资格的大型国有企业。该公司下辖化工化纤生产、加工制造、工程技术服务、生产服务、社会服务和多种经营等6个系统；主要生产装置有二元酸装置、钴锰装置、双环戊二烯装置、涤纶短纤维装置、聚氯乙烯装置、聚酯装置、硝酸装置等。截至2005年年末，公司总资产31.67亿元，现有职工14694人。根据××公司的总体部署，为提高企业的市场竞争和应变能力，进一步优化资产结构，××公司决定在化工厂现有硝酸装置控制室北侧新建一套年产11万t硝酸生产装置。项目总投资16690.03万元。本硝酸项目建成后，××公司将成为东北较大的硝酸生产基地，硝酸生产能力为23万t/年。硝酸生产将成为××公司的支柱产业之一，可以缓解××公司资产结构及产品结构的不合理，为××公司带来可观的经济效益。受××公司委托，××省环境科学研究院承担该项目的环境影响评价工作。

1. 环境功能区划及质量现状(略)
2. 企业现状(略)
3. 工程分析(略)
4. 清洁生产分析与评价

清洁生产是实现经济和环境协调持续发展的一项重要手段之一，其目的是从生产全过程控制污染物的排放，就是采用先进的工艺技术，降低物耗、能耗及水耗，减少污染物的排放量，逐渐实现零排放。实施清洁生产是为了提高生产效率，减少对人类和环境的污染负荷，最终达到"节能、降耗、减污、增效"的目标。

清洁生产不仅涉及项目的初期设计，也涉及建设项目的选择、项目建成后的管理，以及生产产品的全生命周期，因此清洁生产分析和评价主要应从工艺路线选择、节能降耗、减少污染物产生和排放的措施等方面进行评述。本章节就拟建装置清洁生产的水平进行评估，分析其清洁生产的水平，并提出清洁生产的合理化建议。本项目通过从工艺技术、原料利用水平、产品质量水平、能源利用水平、污染物产生及排放情况以及节水等方面与国内先进的同类生产装置进行对比，得出本装置能较好地符合清洁生产要求。

5. 本项目拟采取的环保措施

5.1 废气处理措施

5.2 废水

本项目氨辅助蒸发器的排油罐外排的含油废水(0.4t/h)及浓硝酸冷凝器产生的冷凝液(1.0t/h)进中和池处理后入94#污水处理场处理；浓硝酸装置产生的酸性废水(2.77t/h)用作稀硝酸吸收用水；循环水场产生的循环排污水(36t/h)直接排入明沟；车间冲洗地坪水(3.2t/h)直接进入94#污水处理场处理。项目废水经94#污水处理场处理后排入××河。

5.3 噪声

对于"四合一"机组产生的噪声采用隔音操作室及消音器进行处理,可使操作环境噪声低于 90dB(A)。

6. 环境影响评价

6.1 环境空气影响评价结论

(1) 该地区全年地面主导风向为 S 风,年平均风速 2.3m/s。

(2) 该地区常年以中性天气(D 类稳定度)出现的频率最高,为 34.04%;其次是稳定天气(F 类稳定度)出现的频率,为 25.54%;不稳定天气出现的频率较低;强不稳定天气(A 类稳定度)没有出现。

(3) 由于硝酸装置排气筒烟气量增加,烟气的抬升高度增加,污染物的最大落地浓度距离增加,因此,500m 范围内污染物浓度呈削减趋势,500m 范围外污染物浓度呈增加趋势。

(4) 硝酸装置排气筒 NO_x、NH_3 最大地面浓度增加量为 3.58mg/m^3、0.25mg/m^3,分别占《环境空气质量标准》(GB 3095—1996)二级标准、《工业企业设计卫生标准》(TJ 36—1979)的 3.58%和 0.25%,所占份额较小。

(5) 本项目实施后各监测点位 NO_x 浓度变化值较小,能够满足《环境空气质量标准》(GB 3095—1996)中 NO_2 二级标准。

(6) 本项目实施后各无组织监控点位 NH_3 浓度值均能够满足《恶臭污染物排放标准》(GB 14554—1993)厂界浓度标准要求。

(7) 氨罐区卫生防护距离为 300m(以氨罐区为中心)。本项目能够满足卫生防护距离的要求,卫生防护距离内无居民区。

综上所述,本项目实施后 NO_x、NH_3 的环境贡献量及 NH_3 的厂界贡献量很小,能够满足相应的标准限值要求,对评价区域的环境空气质量影响是有限的。

6.2 废水排放达标分析

项目排放的废水水质满足 94#污水处理场的进水水质要求,废水经 94#污水处理场处理后的污染物浓度,COD(化学需氧量)为 75.79mg/L、石油类为 3.8mg/L、NH_3-N 为 8.4mg/L,满足《××省污水与废气排放标准》新扩改二级标准要求。因此本项目废水达标排放,对水环境影响较小。

6.3 噪声环境影响分析

通过计算,本项目实施后不会明显增加厂界的噪声强度,厂界噪声基本维持本底水平,满足《工业企业厂界环境噪声排放标准》(GB 12348—2008)Ⅲ类标准要求,故本项目产生的噪声对厂界影响很小。

7. 环境影响经济损益分析

7.1 环境治理措施投资估算

根据《建设项目环境保护设计规定》和《石油化工企业环境保护设计规范》中环境保护的规定,对该工程进行环境保护投资估算。本项目环保投资合计 630.2 万元,具体环保投资估算见表 7-1(略)。

7.2 社会、经济和环境效益分析

1) 社会效益分析

本项目是在××公司化工厂现有硝酸装置的西侧新建一套 11 万 t/年硝酸装置，并充分利用现有装置的储运设施，能力不足的填平补齐。本装置建成后，××公司将成为东北较大的硝酸生产基地，硝酸生产能力为 23 万 t/年。硝酸生产将成为××公司的支柱性产业，缓解××公司资产结构不合理现状，为××公司带来可观的经济效益。同时，××公司可充分利用现有的场地、公用工程、技术力量等，改变依靠为××石化分公司提供服务而生存的局面，尤其在中央振兴东北老工业基地的大好机遇下，更具有较好的社会效益和经济效益。

2) 经济效益分析

本项目新增总投资 16690.03 万元，其中建设投资 16143.67 万元，本项目的主要技术经济指标和敏感性分析见表 7-2(略)和表 7-3(略)。

从表 7-2 可以看出，本项目建成投产后，每年可新增利润 3403.70 万元。本项目所得税前的增量投资内部收益率为 24.45%，投资回收期 5.05 年；所得税后的增量投资内部收益率为 17.73%，投资回收期为 6.24 年，项目增量投资的经济效果较好。综上所述，本项目的经济效益较好，在经济上是可行的。

选取建设投资、产品价格、原料价格等因素的不利变化分析对本项目的财务指标的影响程度。表 7-3 的分析结果表明，销售收入变化对财务内部收益率影响较大，但是即使产品售价下降 10%，内部收益率仍大于基准收益率，项目具有一定的抗风险能力。

3) 环境效益分析

本项目产生的废气、废水均得到有效治理，符合国家相应的环保标准要求后排放，因此本项目的建设对社会经济产生的不良影响是有限的。

8. 环境管理与监测制度

8.1 环境管理

环境管理是企业管理的重要组成部分，同生产管理、劳动管理、财务管理和销售管理等一样，也是一项专业管理。公司根据 ISO 14000 环境管理制度，利用行政、经济、技术、法律和教育等手段对生产经营发展和环境保护的关系进行协调，对环境问题进行综合治理，以达到既发展生产、增加经济效益，又保护环境的目的。

8.2.4 节水管理

要认真贯彻执行国家有关节水的规定，对于生产和生活用水应加强管理，节约用水，计划用水，努力提高水的循环利用率和回用率。

8.2.5 排污口规范化管理

本项目还原反应器进出口应设置采样口，废水排放总口要设有流量仪，并且所有设置应符合《污染源监测技术规范》的要求，符合当地环境管理部门的要求。

8.3 环境监测

9. 结论

本项目为新建项目，该项目的建设符合国家的产业政策。新建一套 11 万 t/年硝酸生产装置。该项目的建设，使硝酸生产成为××公司的支柱性产业，可缓解××公司资产结构不合理现状，为发展公司的经济奠定了基础，能够改变依靠××石化分公司生存的现状，具有较好的经济效益和社会效益。

综上所述，本项目建设符合国家发展石化产业的政策要求，拟采用的主要生产工艺属于先进、成熟的清洁生产工艺，采取的污染防治措施有效、可靠，废气污染物的排放符合 GB 16297—1996 和 GB 14554—1993 的规定，废水污染物的排放符合《××省污水与废气排放标准》的规定；废气、废水污染物的排放总量有所增加，但仍能满足总量要求；对评价范围内的环境空气质量和水环境质量影响较小，其经济效益和社会效益也较明显，由此可见，本项目的建设从环保方面来看是可行的。

小 结

环境影响评价(Environmental Impact Assessment, EIA)，是指对规划和建设项目实施后可能造成的环境影响进行分析、预测和评估，提出预防或者减轻不良环境影响的对策和措施，进行跟踪监测的方法与制度。

建设项目对环境的影响千差万别，不仅不同的行业、产品、规模、工艺、原材料生产的污染物种类和数量不同，对环境的影响不同，而且即使是相同的企业处于不同的地点、区域，对环境的影响也不一样。国家根据建设项目对环境的影响程度，对建设项目的环境影响评价实行分类管理。

《中华人民共和国环境影响评价法》将环境影响评价从建设项目拓展到规划领域，规划有关环境的篇章或说明，应该作为规划草案的组成部分一并报送规划审批机关。从决策源头上防治环境污染和生态破坏，全面实施可持续发展战略。

环境影响的经济损益分析又称为环境影响经济评价，是对环境影响的一种经济分析(即费用-效益分析)，对负面的环境影响，估算出的是环境成本；对正面的环境影响估算出的是环境效益。它是在费用-效益分析方法中体现出环境影响的作用，即先把环境受到的损害货币化后计入费用(外部费用)，把得到的环境效果货币化后计入效益(外部效益)，然后再进行费用效益分析。

习 题

一、填空题

1. 建设项目环境影响评价的工作程序，大体可分为 3 个阶段：_____、_____、_____。

2. 建设项目环境影响评价文件的审核分为两级，一级是_____，另一级是_____。

3. 规划环境影响评价文件包括_____和_____。

4. 建设项目环境影响经济损失分析包括_____和_____。

5. 环境的总价值包括_____和_____。

二、单项选择题

1. 我国的建设项目环境影响评价实行分类管理，对项目造成轻度环境影响的，应当(　　)。

　　A. 编制环境影响报告书　　　　　　B. 编制环境影响报告表

　　C. 填报环境影响登记表　　　　　　D. 不做环境影响评价

2. 下列关于环境影响评价的表述中，错误的是（ ）。
   A．建设项目环境影响评价实行分类管理
   B．建设项目环境影响报告书编制内容中应有公众参与、环境风险评价等内容
   C．《建设项目环境影响登记表(试行)》必须由具有环境影响评价资质的单位填写
   D．建设项目的环境影响评价文件未经法律规定的审批部门审查或者审查后未予批准的，该项目审批部门不得批准其建设，建设单位不得开工建设
3. 在环境影响经济损益分析中，在量化环境影响前，应（ ）。
   A．选择环境影响的货币化计量方法   B．环境影响的货币化计算
   C．筛选环境影响   D．将货币化的环境影响纳入项目的经济分析
4. 环境影响损益分析中，最重要的步骤是（ ）。
   A．筛选环境影响   B．量化环境影响
   C．评估环境影响的货币化价值   D．将货币化的环境影响纳入项目的经济分析
5. 环境价值评估方法中，用于评估水土流失、重金属污染、土地退化等环境破坏造成损失的方法是（ ）。
   A．恢复或重置费用法   B．成果参照法   C．隐含价格法   D．影子工程法
6. 根据《规划环境影响评价条例》编制综合性规划，应编写"环境影响篇章或者说明"。"环境影响篇章或者说明"的内容不包括（ ）。
   A．资源环境承载能力分析   B．不良环境影响的分析和预测
   C．预防或减轻不良环境影响的措施   D．环境影响评价的结论

三、多项选择题
1. 规划环境影响篇章或说明至少应该包括的内容有（ ）。
   A．环境现状描述   B．专家咨询与公众参与
   C．环境影响分析与评价   D．环境影响减缓措施
   E．监测与跟踪评价
2. 环境价值评估方法中，隐含价格法的应用条件有（ ）。
   A．房地产价格在市场中自由形成   B．房地产价格不受政策因素影响
   C．假设房地产价格只受环境影响   D．可获得长期的环境质量记录
   E．可获得完整的、大量的房地产市场记录
3. 在环境集中制评估方法中，基于费用或价格的评价结果，通常可作为环境影响价值低限值的方法有（ ）。
   A．反向评估法   B．机会成本法
   C．防护费用法   D．人力自本法   E．成果参照法
4. 根据《中华人民共和国环境影响评价法》的规定，国务院部门、设区的市级以上地方人民政府及其有关部门组织编制的（ ），需要进行环境影响评价。
   A．区域的建设开发利用规划   B．海域的建设利用规划
   C．乡镇建设的专项规划   D．畜牧业的专项规划
   E．社会发展的专项规划

5. 根据《规划环境影响评价条例》，环境影响评价报告书书面审查意见应当包括（   ）。
   A．评价方法的适当性　　　　　　B．环境影响分析的前瞻性
   C．环境影响评价结论的有效性　　D．公众意见采纳与否及其理由的合理性
   E．基础资料、数据的真实性

6. 下列关于规划环境影响跟踪评价的说法，正确的是（   ）。
   A．对环境有重大影响的规划实施后应进行跟踪评价
   B．大型国企的发展规划实施后应进行跟踪评价
   C．应由编制机关及时组织环境影响的跟踪评价
   D．跟踪评价无须征求公众意见
   E．跟踪评价过程中，发现有明显不良环境影响的，应及时提出改进措施

四、简答题

1. 什么是环境影响评价？其意义是什么？
2. 建设项目环境影响评价报告书主要内容有哪些？环境影响报告表与环境影响登记表的填写要求及内容有何不同？
3. 简述建设项目环境影响评价工作程序。
4. 什么是规划环境影响评价？其适用范围是什么？
5. 规划环境影响评价的内容有哪些？
6. 环境影响经济损益分析的步骤一般有哪些？
7. 标准的环境影响评价方法有哪些？其中最常用的方法是什么？

五、实训题

某住宅小区建设工程的占地 15.8m^2，建筑面积 260637m^2。其中住宅建筑面积 239756m^2，配套设施建设 15000m^2。规划设计居住人口 2140 户，5992 人；机动车位 1045 个，其中地上 245 个，地下 800 个。配套公建主要包括设备用房、超市、一所三班幼儿园、车库。

该项目为一个大型村庄整体搬迁改造工程的三期工程。该村庄改造共计四期，改造工程采取边拆迁边改造的方法。项目用地南侧为拟迁建的某村居民住宅，东侧为一煤炭加工储运厂，西侧隔一条宽 40m 的城市主干道为一所中学，北侧为一高级写字楼，周围 100m 范围内建筑物最高为 40m。项目所在地周围水、电设施齐全，属于开发区污水处理厂汇水范围，但项目周边尚无市政污水管网。开发区建有集中供热锅炉，但是项目周边供热管网尚未接入。拟建项目所在的开发小区以前建有供热容量为 50t/h 燃煤锅炉，本供热锅炉原设计为项目邻近的小区提供热源，但是目前邻近小区供热方案发生了变化，未使用锅炉。

问题：

（1）该项目的工程分析主要包括哪几部分内容？
（2）项目环境现状调查包括哪些内容？重点调查什么？
（3）水环境影响预测应按照什么思路进行？
（4）大气环境影响预测按照采用开发区热力的方案考虑是否合适？在该项目环境影响评价中应如何考虑本开发区供热锅炉问题？
（5）该项目建设的外环境影响包括哪些内容？在施工期敏感点确定中如何考虑和解决南侧某村居民住宅的施工期环境影响问题？

项目 6 建设项目投资估算

教学目标

掌握投资估算的内容和建设投资估算的方法,理解静态建设投资的计算方法,熟练掌握建设期贷款利息的计算和流动资金的估算。

教学要求

知识要点	能力要求	相关知识	所占分值 (100 分)
建设项目投资估算的内容	掌握建设项目投资估算的内容	项目总投资、建设投资	20
建设投资估算	1. 了解建设投资简单估算法; 2. 掌握建设投资分类估算法	简单估算法、分类估算法	30
建设期利息估算	1. 了解建设期利息的概念; 2. 掌握建设期利息的估算方法	复利、有效利率	20
流动资金估算	熟练掌握流动资金估算的方法	流动资产、流动负债	30

▶▶项目导读

在中国三峡总公司成立 16 周年庆典大会上,三峡总公司总会计师杨亚说,三峡工程投资控制良好,在国家批准的初设概算内,预计建设完成,最终投资不超过 1800 亿元。

截至 2009 年 8 月底,三峡工程累计已完成投资约 1514.68 亿元。在目前累计完成的投资中,枢纽工程静态投资完成约 474.90 亿元,三峡库区移民静态投资约 411.93 亿元,价差约 334.50 亿元,贷款利息约 151.43 亿元,三峡库区移民概算外补偿费约 141.92 亿元。

据介绍,国家批准的三峡工程初步设计静态投资概算为 900.9 亿元(1993 年 5 月末价格),其中枢纽工程投资约 500.9 亿元、水库淹没处理及移民安置费用 400 亿元。按照 1994 年的物价水平、贷款利息等因素测算,工程动态总投资估算为 2039 亿元。

通过本项目的系统的学习,读者应了解建设项目的投资总额的构成,以及静态投资和动态投资的概念。

6.1 概　　述

引例 6-1

作为上海世博会永久性场馆之一,中国馆将是世博会园区的点睛之笔,位于世博会园区浦东区域的中心位置,东接云台路,南邻南环路,北靠北环路,西依上南路,总用地面积 6.52hm^2,轨道交通 8 号线从其地下穿过,预计总投资约 15 亿元。

【思考】

从投资估算的构成方面,思考一下中国馆的总投资的内容有哪些?

6.1.1 投资估算的内容

项目总投资由建设投资、建设期利息和流动资金构成,如图 6-1 所示。

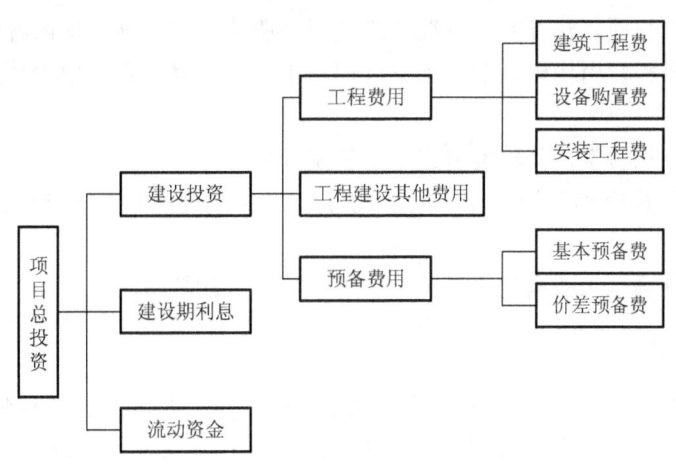

图 6-1　项目总投资的构成

(1) 建设投资是指在项目筹建与建设期间所花费的全部建设费用。按概算法分类包括工程费用、工程建设其他费用和预备费用，其中工程费用包括建筑工程费、设备购置费和安装工程费，预备费用包括基本预备费和涨价预备费。

(2) 建设期利息是指债务资金在建设期内发生并应计入固定资产原值的利息，包括借款(或债券)利息及手续费、承诺费、管理费等。

(3) 流动资金是项目运营期内长期占用并周转使用的营运资金。

> **知识提示**
>
> 工程项目建设投资中的建筑安装工程费、设备及工器具购置费，工程建设其他费用中的所含增值税进项税额，可以根据国家增值税相关规定予以抵扣，该可抵扣固定资产进项税额不得计入固定资产原值。

【思考】

投资估算对精度有什么要求？

6.1.2 投资估算的要求

建设项目决策阶段一般可分为投资机会研究、初步可行性研究、可行性研究、项目前评估4个阶段，由于不同阶段的工作深度和掌握的资料详细程度不同，投资估算应逐步细化，准确度应逐步提高，从而对项目投资起到有效的控制作用，见表6-1。

表6-1 建设项目决策的不同阶段对投资估算准确程度的要求

项目决策分析与评价的不同阶段	投资估算的允许误差率
投资机会研究阶段	±30%以内
初步可行性研究(项目建议书)阶段	±20%以内
可行性研究阶段	±10%以内
项目前评估阶段	±10%以内

虽然投资估算在具体数额上存在一定的误差，但必须达到以下要求。

(1) 估算范围与项目建设方案所涉及的范围、所确定的各项工程内容应相一致。

(2) 工程内容和费用构成齐全，计算合理，不重复计算或者漏项少算，不提高或者降低估算标准。

(3) 应做到方法科学、基础资料完整、依据充分。

(4) 当具体工程指标与所选指标存在标准或者条件差异时，应进行必要的换算或者调整。

(5) 估算的准确度应能满足建设项目决策不同阶段的要求。

> **知识提示**
>
> 国外大型投资项目的可行性研究一般包括投资机会研究、初步可行性研究和详细可行性研究3个阶段，我国的大型投资项目一般也把可行性研究分为3个阶段，只是在提法上有一定的区别，并没有实质的不同。

6.1.3 投资估算的依据与作用

1. 投资估算的依据

建设项目投资估算的依据包括以下几个方面。

(1) 专门机构发布的建设工程造价费用构成、估算指标、计算方法，以及其他有关工程造价的文件。

(2) 专门机构发布的工程建设其他费用估算办法和费用标准，以及有关机构发布的物价指数。

(3) 部门或行业制定的投资估算办法和估算指标。

(4) 拟建项目所需设备、材料的市场价格。

(5) 拟建项目建设方案确定的各项工程建设内容及工程量。

2. 投资估算的作用

(1) 投资估算是投资决策的依据之一。

(2) 投资估算是制定项目融资方案的依据。

(3) 投资估算是进行项目经济评价的基础。

(4) 投资估算是编制初步设计概算的依据，对项目的工程造价起控制作用。

建设项目投资估算的准确性，对项目评价和投资决策都有重大影响，因此必须慎重对待。

> **知识链接**
>
> (1) 投资估算用的项目总投资，包括建设投资、建设期利息和流动资金。
>
> (2) 作为计算资本金基数的总投资，是指投资项目的固定资产投资与铺底流动资金之和。铺底流动资金指的是流动资金中的非债务资金，占全部流动资金的 30%，而投资估算用的项目总投资则包含了全部流动资金。
>
> (3)《投资项目可行性研究指南》中的建设投资，由建筑工程费、设备购置费、安装工程费、工程建设其他费用、基本预备费、涨价预备费和建设期利息 7 项内容构成，其中前 5 项构成静态投资部分，后 2 项构成动态投资部分。本书采用的是《建设项目经济评价方法与参数》(第三版)中的用法，即建设投资由建筑工程费、设备购置费、安装工程费、工程建设其他费用、基本预备费、涨价预备费等内容构成，不包括建设期利息。

6.2 建设投资估算方法

【思考】

从投资估算的方法方面，思考一下建设投资的估算方法有哪些？

建设投资的估算方法有简单估算法和分类估算法。简单估算法有单位生产能力估算法、生产能力指数法、比例估算法、系数估算法和指标估算法等。

6.2.1 建设投资简单估算法

1. 单位生产能力估算法

单位生产能力估算法根据已建成的、性质类似的建设项目的单位生产能力投资乘以拟建项目的生产能力,来估算拟建项目的投资额。其计算公式为

$$y_2 = \frac{y_1}{x_1} \times x_2 \times f \tag{6-1}$$

式中:y_2——拟建项目的投资额;

y_1——已建类似项目的投资额;

x_1——已建类似项目的生产能力;

x_2——拟建项目的生产能力;

f——不同时期、不同地点的定额、单价、费用变更等的综合调整系数。

该方法将项目的建设投资与其生产能力的关系视为简单的线性关系,估算简便迅速,但精确度较差。使用这种方法要求拟建项目与所选取的已建项目相类似,仅存在规模大小和时间上的差异。

【例6-1】已知1997年建设污水处理能力10万m^3/d的污水处理厂的建设投资为16000万元,2005年拟建污水处理能力16万m^3/d的污水处理厂一座,工程条件与1997年已建项目类似,调整系数f为1.25,试估算该项目的建设投资。

解:$y_2 = \frac{y_1}{x_1} \times x_2 \times f = \frac{16000}{10} \times 16 \times 1.25 = 32000$(万元)

实际上单位生产能力估算法也可算是一种最为粗略的扩大指标法,一般只适用于机会研究阶段。

2. 生产能力指数法

生产能力指数法根据已建成的、性质类似的建设项目的生产能力和拟建项目的生产能力,来估算拟建项目投资额。其计算公式为

$$y_2 = y_1 \times \left(\frac{x_2}{x_1}\right)^n \times f \tag{6-2}$$

式中:n——生产能力指数。

其他符合含义同前。

式(6-2)表明建设项目的投资额与生产能力呈非线性关系。运用该方法估算项目投资必须要有合理的生产能力指数,不同性质的建设项目,n的取值是不同的。在正常情况下,$0 \leqslant n \leqslant 1$。若已建类似项目的规模和拟建项目的规模相差不大,$x_2$与$x_1$的比值为0.5~2,则指数$n$的取值近似为1;一般认为$x_2$与$x_1$的比值为2~50,且拟建项目规模的扩大仅靠增大设备规模来达到时,则n取值约为0.6~0.7;若靠增加相同规格设备的数量来达到时,则n取值为0.8~0.9。

采用生产能力指数法,其计算简单、速度快;但要求类似项目的资料可靠,条件基本

相同，否则误差就会增大。

【例6-2】 已知在某地兴建一座30万t合成氨的化肥厂，总投资为28000万元，假如现拟建45万t合成氨的工厂，合成氨的生产能力指数为0.81，调整系数为1.1，试估算该项目的投资。

解： $y_2 = y_1 \times \left(\dfrac{x_2}{x_1}\right)^n \times f = 28000 \times \left(\dfrac{45}{30}\right)^{0.81} \times 1.1 = 42774$（万元）

> **知识提示**
>
> 单位生产能力估算法将同类项目的投资额与其生产能力的关系简单地视为线性关系，与实际情况差距较大，因此运用该法进行估算得出的结果误差较大；生产能力指数法将同类项目的投资额与其生产能力的关系视为非线性关系，比较符合实际情况，因而投资估算值比单位生产能力估算法要准确一些。

3. 比例估算法

1）以拟建项目的设备购置费为基数进行估算

以拟建项目的设备购置费为基数进行估算是以拟建项目的设备购置费为基数，根据已建成的同类项目的建筑工程费和安装工程费占设备购置费的百分比，求出相应的建筑工程费和安装工程费，再加上拟建项目其他费用（工程建设其他费用和预备费等）。计算公式为

$$C = E(1 + f_1 p_1 + f_2 p_2) + I \tag{6-3}$$

式中：C——拟建项目的建设投资；

　　　E——拟建项目根据当时当地价格计算的设备购置费；

p_1、p_2——已建项目中建筑工程费和安装工程费占设备购置费的百分比；

f_1、f_2——由于时间因素引起的定额、价格、费用标准等综合调整系数；

　　　I——拟建项目的其他费用。

【例6-3】 某拟建项目设备购置费为15000万元，根据已建同类项目统计资料，建筑工程费占设备购置费的23%，安装工程费占设备购置费的9%，该拟建项目的其他有关费用估计为2800万元，调整系数均为1.1，试估算该项目的建设投资。

解： $C = E(1 + f_1 p_1 + f_2 p_2) + I$
$= 15000 \times [1 + (23\% + 9\%) \times 1.1] + 2800 = 23080$（万元）

2）以拟建项目的工艺设备投资为基数进行估算

以拟建项目的工艺设备投资为基数进行估算是以拟建项目的工艺设备投资为基数，根据同类型的已建项目的有关统计资料，各专业工程（总图、土建、暖通、给排水、管道、电气、电信及自控等）占工艺设备投资的百分比。求出拟建项目各专业工程的投资，然后把各部分投资相加求和，再加上拟建项目的其他费用，即为拟建项目的建设投资。

4. 系数估算法

1）朗格系数法

朗格系数法以设备购置费为基础，乘以适当系数（朗格系数）来推算项目的建设投资。

其计算公式为

$$C = E\left(1+\sum K_i\right)K_c \tag{6-4}$$

式中：C——建设投资；

E——设备购置费；

K_i——管线、仪表、建筑物等项费用的估算系数；

K_c——管理费、合同费、应急费等间接费在内的总估算系数。

其中，$\left(1+\sum K_i\right)K_c$ 为朗格系数 K_L，建设投资与设备购置费之比为朗格系数 K_L。即 $K_L = (1+\sum K_i)K_c$。

该方法比较简单，但因没有考虑项目投资的规模大小、设备材质的影响，以及自然、地理条件的影响，故估算的准确度不高。

2）设备及厂房系数法

该方法在拟建项目工艺设备投资和厂房土建投资估算的基础上，其他专业工程参照类似项目的统计资料，与设备关系较大的按设备投资系数计算，与厂房土建关系较大的按厂房土建投资系数计算，两类投资加起来，再加上拟建项目的其他有关费用，即为拟建项目的建设投资。

5. 估算指标法

估算指标是比概算指标更为扩大的单项工程指标或单位工程指标，以单项工程或单位工程为对象，综合项目建设中的各类成本和费用，具有较强的综合性和概括性。

单项工程指标一般以单项工程生产能力单位投资表示，变配电站以元/千伏安表示；锅炉房以元/蒸汽吨表示。单位工程指标一般以如下方式表示：房屋区别不同结构形式以元/米^{2}表示；道路区别不同结构层、面层以元/米^{2}表示；管道区别不同材质、管径以元/米表示。

使用估算指标应根据不同地区、不同时期的实际情况进行适当调整，因为地区、时期不同，设备、材料及人工的价格均有差异。

知识提示

估算指标法俗称扩大指标法，估算指标法的精确度相对比概算指标低，主要适用于初步可行性研究阶段，项目可行性研究阶段也可采用，主要是针对建筑安装工程费以及公用和辅助工程等配套工程。

6.2.2 建设投资分类估算法

建设投资分类估算法是对构成建设投资的各类投资，即工程费用、工程建设其他费用和预备费分类进行估算。项目可行性研究阶段，要求的投资估算精度较高，需通过工程量的计算，采用相对准确的分类估算法进行估算。

1. 建筑工程费估算

建筑工程费是指为建造永久性建筑物和构筑物所需要的费用，主要包括各类房屋建筑工程和列入房屋建筑工程的预算费用，列入建筑工程的各种管道、电力、电信和电缆导线敷设工程的费用；设备基础、支柱、工作台、烟囱、水塔、水池、灰塔等建筑工程以及各种窑炉的砌筑工程和金属结构工程的费用；建设场地的大型土石方工程、施工临时设施和完工后的场地清理等费用；矿井开凿、井巷延伸、露天矿剥离，石油、天然气钻井，修建铁路、公路、桥梁、水库、堤坝、灌渠及防洪等工程的费用。

（1）单位建筑工程投资估算法，是以单位建筑工程量投资乘以建筑工程总量来估算建筑工程费的方法。

（2）单位实物工程量投资估算法，是以单位实物工程量投资乘以实物工程量总量来估算建筑工程费的方法。

（3）概算指标投资估算法，在估算建筑工程费时，对于没有前两种估算指标，或者建筑工程费占建设投资比例较大的项目，可采用概算指标投资估算法。采用概算指标投资估算法，需要使用较为详细的工程资料、建筑材料价格和工程费用指标，工作量较大。

2. 设备购置费

设备购置费，包括国内设备购置费、进口设备购置费、备品备件和工器具及生产家具购置费。

1）国内设备购置费估算

国内设备购置费是指为建设项目购置或自制的达到固定资产标准的各种国产设备的购置费用。它由设备原价和设备运杂费构成。

（1）国产标准设备原价。国产标准设备是指按照主管部门颁布的标准图纸和技术要求，由国内设备生产厂批量生产的，符合国家质量检测标准的设备。国产标准设备原价一般指的是设备制造厂的交货价即出厂价，设备的出厂价分两种情况，一是带有备件的出厂价。二是不带备件的出厂价。一般应按带有备件的出厂价计算。

（2）国产非标准设备原价。国产非标准设备是指国家尚无定型标准，设备生产厂不可能采用批量生产，只能根据具体的设计图纸按订单制造的设备。

（3）设备运杂费。设备运杂费通常由运输费、装卸费、运输包装费、供销手续费和仓库保管费等各项费用构成。一般按设备原价乘以设备运杂费费率计算。按部门、行业或省、市的规定执行。

2）进口设备购置费估算

进口设备购置费由进口设备货价、进口从属费用及国内运杂费组成。

（1）进口设备的货价。进口设备货价按交货地点和方式的不同，分为离岸价(FOB)与到岸价(CIF)两种价格，一般多为离岸价。离岸价是货物成本价是指出口货物运抵出口国口岸交货的价格；到岸价是指进口货物抵达进口国口岸交货的价格，包括进口货物的离岸价、国外运费和国外运输保险费；进口设备货价可依据向有关生产厂商的询价、生产厂商的报价及订货合同价等研究确定。

(2) 进口从属费用。进口从属费用包括进口关税、进口环节消费税、进口环节增值税、外贸手续费和银行财务费等费用。

(3) 国内运杂费。国内运杂费通常由运输费、运输保险费、装卸费、包装费和仓库保管费等费用构成。

3) 工器具及生产家具购置费估算

工器具及生产家具购置费是指按照有关规定，为保证新建或扩建项目初期正常生产必须购置的第一套工卡模具、器具及生产家具的购置费用。一般以国内设备原价和进口设备离岸价为计算基数，按照部门或行业规定的工器具及生产家具费费率计算。

4) 备品备件购置费估算

设备购置费在大多数情况下，采用带备件的原价估算，不必另行估算备品备件费用；在无法采用带备件的原价、需要另行估算备品备件购置费时，应按设备原价及有关专业概算指标（费率）估算。

3. 安装工程费估算

1) 估算内容

(1) 生产、动力、起重、运输、传动和医疗、实验等各种需要安装的机电设备、专用设备、仪器仪表等设备的安装费。

(2) 工艺、供热、供电、给排水、通风空调、净化及除尘、自控、电信等管道、管线、电缆等的材料费和安装费。

(3) 设备和管道的保温、绝缘、防腐，设备内部的填充物等的材料费和安装费。

2) 估算方法

通常是根据行业或专门机构发布的安装工程定额、取费标准进行估算。具体计算可按安装费费率、每吨设备安装费指标或每单位安装实物工程量费用指标进行估算。计算公式为

$$安装工程费 = 设备原价 \times 安装费费率 \tag{6-5}$$

或

$$安装工程费 = 设备吨位 \times 每吨设备安装费指标 \tag{6-6}$$

或

$$安装工程费 = 安装工程实物量 \times 每单位安装实物工程量费用指标 \tag{6-7}$$

4. 工程建设其他费用估算

工程建设其他费用是指建设投资中除建筑工程费、设备购置费、安装工程费以外的，为保证工程顺利完成和交付使用后能够正常发挥效用而发生的各项费用，主要包括建设管理费、环境影响评价费、工程保险费、生产准备及开办费、建设用地费、研究试验费等。

5. 预备费用估算

1) 基本预备费估算

基本预备费是指在项目实施中可能发生，但在项目决策阶段难以预料的支出，需要事先预留的费用，又称工程建设不可预见费。其公式为

$$基本预备费=(工程费用+工程建设其他费用)×基本预备费费率$$

基本预备费包括以下费用项目。

(1) 在批准的设计范围内，技术设计、施工图设计及施工过程中所增加的工程费用；经批准的设计变更、工程变更、材料代用、局部地基处理等增加的费用。

(2) 一般自然灾害造成的损失和预防自然灾害所采取的措施费用。

(3) 竣工验收时为鉴定工程质量对隐蔽工程进行必要的挖掘和修复费用。

2) 价差预备费

价差预备费一般按下式计算：

$$PF = \sum_{t=1}^{n} I_t[(1+f)^m(1+f)^{0.5}(1+f)^{t-1}-1] \tag{6-8}$$

式中：PF——价差预备费；

N——建设期年数；

I_t——建设期第 t 年的投资计划额，即第 t 年的静态投资计划，包括工程费用、工程建设其他费用及基本预备费；

f——建设期价格上涨指数；

t——建设期第 t 年；

m——建设前期年限（从编制概算到开工建设年数）。

3) 涨价预备费估算

涨价预备费是对建设工期较长的项目，由于在建设期内可能发生材料、设备、人工等价格上涨引起投资增加而需要事先预留的费用，也称价格变动不可预见费。涨价预备费以分年的工程费用为计算基数，计算公式为

$$PC = \sum_{t=1}^{n} I_t[(1+f)^t - 1] \tag{6-9}$$

式中：PC——涨价预备费；

I_t——第 t 年的工程费用；

f——建设期价格上涨指数；

n——建设期。

知识提示

涨价预备费是价差预备费的一部分，而涨价预备费更多地是站在承包人的角度去计算的，因为它没有考虑从编制估算到项目开工这段时间投资的时间价值，而直接考虑从项目开工到竣工这段项目实施阶段的涨价风险；价差预备费是站在发包人的角度，考虑从编制估算开始一直到项目竣工这段时间的涨价风险。实际估算中，可依据具体情况进行估算。

【例 6-4】 某建设项目，建设期为 3 年，各年投资计划额如下，第一年投资 7200 万元，第二年投资 10800 万元，第三年投资 3600 万元，年均投资价格上涨率为 6%，求建设项目建设期间涨价预备费。

解：第一年涨价预备费为

$$PC_1 = I_1[(1+f)-1] = 7200 \times [(1+6\%)-1] = 432 \text{（万元）}$$

第二年涨价预备费为

$$PC_2 = I_2[(1+f)^2 - 1] = 10800 \times [(1+6\%)^2 - 1]$$
$$= 1334.88 \text{（万元）}$$

第三年涨价预备费为

$$PC_3 = I_3[(1+f)^3 - 1] = 3600 \times [(1+6\%)^3 - 1]$$
$$= 687.66 \text{（万元）}$$

所以，建设期的涨价预备费为 2454.54 万元。

> **知识提示**
>
> 建设投资是项目费用的重要组成，是项目财务分析的基础数据。根据前期研究各阶段对投资估算精度的要求、行业的特点和相关规定，可选用相应的投资估算方法。在估算出建设投资后需编制建设投资估算表，为后期的融资决策提供依据。

6.3 建设期利息估算

建设期利息是债务资金在建设期内发生并应计入固定资产原值的利息，包括借款（或债券）利息和融资费用（如手续费、承诺费、发行费、管理费等）。

为简化计算，建设期贷款一般按贷款计划分年均衡发放，建设期利息的计算通常假设借款发生当年均在年中使用，按半年计息，上年贷款按全年计息。对借款额在建设期各年年初发生的项目，则应按全年计息。计算公式为

$$q_j = \left(P_{j-1} + \frac{1}{2}A_j\right) \times i \tag{6-10}$$

式中：q_j——建设期第 j 年应计利息；

p_{j-1}——建设期第 $(j-1)$ 年年末贷款累计金额与利息累计金额之和；

A_j——建设期第 j 年贷款金额；

i——年利率。

知识提示

计息周期小于一年时，上述公式中的年利率应为有效利率，计算公式为

$$\text{有效年利率} = (1+r/m)^m - 1$$

式中：r——名义年利率；

m——每年计息次数。

项目在建设期内如能按期支付利息，应按单利计息；在建设期内如不支付利息，应按复利计息，且年利率采用年有效利率。

【例6-5】某新建项目，建设期为3年，分年均衡进行贷款，第一年贷款300万元，第二年贷款600万元，第三年贷款400万元，年利率为12%，建设期内利息只计息不支付，计算建设期贷款利息。

解：第一年借款利息

$$q_1 = \frac{1}{2} A_1 \times i = \frac{1}{2} \times 300 \times 12\% = 18 \text{（万元）}$$

第二年借款利息

$$q_2 = \left(p_1 + \frac{1}{2} A_2\right) \times i = \left(300 + 18 + \frac{1}{2} \times 600\right) \times 12\% = 74.16 \text{（万元）}$$

第三年借款利息

$$q_3 = \left(p_2 + \frac{1}{2} A_3\right) \times i = \left(318 + 600 + 74.16 + \frac{1}{2} \times 400\right) \times 12\%$$
$$= 143.06 \text{（万元）}$$

该项目的建设期利息为 $q_1 + q_2 + q_3 = 18 + 74.16 + 143.06 = 235.22 \text{（万元）}$

知识提示

按是否考虑利息的时间价值，利息的计算有单利和复利两类方法。

（1）单利：单利计息时，不管计息周期数有多大，仅用本金作计息基数，利息不再生利息，利息额与时间成正比。

$$I = P \times i \times n$$
$$F_n = P + I = P \times (1 + i \cdot n)$$

式中：I——利息；

P——本金；

F_n——本利和；

n——计息周期数；

i——相应计息周期的利率。

（2）复利：除最初的本金计算利息之外，每一计息周期已产生的利息要在下一个计息周期中也并入本金再生利息，这种计息方法称为复利，俗称"利滚利"。

$$F_n = P(1+i)^n$$

复利计算能比较符合客观地反映资金的活动情况。以后，若无特别声明，都采用复利计息法。

6.4 流动资金估算

【思考】

为保证企业正常生产经营的需要，必须有一定量的流动资金维持其周转，在周转过程中流动资金不断改变其自身的实物形态，其价值也随着实物形态的变化而转移到新产品中，并随着销售的实现而回收。那么，我们如何进行流动资金的估算呢？

流动资金是指项目运营期内长期占用并周转使用的营运资金，不包括运营中临时性需要的资金。

流动资金估算的基础主要是营业收入和经营成本。因此，应在营业收入和经营成本估算之后进行流动资金估算。流动资金估算方法包括扩大指标估算法和分项详细估算法，应依据行业或前期研究的不同阶段分别选用。

6.4.1 扩大指标估算法

扩大指标估算法是参照同类企业流动资金占营业收入的比例(营业收入资金率)或流动资金占经营成本的比例(经营成本资金率)或单位产量占用流动资金的数额来估算流动资金。

$$流动资金 = 年营业收入额 \times 营业收入资金率 \qquad (6-11)$$

$$流动资金 = 年经营成本 \times 经营成本资金率 \qquad (6-12)$$

$$流动资金 = 年产量 \times 单位产量占用流动资金额 \qquad (6-13)$$

6.4.2 分项详细估算法

分项估算法是对流动资产和流动负债主要构成要素，即存货、现金、应收账款、预付账款、应付账款、预收账款等项内容分项进行估算，最后得出项目所需要的流动资金数额。

$$流动资金 = 流动资产 - 流动负债 \qquad (6-14)$$

$$流动资产 = 应收账款 + 预付账款 + 存货 + 现金 \qquad (6-15)$$

$$流动负债 = 应付账款 + 预收账款 \qquad (6-16)$$

$$流动资金本年增加额 = 本年流动资金 - 上年流动资金 \qquad (6-17)$$

流动资金估算首先确定各分项的最低周转天数，计算出各分项的年周转次数，然后再分项估算流动资产和流动负债。

1. 各项流动资产和流动负债最低周转天数的确定

在确定最低周转天数时要根据项目的实际情况，并考虑一定的保险系数。如存货中的外购原材料、燃料的最低周转天数应根据不同来源，考虑运输方式和运输距离等因素分别确定。

2. 年周转次数计算

$$年周转次数 = \frac{360天}{最低周转天数} \quad (6\text{-}18)$$

> **知识提示**
>
> 周转次数是指流动资金的各个构成项目在一年内完成多少个生产过程。周转次数可用1年的天数（通常按360天计算）除以流动资金的最低周转天数计算。

3. 流动资产估算

流动资产是指可以在1年或者超过1年的一个营业周期内变现或耗用的资产，主要包括货币资金、短期投资、应收及预付款项、存货、待摊费用等。

1) 存货估算

存货是指企业在日常生产经营过程中持有以备出售，或者仍然处在生产过程，或者在生产或提供劳务过程中将消耗的材料或物料等，包括各类材料、商品、在产品、半成品、产成品等。为简化计算，项目评价中仅考虑外购原材料、外购燃料、在产品和产成品。

$$外购原材料 = \frac{年外购原材料费用}{外购原材料年周转次数} \quad (6\text{-}19)$$

$$外购燃料 = \frac{年外购燃料费用}{外购燃料年周转次数} \quad (6\text{-}20)$$

$$在产品 = \frac{年外购原材料、燃料、动力费 + 年工资或薪酬 + 年修理费 + 年其他制造费用}{在产品年周转次数}$$

$$(6\text{-}21)$$

$$产成品 = \frac{年经营成本 - 年其他营业费用}{产成品年周转次数} \quad (6\text{-}22)$$

2) 应收账款估算

$$应收账款 = \frac{年经营成本}{应收账款年周转次数} \quad (6\text{-}23)$$

3) 现金

现金是指货币资金，即为维持日常生产运营所必须预留的货币资金，包括库存现金和银行存款。

$$现金 = \frac{年工资或薪酬 + 年其他费用}{现金年周转次数} \quad (6\text{-}24)$$

$$其他费用 = 其他制造费用 + 其他管理费用 + 其他营业费用 + 技术转让费 + 研究与开发费 + 土地使用税 \quad (6\text{-}25)$$

4) 预付账款

$$预付账款 = \frac{预付的各类原材料、燃料或服务年费用}{预付账款年周转次数} \quad (6\text{-}26)$$

5) 流动负债的估算

流动负债是指将在1年(含1年)或者超过1年的一个营业周期内偿还的债务,包括短期借款、应付账款、预收账款、应付工资、应付福利费、应交税金、应付股利、预提费用等。

为简化计算,项目评价中仅考虑应付账款,将发生预收账款的某些项目,还可包括预收账款。

(1) 应付账款:因购买材料、商品或接受劳务等而发生的债务,是买卖双方在购销活动中由于取得物资与支付货款在时间上不一致而产生的负债。

$$应付账款 = \frac{年外购原材料、燃料、动力和其他材料费用}{应付账款年周转次数} \quad (6\text{-}27)$$

(2) 预收账款:买卖双方协议商定,由购买方预先支付一部分货款给销售方,从而形成销售方的负债。

$$预收账款 = \frac{预收的营业收入年金额}{预收账款年周转次数} \quad (6\text{-}28)$$

估算流动资金应编制流动资金估算表,见表6-2。

表6-2 流动资金估算表

序号	项目	最低周转天数	周转次数	计算期					
				1	2	3	4	…	n
1	流动资产								
1.1	应收账款								
1.2	存货								
1.2.1	原材料								
1.2.2	×××								
	……								
1.2.3	燃料								
	×××								
	……								
1.2.4	在产品								
1.2.5	产成品								
1.3	现金								
1.4	预付账款								
2	流动负债								
2.1	应付账款								
2.2	预收账款								
3	流动资金(1-2)								
4	流动资金当期增加额								

▶▶案例

某新建项目工程费用为 6000 万元,工程建设其他费用为 2000 万元,建设期为 3 年,基本预备费率为 5%,预计年平均价格上涨率为 3%,项目建设前期年限为 1 年,建设期为 3 年该项目的实施计划进度为:第 1 年完成项目全部投资的 20%,第 2 年完成项目全部投资的 55%,第 3 年完成项目全部投资的 25%。本项目有自有资金 4000 万元,其余为贷款,贷款年利率为 5%(按半年计息)。在投资过程中,先使用自有资金,然后向银行贷款。投产后的年营业收入为 7432 万元,年营业费用为 3430 万元,年经营成本为 5681 万元(年外购原材料 4125 万元,进口零部件 725 万元,外购燃料 27 万元,年工资福利费 228 万元,年其他费用 507 万元,年修理费 69 万元),年其他费用中的年其他制造费用为 304 万元。各项流动资金最低周转天数分别为:应收账款 40 天,预付账款 30 天,原材料 50 天,进口零部件 90 天,燃料 60 天,在产品 20 天,产成品 10 天,现金 15 天,应付账款 40 天,预收账款 30 天,试估算该项目的总投资。

解: 1. 基本预备费

基本预备费=(工程费用+工程建设其他费用)×基本预备费费率

$$= (6000+2000) \times 5\% = 400 (万元)$$

2. 价差预备费

静态投资=工程费+工程建设其他费+基本预备费=6000+2000+400=8400(万元)

第一年计划投资额:$I_1 = 8400 \times 20\% = 1680$(万元)

第一年价差预备费:$PF_1 = I_1[(1+3\%)^1(1+3\%)^{0.5}(1+3\%)^{1-1} - 1] \approx 76.16$(万元)

第二年计划投资额:$I_2 = 8400 \times 55\% = 4620$(万元)

第二年价差预备费:$PF_2 = I_2[(1+3\%)^1(1+3\%)^{0.5}(1+3\%)^{2-1} - 1] \approx 354.34$(万元)

第三年计划投资额:$I_3 = 8400 \times 25\% = 2100$(万元)

第三年价差预备费:$PF_3 = I_3[(1+3\%)^1(1+3\%)^{0.5}(1+3\%)^{3-1} - 1] \approx 228.89$(万元)

所以价差预备费为:

$$PC = PC_1 + PC_2 + PC_3 = 76.16 + 354.34 + 228.89 = 659.39 (万元)$$

3. 建设投资

建设投资=工程费+工程建设其他费+基本预备费+价差预备费

$$= 6000+2000+400+659.39 = 9059.39 (万元)$$

4. 建设期贷款利息

$$有效年利率 = \left(1 + \frac{5\%}{2}\right)^2 - 1 \approx 5.06\%$$

第 1 年投资计划额 = $9059.39 \times 20\% = 1811.88$(万元)

第 1 年不需要贷款。

第 2 年投资计划额 = $9059.39 \times 55\% \approx 4826.83$(万元)

第 2 年贷款额 = $1811.88 + 4982.67 - 4000 = 2794.55$(万元)

第 2 年贷款利息 $q_2 = \left(p_1 + \frac{1}{2}A_2\right) \times i = \left(\frac{1}{2} \times 2794.55\right) \times 5.06\% \approx 70.70$（万元）

第 3 年投资计划额 $= 9059.39 \times 25\% \approx 2264.85$（万元）

第 3 年贷款额 $= 2264.85$（万元）

第 3 年贷款利息 $q_3 = \left(p_2 + \frac{1}{2}A_3\right) \times i$

$= \left(2794.55 + 70.70 + \frac{1}{2} \times 2264.85\right) \times 5.06\%$

≈ 202.28（万元）

该项目的建设期利息为：$q_1 + q_2 + q_3 = 70.70 + 202.28 = 272.98$（万元）

5. 流动资金

应收账款年周转次数 $= 360 \div 40 = 9$（次）

预付账款年周转次数 $= 360 \div 30 = 12$（次）

原材料年周转次数 $= 360 \div 50 = 7.2$（次）

进口零部件年周转次数 $= 360 \div 90 = 4$（次）

燃料年周转次数 $= 360 \div 60 = 6$（次）

在产品年周转次数 $= 360 \div 20 = 18$（次）

产成品年周转次数 $= 360 \div 10 = 36$（次）

现金年周转次数 $= 360 \div 15 = 24$（次）

应付账款年周转次数 $= 360 \div 40 = 9$（次）

预收账款年周转次数 $= 360 \div 30 = 12$（次）

应收账款 $= \dfrac{\text{年经营成本}}{\text{应收账款年周转次数}} = \dfrac{5681}{9} \approx 631.22$（万元）

预付账款 $= \dfrac{\text{年外购原材料费用} + \text{进口零部件费用} + \text{外购燃料费用}}{\text{预付账款年周转次数}} = \dfrac{4125 + 725 + 27}{12} \approx 406.42$（万元）

外购原材料 $= \dfrac{\text{年外购原材料(费用)}}{\text{外购原材料年周转次数}} = \dfrac{4125}{7.2} \approx 572.92$（万元）

外购进口零部件 $= \dfrac{\text{年外购进口零部件费用}}{\text{外购进口零部件年周转次数}} = \dfrac{725}{4} = 181.25$（万元）

外购燃料 $= \dfrac{\text{年外购燃料费用}}{\text{外购燃料年周转次数}} = \dfrac{27}{6} = 4.5$（万元）

在产品 $= \dfrac{\text{年外购原材料费用} + \text{年进口零部件费用} + \text{年外购燃料费用} + \text{年工资福利费} + \text{年修理费} + \text{年其他制造费用}}{\text{在产品年周转次数}}$

$= \dfrac{4125 + 725 + 27 + 228 + 69 + 304}{18} \approx 304.33$（万元）

产成品 $= \dfrac{\text{年经营成本} - \text{年营业费用}}{\text{产成品年周转次数}} = \dfrac{5681 - 3430}{36} \approx 62.53$（万元）

$$现金 = \frac{年工资福利费 + 年其他费用}{现金年周转次数} = \frac{228 + 507}{24} \approx 30.63(万元)$$

$$应付账款 = \frac{年外购原材料费用 + 年进口零部件费用 + 年外购燃料费用}{应付账款年周转次数} = \frac{4125 + 725 + 27}{9} \approx 541.89(万元)$$

$$预收账款 = \frac{预收的年营业收入}{预收账款年周转次数} = \frac{7432}{12} \approx 619.33(万元)$$

流动资产 = 应收账款 + 预付账款 + 存货 + 现金 = 631.22 + 406.42 + 1125.53 + 30.63
= 2193.8(万元)

流动负债 = 应付账款 + 预收账款 = 541.89 + 619.33 = 1161.22(万元)

流动资金 = 流动资产 − 流动负债 = 2193.8 − 1161.22 = 1032.58(万元)

6. 项目总投资

项目总投资 = 建设投资 + 建设期利息 + 流动资金 = 9059.39 + 272.98 + 1032.58 = 10364.95(万元)

小 结

（1）项目总投资由建设投资、建设利息和流动资金构成。

（2）建设投资的估算方法有简单估算法和分类估算法。简单估算法有单位生产能力估算法、生产能力指数法、比例估算法、系数估算法和指标估算法等。建设投资分类估算法是对构成建设投资的各类投资，即工程费用、工程建设其他费用和预备费分类进行估算。

（3）建设期利息是债务资金在建设期内发生并应计入固定资产原值的利息，包括借款（或债券）利息和融资费用（如手续费、承诺费、发行费、管理费等）。

为简化计算，建设期贷款一般按贷款计划分年均衡发放，建设期利息的计算通常假设借款发生当年均在年中使用，按半年计息，上年贷款按全年计息。对借款额在建设期各年年初发生的项目，则应按全年计息。

（4）流动资金是指项目运营期内长期占用并周转使用的营运资金，不包括运营中临时性需要的资金。流动资金估算的基础主要是营业收入和经营成本。因此，应在营业收入和经营成本估算之后进行流动资金估算。流动资金估算方法包括扩大指标估算法和分项详细估算法，应依据行业或前期研究的不同阶段分别选用。

习 题

一、填空题

1．投资项目可行性研究与评价中的项目总投资由建设投资、_____和流动资金构成。

2．按照项目建设程序，经审定或批准的_____是编制初步设计的依据，报告中所估算的投资额是编制_____的依据。

3．_____是以设备购置费为基础，乘以适当系数来推算项目的建设投资。

4．采用_____时，需要占有较为详细的工程资料、建筑材料价格和工程费用指标，工作量较大。

二、单项选择题

1．投资估算的具体内容不包括（　　）。

项目6在线答题

A．建筑工程费　　　　　　　B．设备及工器具购置费
C．基本预备费　　　　　　　D．项目运行中需要的临时性资金

2．某项目建设期 3 年，共贷款 700 万元，第一年贷款 200 万元，第二年贷款 500 万元，贷款在各年年内均衡发生，贷款年利率 6%，建设期内不支付利息，建设期利息为（　　）万元。

A．33.36　　　B．54.72　　　C．77.36　　　D．100.00

3．投资项目可行性研究与评价中的项目总投资由（　　）构成。
A．建设投资和流动资金　　　　　　B．建设投资和建设期利息
C．固定资产投资和铺底流动资金　　D．建设投资、建设期利息和流动资金

4．初步可行性研究估算精度为（　　）。
A．±30%　　　B．±20%　　　C．±10%　　　D．以上都不对

三、简答题

1．建设期利息如何计算？
2．流动资金如何估算？
3．单利法和复利法有什么区别？
4．投资估算的作用有哪些？

四、实训题

1．已知某项目工程费用与工程建设其他费用合计为 10940 万元，基本预备费为其合计的 15%，项目建设前期年限为 1 年，建设期为 3 年，年均投资价格上涨率为 6%，各年投资计划额为第一年投入 30%，第二年投入 50%，第三年投入 20%，试估算该项目的价差预备费。

2．某生物农药项目依据市场开拓计划，确定计算期第 3 年（即投产第 1 年）生产负荷为 30%，计算期第 4 年生产负荷为 60%，计算期第 5 年起生产负荷为 100%。该项目经营成本数据见表 6-3，根据该项目生产、销售的实际情况确定其各项流动资产和流动负债的最低周转天数为：应收账款、应付账款均为 45 天；存货中各项原材料平均为 45 天，在产品为 4 天，产成品为 120 天；现金为 30 天；该项目不需外购燃料，一般也不发生预付账款和预收账款。据此估算该项目流动资金。

表 6-3　某生物农药项目的经营成本数据　　　　　　　　单位：万元

序号	收入或成本项目	第 3 年	第 4 年	第 5~12 年
1	经营成本（含进项税额）	5646.5	9089.7	13680.5
1.1	外购原材料（含进项税额）	2044.6	4089.2	6815.3
1.2	外购动力（含进项税额）	404.0	808.1	1346.8
1.3	工资	442.5	442.5	442.5
1.4	修理费	436.4	436.4	436.4
1.5	技术开发费	464.1	928.2	1547.0
1.6	其他制造费用	218.2	218.2	218.2
1.7	其他管理费用	1106.3	1106.3	1106.3
1.8	其他营业费用	530.4	1060.8	1768.0

项目 7

建设项目财务效益评估

教学目标

通过对本项目的学习，了解财务分析的概念、作用和内容；熟悉财务分析的内容和步骤；掌握各项财务效益和费用的估算；掌握项目投资现金流量分析；熟悉项目资本金、投资各方现金流量分析和静态分析；掌握偿债能力分析；了解财务生存能力分析。

教学要求

知识要点	能力要求	相关知识	所占分值（100分）
财务分析概述	1. 了解财务分析的概念、作用和内容； 2. 熟悉财务分析的内容和步骤	财务分析的概念、财务分析的内容和步骤、财务分析的基本原则	15
财务效益和费用估算	掌握各项财务效益和费用的估算	项目计算期、总成本费用、经营成本、营业税金及附加	25
财务盈利能力分析	1. 掌握项目投资现金流量分析； 2. 熟悉项目资本金、投资各方现金流量分析和静态分析	财务净现值、财务内部收益率、投资回收期、总投资收益率、资本金净利润率	35
偿债能力分析和财务生存能力分析	1. 掌握偿债能力分析； 2. 了解财务生存能力分析	利息备付率、偿债备付率、资产负债率、流动比率、速动比率	25

▶▶项目导读

建设项目财务分析是建设项目经济评价的重要组成部分，而建设项目经济评价是项目前期阶段工作的重要内容，对于加强固定资产宏观调控，提高投资决策的科学化水平，引导和促进各类资源合理配置，优化投资结构，减少和规避投资风险，充分发挥投资效益，都具有重要作用。对于一般项目，财务分析结果将对其决策、实施和运营产生重大影响，财务分析必不可少，当财务分析结果满足决策需要时，可以不进行国民经济分析。

7.1 财务分析概述

引例

某生物制药公司欲新上一药品生产项目，现有两套互斥方案可供选择，各方案现金流量见表 7-1(基准收益率为 15%)。

表 7-1 某公司药品生产项目现金流量表　　　　　　单位：万元

方案	项目				
	1	2	3	4	5
一	−6400	3000	2400	1500	900
二	−4800	2100	1600	800	2600

甲通过计算静态投资回收期指标，算出方案一比方案二投资回收期短，认为方案一比方案二的盈利能力和抗风险能力好一些，因此决定选择方案一。乙通过计算财务净现值指标，算出方案二的财务净现值比方案一大，认为方案二比方案一优，因此决定选择方案二。

【思考】

建设项目到底应该怎样进行财务分析？怎样通过财务分析的数据来进行正确的财务决策呢？

7.1.1 财务分析的概念

财务分析，又称为财务评价，是项目决策分析与评价中为判定项目财务可行性所进行的一项重要工件，是项目经济评价的重要组成部分，是投融资决策的重要依据。财务评价是在现行会计准则、会计制度、税收法规和价格体系下，通过财务效益与费用的预测，编制财务报表，计算评价指标，进行财务盈利能力分析、偿债能力分析和财务生存能力分析，据以评价项目的财务可行性。

7.1.2 财务分析的作用

(1) 项目决策分析与评价的重要组成部分。项目评价应从多角度、多方面进行，无论是项目的前评价、中间评价还是后评价，财务分析都是必不可少的重要内容。在项目的前评价——决策分析与评价的各个阶段中，无论是机会研究报告、项目建议书、初步可行性研究报告，还是可行性研究报告，财务分析都是其中的重要组成部分。

(2) 重要的决策依据。在经营性项目决策过程中，财务分析结论是重要的决策依据。项目发起人决策是否发起或进一步推进该项目，权益投资人决策是否投资该项目，债权人决策是否贷款给该项目，审批人决策是否批准该项目，这些都要以财务分析为依据。对于那些需要政府核准的项目，各级核准部门在做出是否核准该项目的决策时，许多相关财务数据可作为项目社会和经济影响大小的估算基础。

(3) 在项目或方案比选中起着重要作用。项目决策分析与评价的精髓是方案比选。在规模、技术、工程等方面都必须通过方案比选予以优化，财务分析结果可以反馈到建设方案构造和研究中，用于方案比选，优化方案设计，使项目整体更趋于合理。

(4) 财务分析中的财务生存能力分析对项目，特别是对非经营性项目的财务或持续性的考察起着重要作用。

7.1.3 财务分析的内容和步骤

1. 财务分析的内容

(1) 在明确项目评价范围的基础上，根据项目性质和融资方式选取适宜的方法。

(2) 选取必要的基础数据进行财务效益和费用的估算，包括营业收入、成本费用估算和相关税金估算等，同时编制相关辅助报表。以上内容是在为财务分析进行准备，也称财务分析基础数据与参数的确定、估算与分析。

(3) 进行财务分析，即编制财务分析报表和计算财务分析指标。财务分析包括盈利能力分析、偿债能力分析和财务生存能力分析。

(4) 在对初步设定的建设方案进行财务分析后，还应进行不确定性分析，包括盈亏平衡分析和敏感性分析。常常需要将财务分析的结果反馈，优化原设定的建设方案，有时甚至会对原初步设定的建设方案进行较大的调整。

【思考】

确定性分析和不确定性分析的主要区别是什么？

2. 财务分析的步骤

财务分析的步骤以及各部分的关系，包括财务分析与投资估算和融资方案的关系，见图7-1。

投资估算和融资方案是财务分析的基础，在实际操作过程中，三者互有交叉，在财务分析的方法和指标体系设置上体现了这种交叉。首先要做的是融资前的项目投资现金流量分析，其结果体现项目方案本身设计是否合理，用于投资决策以及方案或项目的比选。也就是考察项目是否基本可行，并值得为之融资。这对项目发起人、投资者、债权人和政府部门都是有用的。

如果第一步分析的结论是"可"，那么才有必要考虑融资方案，进行项目的融资后分析，包括项目资本金现金流量分析、偿债能力分析和财务生存能力分析等。融资后分析是比选融资方案，进行融资决策和投资者最终出资的依据。如果融资前分析结果不能满足要求，可返回对项目建设方案进行修改；若多次修改后分析结果仍不能满足要求，甚至可以做出放弃或暂时放弃项目的建议。

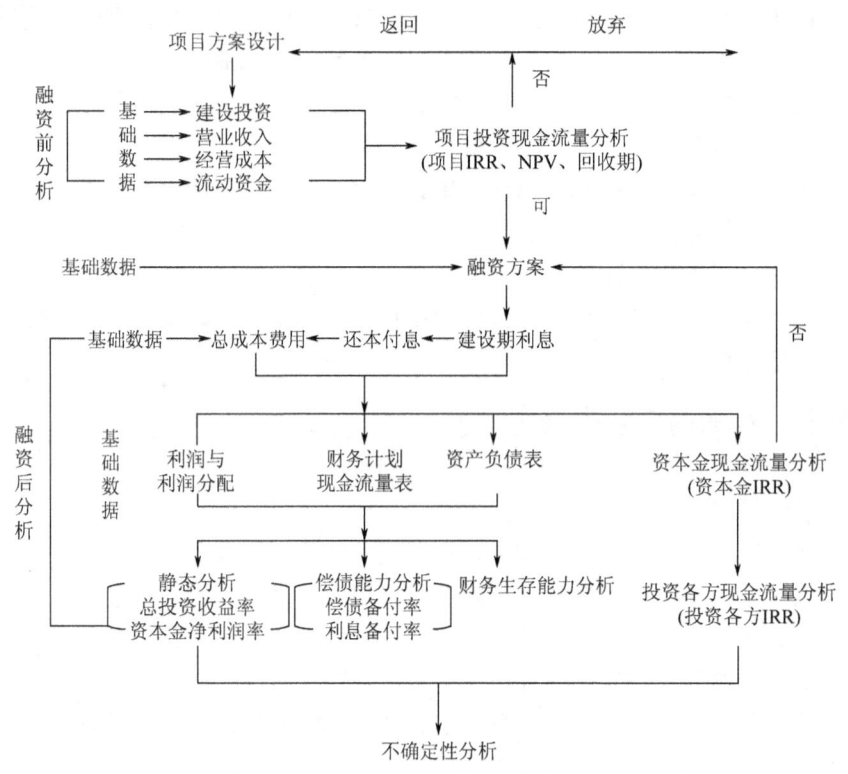

图 7-1　财务分析图

7.1.4　财务分析的基本原则

财务分析应遵循以下基本原则。

1. 费用与效益计算口径的一致性原则

为了正确评价项目的获利能力，必须遵循项目的直接费用与直接效益计算口径的一致性原则。如果在投资估算中包括了某项工程，那么因建设该工程增加的效益就应该考虑，否则就低估了项目的效益；反之，如果考虑了该工程对项目效益的贡献，但投资却没计算进去，那么项目的效益就被高估。只有将投入和产出的估算限定在同一范围内，计算的净效益才是投入的真实回报。

2. 费用和效益识别的有无对比原则

有无对比是国际上项目评价通用的识别费用与效益的基本原则，项目评价的许多方面都需要遵循这条原则。所谓"有"是指实施项目的将来状况，"无"是指不实施项目的将来状况。在识别项目的效益和费用时，须注意只有"有无对比"的差额部分才是由于项目的建设增加的效益和费用,即增量效益和费用。因为即使不实施该项目,现状也很可能发生变化,例如,农业灌溉项目,若没有该项目,将来的农产品产量也会由于气候、施肥、种子、耕作技术的变化而变化;再如计算交通运输项目效益的基础——车流量,无该项目也会由于地域经济的变化而改变。采用有无对比的方法,就是为了识别那些真正应该算作项目效益的部分,即增量效益,排除那些由于其他原因产生的效益;同时也要找出与增量效益相对应的增量费用,只有这样才能真正体现项目投资的净效益。

3. 动态分析与静态分析相结合,以动态分析为主的原则

国际通行的财务分析都以动态分析为主,即根据资金时间价值原理,考虑项目整个计算期内各年的效益和费用,采用现金流量分析的方法,计算内部收益率和净现值等评价指标。我国分别于1987年、1993年和2006年由国家发改委和住建部发布施行的《建设项目经济评价方法与参数》(以下简称《方法与参数》)第一版、第二版以及第三版,都采用了动态分析与静态分析相结合,以动态分析为主的原则制定出一整套项目经济评价方法与指标体系。2002年由国家计委办公厅发文试行的《投资项目可行性研究指南》(以下简称《指南》)同样采用了这条原则。

4. 基础数据确定的稳妥原则

财务分析结果的准确性取决于基础数据的可靠性,财务分析中所需要的大量基础数据都来自预测和估计,难免有不确定性。为了使财务分析结果能提供较为可靠的信息,避免人为的乐观估计所带来的风险,更好地满足投资决策需要,在基础数据的确定和选取中遵循稳妥原则是十分必要的。

知识链接

资金的时间价值是指资金在扩大再生产及循环周转过程中,随着时间变化而产生的资金增值或经济效益。如考虑时间价值则称为动态分析,反之为静态分析。

7.2 财务效益和费用估算

【思考】

从财务分析的角度,思考一下哪些参数是财务效益?哪些参数是财务费用?哪些参数既不是财务效益,又不是财务费用?

这里所指的财务效益和费用是指项目运营期内企业获得的收入和支出,主要包括营业收入、成本费用和有关税金等。

7.2.1 项目计算期

项目财务效益与费用的估算涉及整个计算期的数据。项目计算期是指对项目进行经济评价应延续的年限,是财务分析的重要参数,包括建设期和运营期。

1. 建设期

评价用的建设期是指从项目资金正式投入起到项目建成投产止所需的时间。建设期的确定应综合考虑项目的建设规模、建设性质(新建、扩建和技术改造)、项目复杂程度、当地建设条件、管理水平与人员素质等因素,并与项目进度计划中的建设工期相协调。项目进度计划中的建设工期是指从项目主体工程正式破土动工起到项目建成投产止所需要的时间,两者的终点相同,起点可能有差异,对于既有法人融资的项目,评价用的建设期与建设工期一般无差异。但新设法人项目需先注册企业,届时就需要投资者投入资金,其后项目才开工建设,因而两者的起点会有差异。根据项目的实际情况,评价用建设期可能大于或等于项目实施进度中的建设工期。

2. 运营期

评价用运营期应根据多种因素综合确定,包括行业特点、主要装置(或设备)的经济寿命期(考虑主要产出物所处生命周期、主要装置综合折旧年限等)等。

对于中外合资项目还要考虑双方商定的合资年限,在按上述原则估定评价用运营期后,还要与合资生产年限相比较,再按两者孰短的原则确定。

7.2.2 营业收入

营业收入是指销售产品或提供服务取得的收入,是项目财务效益的主体。对于销售产品的项目,营业收入即为销售收入。在估算营业收入的同时,往往还要完成相关流转税金,主要指营业税、增值税、消费税以及营业税金附加等的估算。

在项目决策分析与评价中,营业收入的估算基于一项重要假定,即当年的产品当年全部销售,也就是当年商品量等于当年销售量。营业收入估算的具体要求如下。

1. 合理确定运营负荷

计算营业收入,首先要正确估计各年运营负荷(或称生产能力利用率)。运营负荷指项目运营过程中负荷达到设计能力的百分数,它的高低与项目复杂程度、产品生命周期、技术成熟程度、市场开发程度、原材料供应、配套条件、管理因素等都有关系。在市场经济条件下,如果其他方面没有大的问题,运营负荷的高低应主要取决于市场。项目通过对市场和营销策略进行研究,结合其他因素研究确定分年运营负荷,作为计算各年营业收入和成本费用的基础。常见的做法是:设定一段低负荷的投产期,以后各年均按达到设计能力计。

运营负荷的确定一般有两种方式:一是经验设定法,即根据以往项目的经验,结合该项目的实际情况,粗估各年的运营负荷,以设计能力的百分数表示;二是营销计划法,通过制订详细的分年营销计划,确定各种产出物各年的生产量和商品量。应提倡采用第二种方式。

2. 合理确定产品或服务的价格

为提高营业收入估算的准确性,应遵循前述稳妥原则,采用适宜的方法,合理确定产品或服务的价格。

3. 多种产品分别估算或合理折算

对于生产多种产品和提供多项服务的项目,应分别估算各种产品及服务的营业收入。对那些不便于按详细的品种分类计算营业收入的项目,也可采取折算为标准产品的方法计算营业收入。

4. 编制营业收入估算表

营业收入估算表格式可随行业和项目而异,项目的营业收入估算表格可同时列出各种应缴营业税金及附加以及增值税。表 7-2 给出了一种简化的格式。

【例 7-1】某公司欲投资生产一种电子新产品,设计生产能力是每年 250 万只。该项目拟 2015 年建设,2016 年投产。由于是新产品,需要大量的营销活动拓展市场,根据市场预测及产品营销计划安排,投产当年(计算期第二年)生产负荷可以达到 30%,投产后第二年达到 60%,第三年和第四年达到 90%。预计第五年开始出现竞争对手或替代产品,以后生产负荷开始下降,第八年寿命周期结束。价格研究预测结果表明,该产品价格将先高后低。各年的生产负荷、价格、营业收入估算见表 7-2。

表 7-2 某项目营业收入估算表

年份	1	2	3	4	5	6	7	8
生产负荷	0	30%	60%	90%	90%	70%	50%	10%
设计生产能力(万只)	250	250	250	250	250	250	250	250
预测销售量	0	75	150	225	225	175	125	25
产品售价(元/只)	50	39	36	35	35	26	20	18
营业收入(万元)	0	2925	5400	7875	7875	4550	2500	450

注:预测销售量是生产负荷与设计生产能力的乘积,营业收入是预测销售量与产品售价的乘积。

7.2.3 成本与费用

1. 成本与费用的概念

按照《企业会计准则——基本准则》,费用是指企业日常活动中发生的会导致所有者权益减少的、与向所有者分配利润无关的经济利益的总流出。费用只有在经济利益很可能流出从而导致企业资产减少或者负债增加,且经济利益的流出额能够可靠计量时才能予以确认。企业为生产产品、提供劳务等发生的费用可归属于产品成本、劳务成本;其他符合费用确认要求的支出,应当直接作为当期损益列入利润表(主要有管理费用、财务费用和营业费用)。在项目财务分析中,为了对运营期间的总费用一目了然,将管理费用、财务费用和营业费用这三项费用与生产成本合并为总成本费用。这是财务分析相对会计规定所做的不同处理,但并不会因此影响利润的计算。

2. 成本与费用的种类

项目决策分析与评价中,成本与费用按其计算范围可分为单位产品成本和总成本费用；按成本与产量的关系分为固定成本和可变成本；按会计核算的要求有生产成本或称制造成本；按财务分析的特定要求有经营成本。

3. 成本与费用的估算要求

(1) 成本与费用的估算，原则上应遵循国家现行《企业会计准则》和《企业会计制度》规定的成本和费用核算方法，同时应遵循有关税法中准予在所得税前列支科目的规定。当两者有矛盾时，一般应按从税的原则处理。

(2) 结合运营负荷，分年确定各种投入的数量，注意成本费用与收入的计算口径对应一致。

(3) 合理确定各项投入的价格，并注意与产出价格体系的一致性。

(4) 各项费用划分清楚，防止重复计算或低估漏算。

(5) 成本费用估算的行业性很强，应注意根据项目具体情况增减其构成科目或改变名称，反映行业特点。

4. 总成本费用估算

总成本费用是指在一定时期(项目评价中一般指一年)为生产和销售产品或提供服务而发生的全部费用。总成本费用的估算通常有以下两种方法。

1) 生产成本加期间费用法

$$总成本费用 = 生产成本 + 期间费用 \tag{7-1}$$

$$生产成本 = 直接材料费 + 直接燃料和动力费 + 直接工资或薪酬 + 其他直接支出 + 制造费用 \tag{7-2}$$

$$期间费用 = 管理费用 + 财务支出 + 营业费用 \tag{7-3}$$

项目评价中一般只考虑财务费用中的利息支出，式(7-3)可改写为

$$期间费用 = 管理费用 + 利息支出 + 营业费用 \tag{7-4}$$

采用这种方法一般需要先分别估算各种产品的生产成本，然后与估算的管理费用、利息支出和营业费用相加。由于该法过于复杂，通常较少采用。

2) 生产要素估算法

$$总成本费用 = 外购原材料、燃料及动力费 + 工资或薪酬 + 折旧费 + 摊销费 + 修理费 + 利息支出 + 其他费用 \tag{7-5}$$

下面以生产要素估算法总成本费用构成公式为例，分别说明总成本费用各分项的估算要点。

(1) 外购原材料、燃料及动力费。外购原材料和燃料动力费的估算需要以下基础数据。

① 相关专业所提出的外购原材料和燃料动力年耗用量。

② 原材料和燃料动力的价格，应按入库价格计算，即到厂价格并考虑途库耗量；或者按到厂价格计算，同时把途库耗量换算到年耗用量中。

$$\text{外购原材料} = \sum(\text{某种原材料的年耗用量} \times \text{该种原材料的单价}) \tag{7-6}$$

外购燃料及动力的估算,可以按照外购原材料的测算方法分别估算,最后汇总。

(2) 工资或薪酬。财务分析中的工资或薪酬,是指企业为获得职工提供的服务而给予各种形式的报酬,通常包括职工工资、奖金、津贴和补贴等。

按照生产要素估算法估算总成本费用时,所采用的职工人数为项目全部定员。

确定工资或薪酬时需考虑项目地点、行业特点、平均或分档工资或薪酬等因素。

工资或薪酬的估算可以采用以下两种方法。

① 按整个企业的职工定员数和人均年工资额估算年工资总额,其计算公式为

$$\text{年工资成本} = \text{企业职工定员数} \times \text{人均年工资额} \tag{7-7}$$

② 按照不同的工资级别对职工进行划分,分别估算不同级别职工的工资,然后再加以汇总。

(3) 固定资产原值和折旧费。

① 固定资产与固定资产原值。固定资产是指同时具有为生产商品、提供劳务、出租或经营管理而持有的,使用寿命超过一个会计年度特征的有形资产。

固定资产原值是指项目投产时按规定由投资形成固定资产的部分,包括工程费用(建筑工程费、安装工程费、设备购置费)和工程建设其他费用中应计入固定资产原值的部分,也称固定资产其他费用,即除了按规定可以计入无形资产和其他资产以外的工程建设其他费用,一般包括建设单位管理费、勘察设计费、可行性研究费、环境影响评价费、场地准备及临时设施费、引进技术和引进设备其他费、工程保险费和联合试运转费等,还包括预备费和建设期利息。

按照生产要素估算法估算总成本费用时,在折旧计算中需要的是项目全部固定资产原值。

② 固定资产折旧。固定资产折旧是指在固定资产使用过程中,随着资产损耗而逐渐转移到产品成本费用中的那部分价值。将折旧费计入总成本费用是企业回收固定资产的一种手段。财务分析中,折旧费通常按年计列。按生产要素法估算总成本费用时,固定资产折旧费可直接列支于总成本费用中。符合税法的折旧费允许在所得税前列支。

固定资产的折旧方法可在税法允许的范围内由企业自行确定。一般采用直线法,包括年限平均法和工作量法。税法也允许对某些机器设备采用快速折旧法,即双倍余额递减法和年数总和法。

上述各种方法的计算公式如下。

a. 年限平均法。

$$\text{年折旧率} = \frac{1 - \text{预计残值率}}{\text{折旧年限}} \times 100\% \tag{7-8}$$

$$\text{年折旧额} = \text{固定资产原值} \times \text{年折旧率} \tag{7-9}$$

b. 工作量法。

工作量法又分为两种:一种是按照行驶里程计算折旧;另一种是按照工作小时计算折旧。其计算公式如下。

按照行驶里程计算折旧的公式：

$$单位里程折旧额 = \frac{固定资产原值 \times (1-预计净残值率)}{总行驶里程} \quad (7\text{-}10)$$

$$年折旧额 = 单位里程折旧额 \times 年行驶里程 \quad (7\text{-}11)$$

按照工作小时计算折旧的公式：

$$每工作小时折旧额 = \frac{固定资产原值 \times (1-预计净残值率)}{总工作小时} \quad (7\text{-}12)$$

$$年折旧额 = 每工作小时折旧额 \times 年工作小时 \quad (7\text{-}13)$$

c. 双倍余额递减法。

$$年折旧率 = \frac{2}{折旧年限} \times 100\% \quad (7\text{-}14)$$

$$年折旧额 = 年初固定资产净值 \times 年折旧率 \quad (7\text{-}15)$$

$$年初固定资产净值 = 固定资产原值 - 以前各年累计折旧 \quad (7\text{-}16)$$

实行双倍余额递减法的，应在折旧年限到期前将固定资产净值扣除净残值后的净额平均摊销。

d. 年数总和法。

$$年折旧率 = \frac{折旧年限 - 已使用年限}{折旧年限 \times (折旧年限 + 1) \div 2} \times 100\% \quad (7\text{-}17)$$

$$年折旧额 = (固定资产 - 预计净残值) \times 年折旧率 \quad (7\text{-}18)$$

几种折旧方法的比较：在上述几种折旧方法中，按年限平均法计算的各年折旧率和年折旧额都相同；而按双倍余额递减法计算的各年折旧率虽相同，但年折旧额因按固定资产净值计算，故逐年变小；按年数总和法进行计算时，虽按原值进行计算，但因各年折旧率逐渐变小，故年折旧额逐年变小。但无论按哪种方法计算，只要折旧年限相同，所取净残值率也相同，在设定的折旧年限内，总折旧额是相同的。只是按后两种方法，在折旧年限前期折旧额大，以后逐年变小，故称快速折旧法或加速折旧法。

【例 7-2】设固定资产原值为 10000 万元，综合折旧年限为 5 年，净残值率为 5%，试分别按年限平均法、双倍余额递减法和年数总和法计算折旧。

解：(1) 年限平均法。

$$年折旧率 = \frac{1-5\%}{5} \times 100\% = 19\%$$

$$年折旧额 = 10000 \times 19\% = 1900(万元)$$

(2) 双倍余额递减法。

$$年折旧率 = \frac{2}{5} \times 100\% = 40\%$$

第 1 年折旧额=10000×40%=4000（万元）

第 2 年折旧额=(10000−4000)×40%=2400（万元）

第 3 年折旧额=(10000−4000−2400)×40%=1440（万元）

第 4、5 年折旧额=[(10000−4000−2400−1440)−(10000×5%)]÷2=830（万元）

(3) 年数总和法：

第 1 年折旧率=$\dfrac{5-0}{5\times(5+1)\div 2}\times 100\%\approx 33.33\%$

第 1 年折旧额=(10000−10000×5%)×33.33%≈3166.35（万元）

第 2 年折旧率=$\dfrac{5-1}{5\times(5+1)\div 2}\times 100\%\approx 26.67\%$

第 2 年折旧额=(10000−10000×5%)×26.67%=2533.65（万元）

第 3 年折旧率=$\dfrac{5-2}{5\times(5+1)\div 2}\times 100\%=20\%$

第 3 年折旧额=(10000−10000×5%)×20%=1900（万元）

第 4 年折旧率=$\dfrac{5-3}{5\times(5+1)\div 2}\times 100\%\approx 13.33\%$

第 4 年折旧额=(10000−10000×5%)×13.33%=1266.35（万元）

第 5 年折旧率=$\dfrac{5-4}{5\times(5+1)\div 2}\times 100\%\approx 6.67\%$

第 5 年折旧额=(10000−10000×5%)×6.67%=633.65（万元）

> **知识提示**
>
> 可以看出以上分别按 3 种方法计算的 5 年折旧费总额都为 9500 万元。同时也可以看出，如果不计净残值率，采用双倍余额递减法估算的第 1 年的折旧额是采用年限平均法的 2 倍。

(4) 固定资产修理费。固定资产修理费是指为保持固定资产的正常运转和使用，充分发挥其使用效能，在运营期内对其进行必要修理所发生的费用，按其修理范围的大小和修理时间的长短可以分为大修理和中小修理。

项目决策分析与决策中修理费可直接按固定资产原值（扣除所含的建设期利息）的一定百分数估算，百分数的选取应考虑行业和项目特点。

(5) 无形资产摊销费。无形资产，是指企业拥有或者控制的没有实物形态的可辨认非货币性资产，包括专利权、非专利技术、商标权、著作权、土地使用权和特许权等。

按照有关规定，无形资产从开始使用之日起，在有效使用期内平均摊入成本。法律或合同规定了法定有效期限或者受益年限的，摊销年限从其规定，否则摊销年限应注意符合税法的要求。无形资产的摊销一般采用年限平均法，不计残值。

(6) 其他资产摊销费。其他资产原称递延资产，是指除固定资产、无形资产和流动资产之外的其他资产，如长期待摊费用。关于投资中哪些费用可转入其他资产，有关制度和规定中不完全一致。项目决策分析与评价中可将生产准备费、开办费、样品样机购置费和农业项目的开荒费等直接形成其他资产。其他资产的摊销也采用年限平均法，不计残值，其摊销年限应注意符合税法的要求。

(7) 其他费用。其他费用包括其他制造费用、其他管理费用和其他营业费用这三项费用，是指由制造费用、管理费用和营业费用中分别扣除工资或薪酬、折旧费、摊销费和修理费等以后的其余部分。

① 其他制造费用。制造费用是产品生产成本的重要组成部分。制造费用指企业为生产产品和提供劳务而发生的各项间接费用，但不包括企业行政管理部门为组织和管理和生产经营活动而发生的管理费用。

前期阶段为了简化计算常将制造费用归类为生产单位(分厂或车间)管理人员工资或薪酬、折旧费、修理费和其他制造费用几部分。其他制造费用是指由制造费用中扣除工资或薪酬、折旧费、修理费后的其余部分。项目决策分析与评价中常见的估算方法有：按固定资产原值(扣除所含的建设期利息)的百分数估算；按人员定额估算。

② 其他管理费用。管理费用是指企业行政管理部门为组织和管理企业生产经营活动所发生的费用。为了简化计算，前期阶段常将管理费用归类为行政管理人员工资或薪酬、折旧费、无形资产和其他资产摊销费、修理费和其他管理费用几部分。其他管理费用是指由管理费用中扣除工资或薪酬、折旧费、无形资产和其他资产摊销费、修理费以后的其余部分。

前期阶段常见的其他管理费用估算方法是取工资或薪酬总额的倍数或按人员定额估算。

③ 其他营业费用。营业费用是指企业在销售商品过程中发生的各项费用以及专设销售机构的各项经费，还包括企业委托其他单位代销产品时所支付的委托代销手续费。为了简化计算，前期阶段常将营业费用归类为销售人员工资或薪酬、折旧费、修理费和其他营业管理费用几部分。其他营业费用是指由营业费用中扣除工资或薪酬、折旧费和修理费以后的其余部分。

前期阶段常见的其他营业费用估算方法是按营业收入的百分数估算。

(8) 利息支出。按照现行财税规定，可以列支于总成本费用的是财务费用，是指企业为筹集所需资金等而发生的费用，包括利息支出、汇兑损失及相关的手续费等。在前期阶段中，一般只考虑利息支出。利息支出的估算包括长期借款利息(即建设投资借款在投产后需支付的利息)、用于流动资金的借款利息和短期借款利息三部分。

① 建设投资借款利息。建设投资借款一般是长期借款。建设投资借款利息是指建设投资借款在还款起始年年初(通常也是运营期初)的余额(含未支付的建设期利息)应在运营期支付的利息，这部分资金通行的还本付息方法主要有等额还本付息和等额还本、利息照付两种，有时也可采取其他方法。

a. 等额还本付息方式。等额还本付息方式是在指定的还款期内每年还本付息的总额相同，随着本金的偿还，每年支付的利息逐年减少，同时每年偿还的本金逐年增多。还本付息计算公式如下：

$$A = I_c \times \frac{i(1+i)^n}{(1+i)^n - 1} \tag{7-19}$$

式中： A——每年还本付息额；

I_c——还款起始年年初的借款余额（含未支付的建设期利息）；

i——年利率；

n——预定的还款期；

$\dfrac{i(1+i)^n}{(1+i)^n - 1}$——资金回收系数

在每年还本付息额 A 中：

每年支付利息=年初借款余额×年利率

每年偿还本金=A-每年支付利息

以后各年年初借款余额=I_c-本年以前各年偿还的本金累计

b. 等额还本、利息照付方式。等额还本、利息照付方式是在每年等额还本的同时，支付逐年相应减少的利息。还本付息计算公式为

$$A_t = \frac{I_c}{n} + I_c \times \left(1 - \frac{t-1}{n}\right) \times i \tag{7-20}$$

式中： A_t——第 t 年还本付息额；

$\dfrac{I_c}{n}$——每年偿还本金额；

$I_c \times \left(1 - \dfrac{t-1}{n}\right) \times i$——第 t 年支付利息额。

【例 7-3】若还款年年初的借款余额为 1000 万元，年利率为 5%，预定的还款期为 5 年，试分别按等额还本付息方式和等额还本、利息照付方式计算每年的还本额和付息额各是多少。

解：（1）等额还本付息方式。

$$A = 1000 \times \frac{5\%(1+5\%)^5}{(1+5\%)^5 - 1} = 1000 \times (A/P, 5\%, 5) = 230.97 (万元)$$

第 1 年付息：1000×5%=50(万元)

还本：230.97-50=180.97(万元)

第 2 年付息：(1000-180.97)×5%=40.95(万元)

还本：230.97-40.95=190.02(万元)

第 3 年付息：(1000-180.97-190.02)×5%=31.45

还本：230.97-31.45=199.52(万元)

第 4 年付息：(1000-180.97-190.02-199.52)×5%=21.47(万元)

还本：230.97-21.47=209.50(万元)

第 5 年付息：（1000–180.97–190.02–199.52–209.50）×5%=11.00（万元）

还本：230.97–11=219.97（万元）

（2）等额还本、利息照付方式。

每年偿还本金额=1000/5=200（万元）

第 1 年付息=1000×[1–(1–1)/5]×5%=50（万元）

第 2 年付息=1000×[1–(2–1)/5]×5%=40（万元）

第 3 年付息=1000×[1–(3–1)/5]×5%=30（万元）

第 4 年付息=1000×[1–(4–1)/5]×5%=20（万元）

第 5 年付息=1000×[1–(5–1)/5]×5%=10（万元）

计算得出的各年利息，分别计入各年总成本费用中的利息支出科目。

② 流动资金借款利息。财务分析中对流动资金的借款偿还一般设定在计算期最后一年。流动资金借款利息一般按当年年初流动资金借款余额乘以相应的借款年利率计算。

③ 短期借款利息。短期借款是指项目运营期间为了满足资金的临时需要而发生的短期借款，其利息应计入总成本费用的利息支出中。计算短期借款利息所采用的利率一般为一年期借款利率。

知识链接

常用的资金等值换算公式有以下 6 个公式。

(1) 一次支付终值公式。

$$F = P(1+i)^n = P \times (F/P, i, n)$$

(2) 一次支付现值公式。

$$P = F/(1+i)^n = F \times (P/F, i, n)$$

(3) 等额支付终值公式。

$$F = A \times \left[\frac{(1+i)^n - 1}{i}\right] = A \times (F/A, i, n)$$

(4) 等额支付偿债基金公式。

$$A = F \times \left[\frac{i}{(1+i)^n - 1}\right] = F \times (A/F, i, n)$$

(5) 等额支付现值公式。

$$P = A \times \left[\frac{(1+i)^n - 1}{i(1+i)^n}\right] = A \times (P/A, i, n)$$

(6) 等额支付资金回收公式。

$$A = P \times \left[\frac{i(1+i)^n}{(1+i)^n - 1}\right] = P \times (A/P, i, n)$$

公式中涉及的复利系数可参见附录 1 的复利系数表。

5. 经营成本

经营成本是项目决策分析与评价的现金流量分析中所采用的一个特定的概念,作为运营期内的主要现金流出。经营成本与融资方案无关。因此在完成建设投资和营业收入估算后,就可以估算经营成本,为项目融资前的现金流量分析提供数据。

经营成本的构成可用下式表示:

$$经营成本=外购原材料费+外购燃料及动力费+工资及福利费+修理费+其他费用 \qquad (7-21)$$

经营成本与总成本费用的关系如下:

$$经营成本=总成本费用-折旧费-摊销费-利息支出 \qquad (7-22)$$

6. 固定成本与可变成本

根据成本费用与产量的关系可以将总成本费用分解为可变成本、固定成本和半可变(或半固定)成本。固定成本是指不随产品产量变化的各项成本费用,可变成本是指随产品产量增减而成正比例变化的各项成本费用。有些成本费用属于半可变(或半固定)成本,如不能熄灭的工业炉的燃料费用等。工资、营业费用和流动资金利息等也都可能既有可变因素也有固定因素。必要时需将半可变(或半固定)成本进一步分解为可变成本和固定成本,使成本费用最终划分为可变成本和固定成本。

总成本费用中,通常可变成本主要包括外购原材料、燃料及动力费和计件工资等。固定成本主要包括工资或薪酬(计件工资除外)、折旧费、摊销费、修理费和其他费用等。长期借款利息应视为固定成本,流动资金借款和短期借款利息可能部分与产品产量相关,其利息可视为半可变(或半固定)成本,为简化计算,一般也将其作为固定成本。

进行盈亏平衡分析时,需要将总成本费用分解为固定成本和可变成本。

> **知识链接**
>
> 盈亏平衡分析是一种不确定性分析方法,是在一定的生产能力条件下,研究分析项目成本费用与收益平衡关系的方法。找出盈亏平衡点,考察项目对市场的适应能力和抗风险能力。

7. 维持运营的投资费用

在运营期内设备、设施等需要更新或拓展的,应估算项目维持运营的投资费用,并在现金流量表中将其作为现金流出。

8. 编制总成本费用估算表

在分项估算上述各成本费用科目的同时,应编制相应的成本费用估算表,包括总成本费用估算表和各分项成本费用估算表。这些报表都属于财务分析的辅助报表。按生产要素估算法的总成本费用估算表的格式参考表 7-3。

【例 7-4】按例 7-1,该项目第 1 年建设,第 2 年投产,运营期 7 年,总成本费用、经营成本、可变成本和固定成本的估算结果见表 7-3。

表 7-3 总成本费用估算表   单位：万元

年份 项目	2	3	4	5	6	7	8
1. 外购原材料费	810	1620	2430	2430	1890	1350	270
2. 外购燃料及动力费	90	180	270	270	210	150	30
3. 工资	200	200	200	200	200	200	200
4. 修理费	100	100	100	100	100	100	100
5. 其他费用	50	50	50	50	50	50	50
6. 经营成本(1+2+3+4+5)	1250	2150	3050	3050	2450	1850	650
7. 折旧费	950	950	950	950	950		
8. 摊销费	10	10	10	10	10		
9. 利息支出	160	130	100	70	40	10	10
10. 总成本费用合计(6+7+8+9)	2370	3240	4110	4080	3450	1860	660
其中：可变成本(1+2)	900	1800	2700	2700	2100	1500	300
固定成本(3+4+5+7+8+9)	1470	1440	1410	1380	1350	360	360

注：1. 表中其他费用包括其他制造费用、其他管理费用和其他营业费用。

2. 表中利息包括应计入总成本费用的全部利息。

7.2.4 相关税金估算

财务分析中涉及多种税金的计算，不同项目涉及的税金种类和税率可能各不相同。税金计取得当是正确估算项目费用乃至净效益的重要因素。要根据项目的具体情况选择适宜的税种和税率。这些税金及相关优惠政策会因时而异，部分会因地而异，项目评价时应密切注意当时和项目所在地的税收政策，适时调整计算，使财务分析比较符合实际情况。

财务分析涉及的税金主要包括关税、增值税、营业税、资源税、消费税、所得税、城市维护建设税和教育费附加等。有些行业还涉及土地增值税。在会计处理上，营业税、资源税、消费税、土地增值税、城市维护建设税和教育费附加包含在"营业税金及附加"中。

（1）增值税。对适用增值税的项目，财务分析应按税法规定计算增值税。2009 年 1 月 1 日起，我国开始施行 2008 年 11 月颁布的《中华人民共和国增值税暂行条例》，由过去的生产型增值税改革为消费型增值税，允许抵扣规定范围的固定资产进项税额。

《中华人民共和国增值税暂行条例》规定："在中华人民共和国境内销售货物或者提供加工、修理修配劳务以及进口货物的单位和个人，为增值税的纳税人，应当依照本条例缴纳增值税。纳税人销售货物或者提供应税劳务，应纳税额为当期销项税额抵扣当期进项税额后的余额。

应纳税额计算公式：

应纳税额=当期销项税额-当期进项税额

当期销项税额小于当期进项税额不足抵扣时,其不足部分可以结转下期继续抵扣。"

销项税额=销售额×税率,其中,销售额中未含增值税。

如果销售额中包括增值税,则当期销项税额=销售额×税率/(1+税率)当期进项税额为纳税人当期购进货物或者接受应税劳务支付或者负担的增值税额

知识提示

我国从2011年开始进行营业税改征增值税改革(简称"营改增")的试点,从2016年5月1日起,将试点范围扩大到建筑业、房地产业、金融业、生活服务业,并将所有企业新增不动产所含增值税纳入抵扣范围。

(2)营业税。交通运输、建筑、邮电通信、服务等行业应按税法规定计算营业税。营业税是价内税,包含在营业收入之内。从2016年5月起全面实施"营改增后",营业税将退出。

(3)消费税。我国对部分货物征收消费税。项目评价中涉及适用消费税的产品或进口货物时,应按税法规定计算消费税。

(4)土地增值税。土地增值税是按转让房地产取得的增值额征收的税种,房地产项目应按规定计算土地增值税。

(5)资源税。资源税是国家对开采特定矿产品或者生产盐的单位和个人征收的税种,通常按矿产的产量计征。

(6)企业所得税。企业所得税是针对企业应纳税所得额征收的税种,项目评价中应注意按有关税法对所得税前扣除项目的要求,正确计算应纳税所得额,并采用适宜的税率计算企业所得税,同时应注意正确使用有关的所得税优惠政策,并加以说明。

(7)城市维护建设税和教育费附加。城市维护建设税和教育费附加以流转税额(包括增值税、营业税和消费税等)为基数进行计算,属于地方税种,项目评价中应注意当地的规定。

(8)关税。关税是以进出口应税货物为纳税对象的税种。项目评价中涉及应税货物的进出口时,应按规定正确计算关税。引进技术、设备材料的关税体现在投资估算中,而进口原材料的关税体现在成本中。

知识提示

鉴于在项目投资决策阶段准确测算增值税的困难,且增值税由最终消费者负担,受增值税影响城市维护建设税,教育费附加等附加税费占投资,收入的比例很小,对经济评价的影响不大故对拟建项目开展初步评价或者评价精度要求不高时,也可不考虑增值税的影响。

7.3 财务盈利能力分析

财务盈利能力分析是项目财务分析的重要组成部分，包括现金流量分析(动态分析)和静态分析。

从是否在融资方案的基础上进行分析的角度区分，财务盈利能力分析又可分为融资前分析和融资后分析。

【思考】

融资前分析的基础数据有哪些？融资后分析的基础数据有哪些？

7.3.1 现金流量分析

在投资建设中，一切投资项目都可以抽象为现金流量系统。从项目系统角度看，在某一时点上，流入项目的货币称为现金流入量(或正现金流量)，记为 CI；流出项目的货币称为现金流出量(或负现金流量)，记为 CO；同一时点上的现金流入量与现金流出量之差(或其代数和)称为净现金流量，记为 NCF(或 CI–CO)。

现金流量分析是考虑资金时间价值，在项目计算期内，用估算的财务效益费用数据为现金流量，编制现金流量表，计算相关指标，考察项目盈利能力。现金流量分析分为3个层次。第一层次是项目投资现金流量分析，第二层次是项目资本金现金流量分析，第三层次是投资各方现金流量分析，各层次分析都应编制相应的现金流量表，并计算相应的指标。

1. 项目投资现金流量分析

1) 项目投资现金流量分析的含义

项目投资现金流量分析是针对项目基本方案进行的现金流量分析，原称为"全部投资现金流量分析"。它是在不考虑债务融资条件下进行的融资前分析，是从项目投资总获利能力的角度，考察项目方案设计的合理性。即不论实际可能支付的利息是多少，分析结果都不发生变化，因此可以排除融资方案的影响。融资前分析计算的相关指标，可作为初步投资决策的依据和融资方案研究的基础。

根据需要，融资前分析可从所得税前和(或)所得税后两个角度进行考察，选择计算所得税前和(或)所得税后分析指标。

2) 项目投资现金流量识别与报表编制

进行现金流量分析，首先要正确识别和选用现金流量，包括现金流入和现金流出。是否能作为融资前项目投资现金流量分析的现金流量，要看其是否与融资方案无关。根据这个原则，项目投资现金流量分析的现金流入主要包括营业收入，在计算期的最后一年，还包括回收固定资产余值(该回收固定资产余值应不受利息因素的影响)及回收；现金流出主要包括建设投资、流动资金、经营成本、营业税金及附加。如果运营期内需要投入维持运营投资，也应将其作为现金流出。

2009年执行新的增值税条例以后,为了体现固定资产进项税抵扣导致企业应纳增值税额的降低进而致使净现金流量增加的作用,应在现金流入中增加销项税额,同时在现金流出中增加进项税额(指运营投入的进项税额)以及应纳增值税。所得税后分析还要将所得税作为现金流出。由于是融资前分析,该所得税应根据不受利息因素影响的息税前利润(EBIT)乘以所得税税率计算,称为调整所得税,也可称为融资前所得税。

净现金流量(现金流入与现金流出之差)是计算评价指标的基础。

根据上述现金流量编制的现金流量表称为项目投资现金流量表,其格式见表 7-4。

3) 项目投资现金流量分析的指标

依据项目投资现金流量表可以计算项目投资财务内部收益率(FIRR)、项目投资财务净现值(FNPV),这两项指标通常被认为是主要指标。另外,还可借助该表计算项目投资回收期,可以分别计算静态或动态的投资回收期,一般我国的评价方法只规定计算静态投资回收期。

(1) 项目投资财务净现值。项目投资财务净现值是指按设定的折现率 i_c 计算的项目计算期内各年净现值流量的现值之和。计算公式为

$$\text{FNPV} = \sum_{t=1}^{n} (CI - CO)_t (1 + i_c)^{-t} \tag{7-23}$$

式中: CI——现金流入;
　　　CO——现金流出;
$(CI-CO)_t$——第 t 年的净现金流量;
　　　n——计算期年数;
　　　i_c——设定的折现率,通常可选用财务内部收益率的基准值(最低可接受收益率)。

项目投资财务净现值是考察项目盈利能力的绝对量指标,它反映项目在满足按设定折现率要求的盈利之外所能获得的超额盈利的现值。项目投资财务净现值等于或大于零,表明项目的盈利能力达到或超过了设定折现率所要求的盈利水平,该项目财务效益可以被接受。

(2) 项目投资财务内部收益率。项目投资财务内部收益率是指能使项目在整个计算期内各年净现金流量现值累计等于零时的折现率,它是考察项目盈利能力相对量的指标。其表达式为

$$\sum_{t=1}^{n} (CI - CO)_t (1 + FIRR)^{-t} = 0 \tag{7-24}$$

式中:FIRR——欲求取的项目投资财务内部收益率。

项目投资财务内部收益率一般通过计算机软件中配置的财务函数计算,若需要手算时,可根据现金流量表中的数据采用人工试算法计算。计算公式如下:

$$\text{FIRR} = i_1 + (i_2 - i_1) \frac{\text{FNPV}_1}{\text{FNPV}_1 + |\text{FNPV}_2|} \tag{7-25}$$

式中：FIRR——欲求的项目投资财务内部收益率；
　　　i_1——较低的试算折现率；
　　　i_2——较高的试算折现率；
　　　$FNPV_1$——与 i_1 对应的财务净现值；
　　　$FNPV_2$——与 i_2 对应的财务净现值。

将求得的项目投资财务内部收益率与设定的基准参数（i_c）进行比较，当 FIRR≥i_c 时，即认为项目的盈利性能够满足要求，该项目财务效益可以被接受。项目投资财务净现值与财务内部收益率的函数见附录2。

4）所得税前分析和所得税后分析的作用

按项目投资所得税前的净现金流量计算的相关指标（即所得税前指标）是投资盈利能力的完整体现，可用以考察项目的基本面，即由项目方案设计本身所决定的财务盈利能力，它不受融资方案和所得税政策变化的影响，仅仅体现项目方案本身的合理性。该指标可以作为初步投资决策的主要指标，用于考察项目是否基本可行，并值得去为之融资。所得税前指标应受到项目有关各方(项目发起人、项目业主、银行和政府相关部门)广泛的关注。该指标还特别适用于建设方案研究中的方案比选。政府投资和政府关注项目必须进行所得税前分析。

项目所得税后分析也是一种融资前分析，所采用的表格同所得税前分析，只是在现金流出中增加了调整所得税，根据所得税后的净现金流量来计算相关指标。所得税后分析是所得税前的延伸。由于其计算基础——净现金流量中剔除了所得税，有助于判断在不考虑融资方案的条件下项目投资对企业价值的贡献，是企业投资决策偏爱的主要指标。

> **知识提示**
>
> 所得税前分析指标给项目有关各方(项目发起人、项目业主、银行和政府相关部门)有关决策提供依据；而所得税后分析指标则主要给企业投资决策提供依据。

2. 项目资本金现金流量分析

1）项目资本金现金流量分析的含义和作用

项目资本金现金流量分析是融资后分析。项目资本金现金流量分析指标应能反映从项目权益投资者整体角度考察盈利能力的要求。

项目资本金现金流量分析指标是比较和取舍融资方案的重要依据。在通过融资前分析已对项目基本获利能力有所判断的基础上，通过项目资本金现金流量分析结果可以进而判断项目方案在融资条件下的合理性，因此可以说项目资本金现金流量分析指标是融资决策的依据，有助于投资者在其可接受的融资方案下最终决策出资。

2）项目资本金现金流量识别和报表编制

项目资本金现金流量分析需要编制项目资本金现金流量表，该表的现金流入包括营业收入，在计算期的最后一年，还包括回收固定资产余值及回收流动资金；现金流出主要包括建设投资和流动资金中的项目资本金、经营成本、营业税金及附加、还本付息和所得税。该所得税应等同于利润和利润分配表等财务报表中的所得税，而区别于项目投资现金流量表中的调整所得税。如果计算期内需要投入维持运营投资，也应将其作为现金流出（通常设定维持运营投资由企业自有资金支付）。可见该表的净现金流量包括了项目在缴税和还本付息之后所剩余的收益（含投资者应分得的利润），也即企业的净收益，又是投资者的权益性收益。

同样，在执行新的增值税条例以后，为了体现固定资产进项税抵扣导致应纳增值税额的降低进而致使净现金流量增加的作用，应在现金流入中增加销项税额，同时在现金流出中增加进项税额（指运营投入的进项税额）以及应纳增值税。

项目资本金现金流量表的格式见表 7-9。

3）项目资本金现金流量分析指标

按照我国财务分析方法的要求，一般可以只计算项目资本金财务内部收益率一个指标，其表达式和计算方法同项目投资财务内部收益率，只是所依据的表格和净现金流量的内涵不同，判断的基准参数也不同。

项目资本金财务内部收益率的基准参数应体现项目发起人对投资获利的最低期望值（最低可接受收益率）。当项目资本金财务内部收益率大于或等于该最低可接受收益率时，说明在该融资方案下，项目资本金获利水平超过可达到了要求，该融资方案是可以接受的。

3. 投资各方现金流量分析

对于某些项目，为了考察投资各方的具体收益，还需要编制从投资各方角度出发的现金流量表，计算相应的财务内部收益率指标。

投资各方现金流量表中的现金流入和现金流出科目需根据项目具体情况和投资各方因项目发生的收入和支出情况选择填列。依据该表计算的投资各方财务内部收益率指标，其表达式和计算方法与项目投资财务内部收益率相同，只是所依据的表格和净现金流量内涵不同，判断的基准参数也不同。

投资各方的财务内部收益率是一个相对次要的指标。在按股本比例分配利润和分担亏损和风险的原则下，投资各方的利益一般是均等的，可不计算投资各方财务内部收益率。只有投资各方有股权之外的不对等的利益分配时，投资各方的收益率才会有差异，如其中一方有技术转让方面的收益，或一方有租赁设施的收益，或一方有土地使用权收益的情况。另外，不按比例出资和进行分配的合作经营项目，投资各方的收益率也可能会有差异。计算投资各方的财务内部收益率可以看出各方收益的非均衡性是否在一个合理的水平上，有助于促成投资各方在合作谈判中达成平等互利的协议。

投资各方财务内部收益率的基准参数为投资各方对投资水平的最低期望值（或最低可接受收益率），投资各方内部收益率大于或等于该最低可接受收益率时，表明用投资各方收益率表示的盈利能力满足要求。

表 7-4 项目投资现金流表

年份	项目	计算期					
		1	2	3	4	……	n
1	现金流						
1.1	营业收入						
1.2	销项税额						
1.3	回收固定资产余值						
1.4	回收流动资金						
2	现金流出						
2.1	建设投资						
2.2	流动资金						
2.3	经营成本						
2.4	进项税额						
2.5	纳增值税						
2.6	增值税附加						
2.7	经持运营投资						
3	所得税前净现金流量						
4	累计税前净黄金流量						
5	调整所得税						
6	所得税后净现金流量						
7	累计税后净现金流量						

表 7-5 项目资本金现金流量表

序号	项目	计算期					
		1	2	3	4	……	n
1	现金流入						
1.1	营业收入						
1.2	销项税额						
1.3	回收固定资产余值						
1.4	回收流动资金						
2	现金流出						
2.1	项目资本金						
2.2	借款本金偿还						
2.3	借款利息支付						
2.4	流动资金						
2.5	经营成本						
2.6	进项税额						
2.7	应纳增值税						
2.8	增值税附加						
2.9	维持运营投资						
2.10	所得税						
3	净现金流量						

7.3.2 静态分析

除了进行现金流量分析以外，在盈利能力分析中，还可以根据具体情况进行静态分析选择计算一些静态指标。

1. 静态分析的指标

常用的静态指标主要有项目静态投资回收期、总投资收益率、项目资本金净利润率。

（1）项目静态投资回收期（P_t）。项目投资回收期是指以项目的净收益回收项目投资所需要的时间，一般以年为单位，并从项目建设开始时算起。其表达式为

$$\sum_{t=1}^{P_t}(CI-CO)_t=0 \tag{7-26}$$

项目投资回收期可借助项目投资现金流量表，依据未经折现的净现金流量和累计净现金流量计算，项目现金流量表中累计净现金流量由负值变为零时的时点，即为项目投资回收期。其计算公式为

$$P_t=累计净现金流量开始出现正值的年份数-1+\frac{上一年累计净现金流量的绝对值}{当年净现金流量} \tag{7-27}$$

投资回收期短，表明投资回收快，抗风险能力强。对于某些风险较大的项目，特别需要计算项目静态投资回收期指标。

当投资回收期小于或等于设定的基准投资回收期时，表明投资回收速度符合要求。基准投资回收期的取值可根据行业水平或投资者的要求确定。

（2）总投资收益率。总投资收益率表示总投资的盈利水平，是指项目达到设计能力后正常年份的年息税前利润（EBIT）或运营期内年平均息税前利润与项目总投资的比率。其计算式为

$$总投资收益率=\frac{年息税前利润}{项目总投资}\times100\% \tag{7-28}$$

其中，息税前利润=利润总额+支付的全部利息

或

息税前利润=营业收入-营业税金及附加-经营成本-折旧和摊销

总投资收益率高于同行业的收益率参考值，表明用总投资收益率表示的盈利能力满足要求。

（3）项目资本金净利润率。项目资本金净利润率表示项目资本金的盈利水平，是指项目达到设计能力后正常年份的年净利润或运营期内年平均净利润与项目资本金的比率。其计算式为

$$项目资本金净利润率=\frac{年净利润}{项目资本金}\times100\% \tag{7-29}$$

项目资本金净利润率高于同行业的净利润率参考值，表明用项目资本金净利润率表示

的盈利能力满足要求。

2. 静态分析依据的报表

除项目静态投资回收期依据的报表是"项目投资现金流量表"外，静态分析指标计算所依据的报表主要是"项目总投资使用计划与资金筹措表"（格式见表7-13）和"利润表"（格式见表7-19）。

【例7-5】某公司目前有两个项目可供选择，其现金流量见表7-6。若该公司要求项目投入资金必须在3年内回收，分别采用静态投资回收期指标和财务净现值指标进行决策，应选择哪个项目？（$i = 14\%$）

表7-6　某公司投资项目净现金流量表

年份	1	2	3	4
项目A净现金流量	−6000	3200	2800	1200
项目B净现金流量	−4000	2000	960	2400

解：(1) 采用静态投资回收期指标决策。

项目A的累计净现金流量计算见表7-7。

表7-7　投资项目A的累计净现金流量计算表　　　单位：万元

年份	1	2	3	4
净现金流量	−6000	3200	2800	1200
累计净现金流量	−6000	−2800	0	1200

按静态投资回收期计算式，项目A的静态投资回收期=3−1+2800/2800=3（年）。

项目B的累计净现金流量计算见表7-8。

表7-8　投资项目B的累计净现金流量计算表　　　单位：万元

年份	1	2	3	4
净现金流量	−4000	2000	960	2400
累计净现金流量	−4000	−2000	−1040	1360

按静态投资回收期计算式，项目B的静态投资回收期=4−1+1040/2400=3.43（年）。

项目A的静态投资回收期刚好为3年，而项目B的静态投资回收期超过了3年，因此应该选择项目A。

(2) 采用财务净现值指标决策。

项目A的财务净现值 FNPV=−6000/1.14+3200/$(1.14)^2$+2800/$(1.14)^3$+1200/$(1.14)^4$
　　　　　　=−200.44（万元）

项目B的财务净现值 FNPV=−4000/1.14+2000/$(1.14)^2$+960/$(1.14)^3$+2400/$(1.14)^4$
　　　　　　=99.14（万元）

项目A的财务净现值小于项目B的财务净现值，因此应选择项目B。

注意：上述计算结果表明，项目静态投资回收期不考虑资金的时间价值，不考虑现金流量在各年的时间排列顺序，同时忽略了投资回收期以后的现金流量，因此利用静态投资回收期进行决策有可能导致决策失误。净现值法由于考虑了项目整个计算期的现金流量，并且考虑了资金的时间价值因素，因此是一个相对可靠的评价方法。

> **知识链接**
>
> 财务盈利能力指标从指标的性质来分，可分为：①时间性指标，如投资回收期；②价值性指标，如财务净现值；③比率性指标，如财务内部收益率、总投资收益率、资本金净利润率。

7.4 偿债能力分析和财务生存能力分析

偿债能力分析是编制相关报表，计算利息备付率、偿债备付率等比率指标。财务生存能力分析是通过编制财务计划现金流量表，结合偿债能力分析，考察项目资金平衡和余缺等财务状况，判断其财务可持续性。项目的利润表以及资产负债表在偿债能力分析和财务生存能力分析中也起着相当重要的作用。

7.4.1 相关报表的编制

1. 借款还本付息计划表

应根据与债权人商定的或预定的债务资金偿还条件和方式计算并编制还本付息计划表，其简要格式参见表 7-7。

【例 7-6】某项目建设期 1 年，建设投资借款 400 万元，年利率 6%，假定借款在年中支用，建设期利息估算为 12 万元，投产后与本金一并在 5 年内等额偿还，编制的借款还本付息计划表见表 7-9。

表 7-9 借款还本付息计划表　　　　　　　单位：万元

年份 项目	2	3	4	5	6
年初借款余额	412.0	338.9	261.4	179.3	92.3
当年还本付息	97.8	97.8	97.8	97.8	97.8
其中：还本	73.1	77.5	82.1	87.0	92.3
付息	24.7	20.3	15.7	10.8	5.5
年末借款余额	338.9	261.4	179.3	92.3	0

2. 财务计划现金流量表

财务计划现金流量表是国际上通用的财务报表，用于反映计算期内各年的投资活动、融资活动和经营活动所产生的现金流入、现金流出和净现金流量，考察资金平衡和余缺情况，是表示财务状况的重要财务报表。财务计划现金流量表的格式见表 7-10，表中绝大部分数据可来自其他表格。

表 7-10 财务计划现金流量表　　　　　　　　单位：万元

序 号	项 目	计算期					
		1	2	3	4	…	n
1	经营活动净现金流量						
1.1	现金流入						
1.1.1	营业收入						
1.1.2	增值税销项税额						
1.1.3	补贴收入						
1.1.4	其他流入						
1.2	现金流出						
1.2.1	经营成本						
1.2.2	增值税进项税额						
1.2.3	增值税附加						
1.2.4	增值税						
1.2.5	所得税						
1.2.6	其他流出						
2	投资活动净现金流量						
2.1	现金流入						
2.2	现金流出						
2.2.1	建设投资						
2.2.2	维持运营投资						
2.2.3	流动资金						
2.2.4	其他流出						
3	筹资活动净现金流量						
3.1	现金流入						
3.1.1	项目资本金投入						
3.1.2	建设投资借款						
3.1.3	流动资金借款						
3.1.4	债券						
3.1.5	短期债券						
3.1.6	其他流入						
3.2	现金流出						
3.2.1	各种利息支出						
3.2.2	偿还债务本金						
3.2.3	应付利润						
3.2.4	其他流出						
4	净现金流量(1+2+3)						
5	累计盈余资金						

3. 资产负债表

资产负债表通常按企业范围编制，企业资产负债表是国际上通用的财务报表，表中数据可由其他报表直接引入或经适当计算后列入，以反映企业某一特定日期的财务状况。编制过程中应实现资产与负债和所有者权益的自然平衡。与实际企业相比，财务分析中资产负债表的科目可适当简化。其格式可参见表 7-11。

表 7-11 资产负债表　　　　　　　　　　单位：万元

序号	项目	计算期					
		1	2	3	4	…	n
1	资产						
1.1	流动资产总额						
1.1.1	货币资金						
1.1.2	应收账款						
1.1.3	预付账款						
1.1.4	存货						
1.1.5	其他						
1.2	在建工程						
1.3	固定资产净值						
1.4	无形及其他资产净值						
2	负债及所有者权益(2.4+2.5)						
2.1	流动负债总额						
2.1.1	短期借款						
2.1.2	应付账款						
2.1.3	预收账款						
2.1.4	其他						
2.2	建设投资借款						
2.3	流动资金借款						
2.4	流动资金小计(2.1+2.2+2.3)						
2.5	所有者权益						
2.5.1	实收资本						
2.5.2	资本公积						
2.5.3	累计盈余公积金						
2.5.4	累计未分配利润						

7.4.2 偿债能力分析

偿债能力分析主要是通过计算相关偿债能力指标，借以分析项目借款的偿还能力。偿债能力指标通常有：根据借款还本付息计划表数据与利润表以及总成本费用表的有关数据，可以计算利息备付率、偿债备付率等指标；根据企业资产负债表的相关数据可以计算资产负债率、流动比率、速动比率等指标。各指标的含义和计算要点如下。

1. 利息备付率

利息备付率是指在借款偿还期内的息税前利润与当年应付利息的比值。它从付息资金来源的充裕性角度反映支付债务利息的能力。息税前利润等于利润总额和当年应付利息之和，当年应付利息是指计入总成本费用的全部利息。利息备付率的计算公式如下：

$$利息备付率 = \frac{息税前利润}{应付利息额} \times 100\% \tag{7-30}$$

利息备付率应分年计算，分别计算在债务偿还期内各年的利息备付率，若偿还前期的利息备付率数值偏低，为分析所用，也可以补充计算债务偿还期内的年平均利息备付率。

利息备付率表示利息支付的保证倍率，对于正常经营的企业，利息备付率至少应当大于1，一般不宜低于2，并结合债权人的要求确定。利息备付率高，说明利息支付的保证度大，偿债风险小；利息备付率低于1，表示没有足够的资金支付利息，偿债风险很大。

2. 偿债备付率

偿债备付率是从偿债资金来源的充裕性角度反映偿付债务本息的能力，是指在债务偿还期内，可用于计算还本付息的资金与当年应还本付息额的比值。可用于计算还本付息的资金是指息税折旧摊销前利润（EBITDA，息税前利润加上折旧和摊销）减去所得税后的余额。当年应还本付息金额包括还本金额及计入总成本费用的全部利息。其计算公式为

$$偿债备付率 = \frac{息税折旧摊销前利润 - 所得税}{应还本付息额} \times 100\% \tag{7-31}$$

偿债备付率应分年计算，分别计算在债务偿还期内各年的偿债备付率，若偿还前期的偿债备付率数值偏低，为分析所用，也可以补充计算债务偿还期内的年平均偿债备付率。

偿债备付率表示偿付债务本息的保证倍率，至少应大于1，一般不宜低于1.3，并结合债权人的要求确定。偿债备付率低，说明偿付债务本息的资金不充足，偿债风险大；当这一指标小于1时，表示可用于计算还本付息的资金不足以偿付当年债务。

3. 资产负债率

资产负债率是指企业某个时点负债总额同资产总额的比率。其计算公式为

$$资产负债率 = \frac{负债总额}{资产总额} \times 100\% \tag{7-32}$$

资产负债率表示企业总资产中有多少是通过负债得来的，是评价企业负债水平的综合指标。适度的资产负债率既能表明企业投资人、债权人的风险较小，又能表明企业经营安全、稳健、有效，具有较强的融资能力。国际上公认的较好的资产负债率指标是60%。但是难以简单地用资产负债率的高或低来进行判断，因为过高的资产负债率表明企业财务风险太大；过低的资产负债率则表明企业对财务杠杆利用不够。实践表明，行业间资产负债率差异也较大。实际分析时应结合国家总体经济运行状况、行业发展趋势、企业实力和投资强度等具体条件进行判定。

4. 流动比率

流动比率是企业某个时点流动资产同流动负债的比率。其计算公式为

$$流动比率 = \frac{流动资产}{流动负债} \times 100\% \tag{7-33}$$

流动比率衡量企业资金流动性的大小,考察流动资产规模与负债规模之间的关系,判断企业短期债务到期前,可以转化为现金用于偿还流动负债的能力。该指标越高,说明偿还流动负债的能力越强。但该指标过高,说明企业资金利用效率低,对企业的运营也不利。国际公认的标准流动比率是 200%,但行业间流动比率会有很大差异,一般而言,行业生产周期较长,流动比率就应相应提高;反之,就可相应降低。

5. 速动比率

速动比率是企业某个时点的速动资产同流动负债的比率。其计算公式为

$$速动比率 = \frac{速动资产}{流动负债} \times 100\% \tag{7-34}$$

$$速动资产 = 流动资产 - 存货 \tag{7-35}$$

速动比率指标是对流动比率指标的补充,是将流动比率指标计算公式的分子剔除了流动资产中变现能力最差的存货后,计算企业实际的短期债务偿还能力,较流动比率更为准确地反映偿还流动负债的能力。该指标越高,说明偿还流动负债的能力越强。与流动比率一样,该指标过高,说明企业资金利用效率低,对企业的运营也不利。国际公认的标准比率是 100%,同样,行业间该指标也有较大差异,实践中应结合行业特点分析判断。

【例 7-7】某企业 2016 年资产负债相关数据见表 7-12,试计算资产负债率、流动比率和速动比率指标。

表 7-12 某企业资产负债相关数据　　　　　单位:万元

序号	项目	2010 年
1	资产	3773
1.1	流动资产总额	1653
	其中:存货	608
1.2	在建工程	0
1.3	固定资产净值	911
1.4	无形及其他资产净值	601
2	负债及所有者权益	3773
2.1	流动负债总额	583
2.2	中长期借款	1183
	负债小计	1766
2.3	所有者权益	2007

解:资产负债率 = (1766/3773) × 100% ≈ 46.8%

流动比率=(1653/583)×100%≈284%

速动比率=[(1653−608)/583]×100%≈179%

> **知识提示**
>
> 在计算利息备付率和偿债备付率时，是以已知项目的借款偿还期为前提的，如果能够得知或根据经验设定所要求的借款偿还期，则可以直接计算利息备付率和偿债备付率指标；如果难以设定借款偿还期，也可以大致地估算出借款偿还期，再采用适宜的方法计算出每年需要还本和付息的金额，代入公式计算利息备付率和偿债备付率指标。所以，借款偿还期只是为估算利息备付率和偿债备付率来用的。

7.4.3 财务生存能力分析

1. 财务生存能力分析的作用

财务生存能力分析旨在分析考察"有项目"时企业在整个计算期内的资金充裕程度，分析财务可持续性，判断在财务上的生存能力，应根据财务计划现金流量表进行。

2. 财务生存能力分析的方法

财务生存能力分析应结合偿债能力分析进行，项目的财务生存能力分析可通过以下相辅相成的两个方面进行。

1) 分析是否有足够的净现金流量维持正常运营

(1) 在项目运营期间，只有能够从各项经济活动中得到足够的净现金流量，项目才能持续生存。财务生存能力分析中应根据财务计划现金流量表，考察项目计算期内各年的投资活动、融资活动和经营活动所产生的各项现金流入和流出，计算净现金流量和累计盈余资金，分析项目是否有足够的净现金流量维持正常运营。

(2) 拥有足够的经营净现金流量是财务上可持续的基本条件，特别是在运营初期。一个项目具有较大的经营净现金流量，说明项目方案比较合理，实现自身资金平衡的可能性大，不会过分依赖短期融资来维持运营；反之，一个项目不能产生足够的经营净现金流量，或经营净现金流量为负值，则说明维持项目正常运行会遇到财务上的困难，实现自身资金平衡的可能性小，有可能要靠短期融资来维持运营，有些项目可能需要政府补助来维持运营。

(3) 通常因运营期前期的还本付息负担较重，故应特别注重运营前期的财务生存能力分析。如果拟安排的还款期过短，致使还本付息负担过重，导致为维持资金平衡必须筹措的短期借款过多，可以设法调整还款期，甚至寻求更有利的融资方案，减轻各年的还款负担。所以财务生存能力分析应结合偿债能力分析进行。

2) 各年累计盈余资金不出现负值是财务上可持续的必要条件

各年累计盈余资金不出现负值是财务上可持续的必要条件。在整个运营期间，允许个别年份的净现金流量出现负值，但不能容许任一年份的累计盈余资金出现负值。一旦出现负值时应适时进行短期融资，该短期融资应体现在财务计划现金流量表中，同时短期融资的利息也应纳入成本费用和其后的计算。较大的或较频繁的短期融资，有可能导致以后的累计盈余资金无法实现正值，致使项目难以持续经营。

> **知识提示**
>
> 对没有营业收入的政府投资的非经营性项目，不需要进行盈利能力分析，主要考察项目财务生存能力。此类项目通常需要政府长期补贴才能维持运营，应合理估算项目运营期各年所需的政府补贴数额，并分析政府补贴的可能性与支付能力。对有债务资金的项目，还应结合借款偿还要求进行财务生存能力分析。

▶▶案例

项目概况：为满足某地区生产建设的需要，调整地区产业结构，填补当地玻璃生产的空白，拟利用本地区的资金和原材料，建设一座技术先进、产品质量高的玻璃生产企业。该项目拟建生产规模：日融化量500t，年产玻璃270万重量箱，全部内销。该项目由当地工贸集团公司、投资公司共同投资，组建项目法人。

主要参数：(1) 主要投入物与产出物的价格。在建设期内既考虑了相对价格的变化，又考虑了总水平变化，并预测到生产期初。生产经营期内不再考虑物价总水平的变动。按建材行业的规定物价上涨率人民币部分为6%。

(2) 各项税费标准。增值税税率为17%，煤和水增值税税率为13%，城市维护建设税税率为7%，教育费附加为3%，企业所得税税率为25%。

(3) 财务基准收益率（全部投资）行业基准值 I_c = 10%，财务基准收益率（自有资金）I_c = 10%。

(4) 项目计算期。项目计算期为14年，其中建设期为2年，生产经营期为12年。主要加工设备使用期为12年。

解：主要计算表格见表7-13～表7-24。

表7-13 固定资产投资估算　　　　　　　　　　单位：万元

序号	项目	建筑工程费	设备购置费	安装工程费	工器具费	其他费用	合计	占合计(%)
1	固定资产	14134	21541	4167	424	4375	44641	76
1.1	原料系统	1180	821	69			2070	4
1.2	主要生产车间A	5668	13706	1729			21103	36
1.3	辅助生产车间B	573	2079	341			2993	5
1.4	公用工程C	799	2569	597			3965	7
1.5	厂区工程D	1363	143	892			2398	4
1.6	服务性、生活福利设施	2604	417	8			3029	5
1.7	厂外工程	1927	1806	531		294	4558	8
1.8	工器具及生产用家具	0			424		424	1
1.9	土地征用补偿费	0				0	0	0
1.10	其他	20				4081	4101	7

续表

序号	项目	建筑工程费	设备购置费	安装工程费	工器具费	其他费用	合计	占合计(%)
2	无形资产	0				3603	3603	6
	技术转让费					3603	3603	6
3	其他资产	0				954	954	2
3.1	生产职工培训费					304	304	1
3.2	其他					650	650	1
	合计	14134	21541	4167	424	8932	49198	84
4	预备费					9544	9544	16
4.1	基本预备费					4920	4920	8
4.2	涨价预备费					4624	4624	8
5	总计	14134	21541	4167	424	18476	58742	100
6	占总估算价值(%)	24.1	36.7	7.1	0.7	31.5	100.0	

表7-14 流动资金估算表　　　　　单位：万元

序号	项目	项目最短周转天数	周转次数	生产经营期(年)				
				3	4	5	6~13	14
1	流动资产							
1.1	应收账款	30	12	1535	1658	1658	1658	1658
1.2	存货							
1.2.1	原材料							
	a	60	6	4172	4636	4636	4636	4636
	b	30	12	137	152	152	152	152
	辅助材料	60	6	271	301	301	301	301
1.2.2	燃料							
	煤	60	6	77	85	85	85	85
	重油	60	6	52	58	58	58	58
1.2.3	在产品	6	60	285	309	309	309	309
1.2.4	产成品	20	18	1023	11%	1106	1106	1106
1.3	现金	15	24	150	151	151	151	.151
	小计			7702	8456	8456	8456	8456
2	流动负债							
2.1	应付账款	30	12	1098	1220	1220	1220	1220
3	流动资金			6604	7236	7236	7236	7236
4	流动资金本年增加额			6604	632	0	0	0
5	流动资金借款额			4622	5064	5064	5064	5064
6	流动资金借款利息			448	491	491	491	491
7	自有流动资金			1982	2172	2172	2172	2172

表 7-15 投资使用计划与资金筹措表　　　　　　　　　　单位：万元

序号	项目	合计	1	2	3	4	5	6
1	总投资	71579	35882	28461	6604	632	0	0
1.1	固定资产投资	58742	34419	24323				
1.2	建设期利息	5602	1463	4138				
1.3	流动资金	7236			6604	632		
2	资金筹措	71579	35882	28461	6604	632	0	0
2.1	项目资本金	15002	7698	5132	1982	190	0	0
2.1.1	用于建设投资	12830	7698	5132				
2.1.2	流动资金	2172			1982	190		
2.1.3	用于建设期利息	0						
2.2	债务资金	56577	28184	23329	4622	442	0	0
2.2.1	用于建设投资	45912	26721	19191				
2.2.2	用于建设期利息	5601	1463	4138				
2.2.3	用于流动资金	5064			4622	442		

表 7-16 固定资产折旧表　　　　　　　　　　单位：万元

序号	项目	折旧年限	3	4	5	6	7	8	9	10	11	12	13	14
1	房屋、建筑物													
1.1	原值		20986											
1.2	折旧费	30	665	665	665	665	665	665	665	665	665	665	665	665
1.3	净值		20321	19656	18991	18326	17661	16996	16331	15666	15001	14336	13671	13006
2	机器设备													
2.1	原值		30367											
2.2	折旧费	12	2404	2404	2404	2404	2404	2404	2404	2404	2404	2404	2404	2404
2.3	净值		27963	25559	23155	20751	18347	15943	13539	11135	8731	6327	3923	1519
3	熔窑													
3.1	原值		8433					8433				8433		
3.2	折旧费	5	1602	1602	1602	1602	1602	1602	1602	1602	1602	1602	1602	1602
3.3	熔窑更新投资						8012					8012		
3.4	净值		6831	5229	3627	2025	423	6831	5229	3627	2025	423	6831	5229
4	合计													
4.1	原值		59786											
4.2	折旧费		4671	4671	4671	4671	4671	4671	4671	4671	4671	4671	4671	4671
4.3	净值		55115	50444	45773	41102	36431	39772	35101	30430	25759	21088	24429	19758

表 7-17 无形及其他资产(递延资产)摊销估算表   单位：万元

序号	项目	摊销年限	3	4	5	6	7	8	9	10	11	12
1	无形资产											
1.1	原值	10	3603									
1.2	摊销			360	360	360	360	360	360	360	360	360
1.3	净值		3243	2883	2523	2163	1803	1443	1083	723	363	3
2	其他资产											
2.1	原值	5	954									
2.2	摊销			191	191	191	191	191				
2.3	净值			763	572	381	190					

表 7-18 总成本费用估算表   单位：万元

序号	项目	合计	3	4	5	6	7	8	9	10	11	12	13	14
	生产负荷(%)		90	100	100	100	84	100	100	100	100	84	100	100
1	外购原材料费	94235	7329	8144	8144	8144	6805	8144	8144	8144	8144	6805	8144	8144
2	外购燃料及动力费	51469	4003	4448	4448	4448	3717	4448	4448	4448	4448	3717	4448	4448
3	工资及福利费	15168	1264	1264	1264	1264	1264	1264	1264	1264	1264	1264	1264	1264
4	修理费	19644	1637	1637	1637	1637	1637	1637	1637	1637	1637	1637	1637	1637
5	折旧费	56052	4671	4671	4671	4671	4671	4671	4671	4671	4671	4671	4671	4671
6	摊销费	4555	551	551	551	551	551	360	360	360	360	360	0	0
7	其他费用	27494	2343	2357	2357	2357	1969	2357	2357	2357	2357	1969	2357	2357
8	利息支出	47854	6089	5735	5339	4943	4546	4150	3774	3399	3023	2648	2272	1936
8.1	流动资金借款利息	5849	448	491	491	491	491	491	491	491	491	491	491	491
8.2	长期借款利息	42005	5641	5244	4848	4452	4055	3659	3283	2908	2532	2157	1781	1445
8.3	短期借款利息	0												
9	总成本费用	316471	27887	28807	28411	28015	25160	27031	26655	26280	25904	23071	24793	24457
9.1	可变成本	145704	11332	12592	12592	12592	10522	12592	12592	12592	12592	10522	12592	12592
9.2	固定成本	170767	16555	16215	15819	15423	14638	14439	14063	13688	13312	12549	12201	11865
10	经营成本费用	208010	16576	17850	17850	17850	15392	17850	17850	17850	17850	15392	17850	17850

表 7-19 销售收入、销售税金及附加估算表   单位：万元

序号	项目	单位/税率	3	4	5	6	7	8	9	10	11	12	13	14
	生产负荷(%)		90	100	100	100	84	100	100	100	100	84	100	100
1	销售收入		29160	30510	30510	30510	25628	27810	27810	27810	27810	23360	27810	27810
	单价	元/重量箱	120	113	113	113	113	103	103	103	103	103	103	103
	数量	万重量箱	243	270	270	270	227	270	270	270	270	227	270	270
2	增值税		3112	3137	3137	3137	2644	2678	2678	2678	2678	2258	2678	2678
	销项税	17%	4957	5187	5187	5187	4357	4728	4728	4728	4728	3971	4728	4728
	进项税		1845	2050	2050	2050	1713	2050	2050	2050	2050	1713	2050	2050
3	增值税附加		311	314	314	314	264	268	268	268	268	226	268	268
	城市维护建设税	7%	218	220	220	220	185	187	187	187	187	158	187	187
	教育费附加	3%	93	94	94	94	79	80	80	80	80	68	80	80

表 7-20 固定资产投资借款还本付息　　　　　　　单位：万元

序号	项目	合计	1	2	3	4	5	6	7	8	9	10	11	12	13	14
1	年初借款本息累计	411791		28184	51513	47893	44273	40653	37033	33413	29984	26555	23126	19697	16268	13199
1.1	本金	404727		26721	45912	47893	44273	40653	37033	33413	29984	26555	23126	19697	16268	13199
1.2	建设期利息	7064		1463	5601											
2	本年借款	45912	26721	19191												
3	本年应计利息	47606	1463	4138	5641	5244	4848	4452	4055	3659	3283	2908	2532	2157	1781	1445
3.1	计入建设期利息	5601	1463	4138												
3.2	计入生产期利息	42005			5641	5244	4848	4452	4055	3659	3283	2908	2532	2157	1781	1445
4	本年还本付息	83388			9261	8864	8468	8072	7675	7088	6712	6337	5961	5586	4850	4514
4.1	还本	41383			3620	3620	3620	3620	3620	3429	3429	3429	3429	3429	3069	3069
4.2	付息	42005			5641	5244	4848	4452	4055	3659	3283	2908	2532	2157	1781	1445
5	年末借款本息累计	421921	28184	51513	47893	44273	40653	37033	33413	29984	26555	23126	19697	16268	13199	10130
	贷款利率(%)	10.95														

表 7-21 利润与利润分配表　　　　　　　　　　单位：万元

序号	项目	合计	3	4	5	6	7	8	9	10	11	12	13	14
1	产品销售收入		29160	30510	30510	30510	25628	27810	27810	27810	27810	23360	27810	27810
2	增值税附加		311	314	314	314	264	268	268	268	268	226	268	268
3	产品总成本及费用		27887	28807	28411	28015	25160	27031	26655	26280	25904	23071	24793	24457
4	利润总额		962	1389	1785	2182	204	512	887	1262	1638	64	2749	3085
5	弥补前年亏损		0	0	0	0	0							
6	应纳税所得额		962	1389	1785	2182	204	512	887	1262	1638	64	2749	3085
7	所得税		241	347	446	546	51	128	222	316	410	16	687	771
8	税后利润		722	1042	1339	1637	153	384	665	947	1229	48	2062	2314
9	盈余公积金(10%)		72	104	134	164	15	38	67	95	123	5	206	231
10	公益金(5%)		36	52	67	82	8	19	33	47	61	2	103	116
11	应付利润													
	本年应付利润		613	885	1138	1391	130	326	565	805	1044	41	1752	1967
	未分配利润转分配		613	885	1138	1391	130	326	565	805	1044	41	1752	1967
12	未分配利润													
	其中偿还贷款		613	885	1138	1391	130	326	565	805	1044	41	1752	1967
13	累计未分配利润		613	1499	2637	4028	4158	4484	5050	5854	6898	6939	8692	10658

表 7-22 财务现金流量表(全部投资)　　　　　　　　　　单位：万元

序号	项目	合计	1	2	3	4	5	6	7	8	9	10	11	12	13	14
1	现金流入	363532	0	0	29160	30510	30510	30510	25628	27810	27810	27810	27810	23360	27810	54803
	产品销售收入	336539			29160	30510	30510	30510	25628	27810	27810	27810	27810	23360	27810	27810
	回收固定资产余值	19758														19758
	回收流动资金	7235														7235
2	现金流出	297539	34419	24323	23808	19253	18753	18884	23736	18287	18410	18534	18658	23651	19025	19136
	固定资产投资(含更新投资)	74766	34419	24323					8012					8012		
	流动资金	7234			6603	631										
	经营成本	208010			16576	17850	17850	17850	15392	17850	17850	17850	17850	15392	17850	17850
	增值税及附加	3349			311	314	314	314	264	268	268	268	268	226	268	268
	所得税	4180			241	347	446	546	51	128	222	316	410	16	687	771
3	净现金流量	65993	−34419	−24323	5352	11257	11757	11626	1892	9523	9400	9276	9152	−291	8785	35667
	累计净现金流量		−34419	−58742	−53390	−42133	−30376	−18750	−16858	−7335	2065	11341	20493	20202	28987	64654
4	所得税前净现金流量	68834	−34419	−24323	5593	11604	12203	12172	1943	9651	9622	9592	9562	−275	9472	36438
	累计所得税前净现金流量		−34419	−58742	−53150	−41545	−29342	−17171	−15228	−5577	4045	13637	23198	22923	32396	68834

注：1. 所得税前：内部收益率(IRR)=11%；财务净现值(NPV)=4064.91 万元；投资回收期(P_t)=8.58。
　　2. 所得税后：内部收益率(IRR)=11%；财务净现值(NPV)=2209.01 万元；投资回收期(P_t)=8.78。

表 7-23 财务现金流量表(自有资金)　　　　　　　　　　单位：万元

序号	项目	合计	1	2	3	4	5	6	7	8	9	10	11	12	13	14
1	现金流入	363532	0	0	29160	30510	30510	30510	25628	27810	27810	27810	27810	23360	27810	54803
	产品销售收入	336539			29160	30510	30510	30510	25628	27810	27810	27810	27810	23360	27810	27810
	回收固定资产余值	19758														19758
	回收流动资金	7235														7235
2	现金流出	340866	7698	5132	28819	28056	27569	27273	31885	25825	25543	25262	24980	29723	24146	28958
	自有资金固定资产投资(含更新投资)	28854	7698	5132					8012					8012		
	自有资金流动资金投入	2172				1982	190									

续表

序号	项目	合计	1	2	3	4	5	6	7	8	9	10	11	12	13	14
	长期借款本金偿还	41383			3620	3620	3620	3620	3620	3429	3429	3429	3429	3429	3069	3069
	流动资金借款偿还	5064														5064
	借款利息支付	47854			6089	5735	5339	4943	4546	4150	3774	3399	3023	2648	2272	1936
	经营成本	208010			16576	17850	17850	17850	15392	17850	17850	17850	17850	15392	17850	17850
	增值税及附加	3349			311	314	314	314	264	268	268	268	268	226	268	268
	所得税	4180			241	347	446	546	51	128	222	316	410	16	687	771
3	净现金流量	22666	−7698	−5132	341	2454	2941	3237	−6257	1985	2267	2548	2830	−6363	3664	25845

注：内部收益率（IRR）=11%；财务净现值（NPV）=836.70 万元。

表 7-24 资金来源与运用表　　　　　　　　　　单位：万元

序号	项目	合计	1	2	3	4	5	6	7	8	9	10	11	12	13	14
1	资金来源	175898	35882	28461	12788	7243	7007	7404	5426	5543	5918	6293	6669	5095	7420	34749
	利润总额	16719			962	1389	1785	2182	204	512	887	1262	1638	64	2749	3085
	折旧费	56052			4671	4671	4671	4671	4671	4671	4671	4671	4671	4671	4671	4671
	摊销费	4555			551	551	551	551	551	360	360	360	360	360	0	0
	长期借款	51513	28184	23329												
	流动资金借款	5064			4622	442										
	自有资金	15002	7698	5132	1982	190										
	其他	19758														19758
	回收固定资产余值	7235														7235
	回收流动资金	0														
2	资金运用	140111	35882	28461	6953	1136	647	791	8086	186	322	457	594	8035	997	6182
	固定资产投资	58742	34419	24323												
	建设期利息	5601	1463	4138												
	流动资金	7236			6604	632										
	所得税	4180			241	347	446	546	51	128	222	316	410	16	687	771
	盈余公积金	1254			72	104	134	164	15	38	67	95	123	5	206	231
	公益金	627			36	52	67	82	8	19	33	47	61	2	103	116
	长期借款本金偿还	41383			3620	3620	3620	3620	3620	3429	3429	3429	3429	3429	3069	3069
	流动资金借款偿还	5064														5064
	更新投资	16024							8012					8012		
3	盈余资金	35787	0	0	5835	6107	6360	6613	−2660	5357	5596	5836	6075	−2940	6423	28567
4	累计盈余资金		0	0	5835	11943	18303	24916	22256	27613	33210	39045	45120	42180	48604	77170

小　结

(1) 财务分析是项目经济评价的重要组成部分，通过进行财务盈利能力分析、偿债能力分析和财务生存能力分析，据以评价项目的财务可行性。

(2) 财务盈利能力分析、偿债能力分析和财务生存能力分析的前提条件是要依据相关报表，通过计算相关指标来借以进行相关决策。而相关报表中的数据(包括项目计算期、财务效益、财务费用等)在前期阶段是通过一定方法估算得来的。

(3) 财务盈利能力分析包括现金流量分析(即动态分析)和静态分析。现金流量分析又包括3个层次，即项目现金流量分析、自有资金现金流量分析和投资各方现金流量分析；其计算指标主要有财务净现值和财务内部收益率等指标。静态分析指标主要有投资回收期、项目投资总收益率、资本金净利润率等。

(4) 偿债能力分析是通过相关报表计算利息备付率、偿债备付率和资产负债率等指标考察项目借款的偿还能力。财务生存能力分析是通过相关报表结合偿债能力分析，考察项目资金平衡和余缺等财务情况，判断其财务可持续性。

习　题

一、填空题

1．项目决策可分为投资决策和融资决策两个层次，根据不同决策的需要，财务分析也可分为_____和_____。

2．项目计算期是指对项目进行经济评价应延续的年限，是财务分析的重要参数，包括的时间段是_____和_____。

3．总成本费用的估算通常有两种方法，即_____和_____。

4．固定资产的折旧方法一般采用直线法，包括_____和_____。税法也允许对某些机器设备采用快速折旧法，即_____和_____。

5．经营成本与总成本费用的关系式为_____。

二、单项选择题

1．不受融资方案影响，体现项目方案设计本身的合理性，作为方案比选和初步投资决策依据的是(　　)。

  A．投资各方现金流量分析　　　B．项目现金流量分析
  C．不确定性分析　　　　　　　D．项目资本金现金流量分析

2．财务分析中，融资后分析计算的财务评价指标不包括(　　)。

  A．资本金净利润率　　　　　　B．投资各方财务内部收益率
  C．项目投资财务净现值　　　　D．利息备付率

3．成本费用按成本与产量的关系可分为(　　)。

A. 制造成本和经营成本　　　　　B. 单位产品成本和总成本费用
C. 固定成本和可变成本　　　　　D. 生产成本和经营成本

4. 在等额还本利息照付方式下，应先计算出的是（　　）。
A. 每年还本付息额　　　　　　　B. 年初本金累计额
C. 每年支付利息额　　　　　　　D. 每年偿还本金额

5. 对于采用生产要素法编制的总成本费用估算表，需要的基础报表不包括（　　）。
A. 外购原材料费估算表　　　　　B. 外购燃料和动力费估算表
C. 固定资产折旧费估算表　　　　D. 建设投资估算表

6. 某项目计算期18年，从第9年起累计现金流为正，第8年累计现金流量为-73.29万元，第8年净现金流量为145.65万元，第9年净现金流量为163.52万元，其投资回收期为（　　）。
A. 8.45年　　　B. 9.45年　　　C. 8.50年　　　D. 9.50年

7. 某项目生产期第3年销售收入为17232万元，销售税金及附加845万元，总成本费用15616万元，所得税率为25%，利润总额为（　　）万元。
A. 771　　　B. 516.57　　　C. 440　　　D. 716

8. 某项目投产第2年销售收入为3456万元，销售税金及附加145万元，总成本费用2386万元，所得税率为25%，上年累计亏损903万元，则第2年的应纳所得税额为（　　）万元。
A. 0　　　B. 305.25　　　C. 7.26　　　D. 211.33

9. 在对某项目进行现金流量分析时，选定的基准收益率为10%，经测算该项目的内部收益率为12%。若重新设定基准收益率为13%，该项目的内部收益率应该等于（　　）
A. 10%　　　B. 12%　　　C. 13%　　　D. 14%

三、多项选择题

1. 建设项目财务评价必须坚持的原则包括（　　）。
A. 效益与费用计算口径一致的原则　B. 效益与费用估算遵循有无对比的原则
C. 以静态分析为主的原则　　　　　D. 以定性分析为主的原则
E. 基础数据确定的准确性原则

2. 城市维护建设税和教育费附加计算的税基包括（　　）。
A. 所得税　　　B. 增值税　　　C. 营业税
D. 资源税　　　E. 消费税

3. 期间费用包括（　　）。
A. 销售费用　　　B. 修理费用　　　C. 管理费用
D. 折旧费用　　　E. 财务费用

4. 经营成本包括（　　）。
A. 外购原材料、燃料及动力费　　　B. 折旧费　　　C. 工资或薪酬
D. 摊销费　　　E. 修理费

5．计算中不用考虑资金的时间价值的盈利能力指标有（　　）。
　　A．投资回收期　　　　　　　　B．财务内部收益率　　C．总投资收益率
　　D．资本金净利润率　　　　　　E．财务净现值
6．下列关于企业偿债能力分析速动比率指标的表述，正确的有（　　）。
　　A．速动比率=流动比率–存货/流动负债
　　B．速动比率用以衡量企业的实际短期偿债能力
　　C．速动比率越高，对企业的运营越有利
　　D．各行业间的速动比率标准大致相同
　　E．国际公认的标准速动比率为200%

四、简答题

1．什么是财务分析？
2．简述财务分析的内容和步骤。
3．财务分析应遵循哪些原则？
4．总成本费用包括哪几项内容？各项内容如何估算？
5．财务盈利能力分析主要利用什么报表？各报表反映的内容是什么？
6．简述财务盈利能力的主要指标。
7．偿债能力分析主要利用什么报表？各报表反映的内容是什么？
8．简述偿债能力的主要指标。
9．简述财务生存能力的作用。

五、实训题

1．设备原始价值为12万元，使用年限为8年，残值为0，试用双倍余额递减法计算各年折旧额。

2．某工程项目总成本费用8400万元，其中折旧费320万元，摊销费用180万元，利息支出420万元，经营成本为多少？若固定成本占总成本费用的35%，可变成本占65%，则固定成本为多少？可变成本为多少？

3．某项目计算期为5年，设定的折现率为10%，各年的现金流量见表7-25，则该项目的财务净现值为多少万元？

表7-25　各年现金流量

年份 项目	1	2	3	4	5
现金流入（万元）	0	1000	2500	3500	2000
现金流出（万元）	3000	500	200	250	100

4．某项目计算期11年，生产期10年。固定资产残值率为4%，采用平均年限折旧法，折旧期限为10年。无形资产20万元，其他资产6万元，无形资产和其他资产分5年摊销。计算期第1年投入资金见表7-26。

表 7-26　项目建设期投入资金状况　　　　　　　　　　单位：万元

项目	第 1 年	项目	第 1 年
工程费用	200	建设期利息	4
工程建设其他费用	41	流动资金	50
预备费用	5		

计算期第 2~11 年，年生产经营情况见表 7-27。

表 7-27　项目生产期生产经营状况　　　　　　　　　　单位：万元

计算期 项目	建设期	生产期								
	1	2	3	4	5	6	7	8	9	10	11
营业收入		71	142	177	177	177	177	177	177	177	177
外购原材料		16	32	40	40	40	40	40	40	40	40
外购燃料、动力		8	16	20	20	20	20	20	20	20	20
工资及福利费		10	10	10	10	10	10	10	10	10	10
修理费		5	5	5	5	5	5	5	5	5	5
利息支出		2	2	2	2	2	2	2	2	2	2
其他费用		3	3	3	3	3	3	3	3	3	3

以上，凡与增值税有关的数据均为含税价，增值税率为 17%，营业税金及附加为增值税的 10%，所得税率为 25%，基准收益率 $i_c=10\%$。

项目计算期结束时，将固定资产出售，售价为 20 万元。

问题：计算项目各年的现金流量，并依据计算结果求项目投资回收期、财务净现值（税后）、财务内部收益率（税后）（要求写出详细计算过程）；并据此判断项目是否可行。

项目7在线答题

项目 8

国民经济效益评估

教学目标

了解国民经济评价的作用、内容和基本方法的运用,掌握国民经济评价的适用范围及与财务分析的比较,掌握国民经济效益和费用的识别和估算、分析报表编制与指标计算、费用效果分析及应用。

教学要求

知识要点	能力要求	相关知识	所占分值(100分)
国民经济效益评估概述	了解国民经济评价的内容	国民经济评价的作用、内容和基本方法	20
国民经济评价经济效益与费用的识别与估算	掌握国民经济效益和费用的识别和估算	内部效果、外部效果、转移支付、影子价格的计算	30
国民经济评价指标和报表	掌握国民经济评价报表的编制与指标计算	费用效益流量表有关的计算(净效益流量的计算、经济净现值的计算、经济内部收益率的计算)	40
国民经济评价中的费用效果分析	熟悉国民经济评价费用效果分析及应用	费用效果比指标的计算(增量)	10

▶▶ 项目导读

近年来中国的房地产业获得了突飞猛进的发展，客观上房地产已成为中国经济的支柱，也使中国的经济依然保持较高的增速，功劳似乎不少，但是争议似乎也很大。著名经济学家、天则经济研究所所长茅于轼认为，中国的房地产和金融业是所有行业中问题最大的，房地产的问题主要集中在房价上涨过快。

中国社会科学院城市与竞争力研究中心主任倪鹏飞说，如果没有严厉的房地产市场调控，房地产呈现的超常增长，对房地产市场和宏观经济的影响后果将不堪设想。在市场经济条件下，大部分工程项目财务评价结论可以满足投资决策要求，但由于存在市场失灵，项目还需要进行国民经济评价，也就是站在全社会的角度判别项目配置经济资源的合理性。本项目主要介绍国民经济评价与财务评价的关系，国民经济效益和费用的识别、计量、指标计算、报表编制，以及国民经济评价的参数和方法。

8.1 国民经济效益评估概述

【思考】

众所周知，房地产业的财务效益是非常可观的，有许多人因为从事房地产而身价倍增，荣登富豪榜，可是，国家为什么要调控房地产业呢？我们应该以什么评价结果作为判断建设项目可行的标准？

1. 国民经济评价的含义

国民经济评价，是按合理配置稀缺资源和社会经济可持续发展的原则，采用影子价格、社会折现率等国民经济评价参数，从国民经济全局的角度出发，考察工程项目的经济合理性。

项目的国民经济评价在项目决策中有着重要的作用。很显然，项目的财务评价和国民经济评价结果有时是矛盾的，一般应以国民经济评价的结论作为项目或方案取舍的主要依据。也就是说，经过项目财务评价和国民经济评价以后，有可能出现以下4种情况。

（1）财务评价为可行，国民经济评价也可行，项目可行。

（2）财务评价为不可行，国民经济评价为可行，这时有两种处理办法：一种是重新考察投资方案，改进使之财务上可行；另一种是如果该项目是关系到国计民生，对国家有重大意义的项目，那么以国家给项目企业补贴的办法，弥补项目财务上的不可行。

（3）财务评价为可行，国民经济评价为不可行，则项目不可行。这时候可以通过改进使项目的国民经济评价也可行，或者放弃该项目。

（4）财务评价为不可行，国民经济评价也为不可行，项目不可行。

2. 国民经济评价与财务评价的关系

在很多情况下，国民经济评价是在财务分析基础之上进行的，利用财务分析中的数据资料，以财务分析为基础进行调整计算。当然，国民经济评价也可以独立进行，即在项目的财务分析之前进行国民经济评价。

1) 建设项目国民经济效益评估与财务评价的共同点

(1) 评价方法相同。它们都是经济效果评价，都使用基本的经济评价理论，即效益与费用比较的理论方法。

(2) 评价的基础工作相同。两种分析都要在完成产品需求预测、工艺技术选择、投资估算、资金筹措方案等可行性研究内容的基础上进行。

(3) 评价的计算期相同。

2) 建设项目国民经济效益评估与财务评价的不同点

(1) 评价的角度不同。财务评价是从投资主体（全部投资者和直接投资者）的角度考察项目，国民经济评价是从国家整体角度考察项目的效益和费用。

(2) 费用和效益的含义和划分范围不同。财务评价只根据项目直接发生的财务收支计算项目的费用和效益；国民经济评价则从全社会的角度考察项目的费用和效益，这时项目的有些收入和支出，从全社会的角度考虑，不能作为社会费用或收益，如税金和补贴、银行贷款利息。

(3) 采用的价格体系不同。财务评价用市场预测价格；国民经济评价用影子价格。

(4) 使用的参数不同。财务评价用基准收益率；国民经济评价用社会折现率。财务基准收益率依分析问题角度的不同而不同，而社会折现率则是全国各行业各地区都一致。

(5) 评价的内容不同。财务评价主要包括盈利性评价和清偿能力分析；国民经济评价主要包括盈利能力分析，没有清偿能力分析。

(6) 应用的不确定性分析方法不同。盈亏平衡分析只适用于财务评价，敏感性分析和风险分析可同时用于财务评价和国民经济评价。

3. 国民经济评价的作用

在市场经济条件下，企业财务评价可以反映出建设项目给企业带来的直接效果，但由于市场失灵现象的存在，财务评价不可能将建设项目产生的效果全部反映出来。因此，正是由于国民经济评价关系到宏观经济的持续健康发展和国民经济结构布局的合理性，所以说国民经济评价是非常必要的。

1) 正确反映项目对社会经济的净贡献，评价项目的经济合理性

财务评估是对项目在财务上的盈利性和财务收支上的清偿能力进行分析与评价。由于财务评估是站在企业的角度对项目的评价，而企业利益并不总是与国家利益相一致的。如税金对于企业是费用支出，而对于国家则不是费用支出；同时由于种种原因，项目的投入物和产出物的财务价格往往严重背离资源的真实价值，不能真实反映项目对国民经济的真实贡献。项目的财务盈利性至少在以下几个方面可能难以全面正确地反映项目的经济合理性：①国家给予项目补贴；②企业向国家缴税；③某些货物市场价格可能扭曲；④项目的外部效果。所以，必须通过国民经济评估才能清楚一个项目对国民经济整体的净贡献。

2) 为政府合理资源配置提供依据

项目的国民经济评价是从国民经济的角度对项目的盈利水平做出评价，有利于全社会合理配置资源。国家的资源，如资金、外汇、土地、劳动力以及其他自然资源等总是有限的，必须在资源的各种相互竞争的用途中做出选择，而这种选择必须借助于国民经济评价，从国家整体的角度来考虑。把国民经济作为一个大系统，项目的建设作为这个大系统中的一个子系统，要从国民经济这个大系统中汲取大量的投入物，同时也向国民经济这个大系统提供一定数量的产出物。国民经济评价就是评价项目从国民经济中所汲取的投入，与向国民经济提供的产出对国民经济这个大系统经济目标的影响，从而选择对大系统目标最有利的项目和方案。因此，国民经济评价是一种宏观评价，对于建设社会主义市场经济，宏观评价具有十分重要的意义。只有多数项目的建设符合整个国民经济发展的需要，才能在充分合理利用有限资源的前提下，使国家获得最大的净效益。对那些本身财务效益好，但经济效益差的项目进行调控；对那些本身财务效益差，而经济效益好的项目予以鼓励。

3) 是政府审批或核准项目的重要依据

（1）有利于引导投资方向。运用经济净现值、经济内部收益率等指标及体现宏观意图的影子价格、影子汇率等参数，可以起到鼓励或抑制某些行业或项目发展的作用，促进国家资源的合理分配。

（2）有利于控制投资规模。国家可以通过调整社会折现率这个重要参数来调控投资总规模，当投资规模膨胀时，可以适当提高社会折现率，控制一些项目的通过。

（3）有利于提高计划质量。项目是计划的基础，有了足够数量经过充分论证和科学评价的备选项目，才便于各级部门从宏观经济角度对项目进行排队和取舍。财务评价和国民经济评价均可行的项目，才可以通过。

（4）有助于实现企业利益、地区利益与全社会利益有机地结合和平衡。

知识提示

（1）正常运作的市场通常是资源在不同用途之间和不同时间上配置的有效机制。
市场正常运作的条件包括以下几点。
① 所有资源的产权一般来说是清晰的。
② 所有稀缺资源必须进入市场，由供求来决定其价格。
③ 完全竞争。
④ 人类行为无明显的外部效应，公共物品数量不多。
⑤ 短期行为不存在。

（2）市场失灵：不满足以上条件，市场就不能有效配置资源，即市场失灵。严重的市场失灵包括以下几点。
① 资源产权不完全或不存在。产权是有效利用、交换、管理资源等的先决条件。
② 无市场、薄市场。导致资源的价格偏低或无价格，易造成资源浪费。
③ 外部效应（是指企业或个人行为对其外部所造成的影响）。它造成内部成本（直接成本或私人成本）和社会成本的不一致，导致实际价格不同于最优价格。

社会成本=内部成本+外部成本

外部成本是企业活动对外部造成影响而没有承担的成本。

④ 公共物品(是指只有外部效应的产品)。它有两个方面的特性：一是公共物品的消费没有机会成本，即个人对公共物品的消费并不影响其他消费者对同一公共物品的消费；二是供给的不可分性，即为一个消费者生产公共物品就必须为所有消费者生产该物品。由于消费者不会为消费公共物品而付钱，企业就不愿意提供公共物品，因此，自由市场不能提供公共物品，或提供过少的公共物品和过多的私人物品。

⑤ 短视计划。为满足当前消费而提前使用资源，这就不利于自然资源的保护和可持续发展。

4. 国民经济评价的适用范围

在完全竞争的市场经济体系下，竞争市场机制能够对经济资源进行有效配置，产出品市场价格将以货币形态反映边际社会效益，而投入品的市场价格将反映边际社会机会成本，利润最大化自然会导致资源的有效配置，在现实经济中，由于市场本身的原因及政府不恰当的干预，都可能导致市场配置资源的失灵，市场价格难以反映建设项目的真实经济价值，客观上需要通过国民经济评价来反映建设项目的真实经济价值，判断投资的经济合理性，为投资决策提供依据。市场配置资源失灵的项目主要包括：

（1）自然垄断项目。对于电力、电信、交通运输等行业的项目，存在着规模效益递增的产业特征，企业一般不会按照帕累托最优规则进行运作，从而导致市场配置资源失效。

（2）公共产品项目。项目提供的产品或服务在同一时间内可以被共同消费，具有"消费的非排他性"和"消费的非竞争性"特征，由于市场价格机制只有通过将那些不愿意付费的消费者排除在该物品的消费之外才能得以有效运作，因此市场机制对公共产品项目的资源配置失灵。

（3）具有明显外部效果的项目。外部效果是指一个个体或厂商的行为对另一个体或厂商产生了影响，而该影响的行为主体又没有负相应的责任或没有获得应用报酬的现象。产生外部效果的行为主体由于不受预算约束，因此常常不考虑外部效果结果承受着的损益情况。

（4）涉及国家控制的战略性资源开发及涉及国家经济安全的项目。

（5）政府对经济活动的干预过度已经干扰了正常经济活动效率的项目。

知识提示

需要进行国民经济评价的具体项目类别如下。

（1）政府预算内投资用于关系国家安全、国土开发和市场不能有效配置资源的公益性项目，以及公共基础设施建设项目、保护和改善生态环境项目、重大战略性资源开发项目。

（2）政府各类专项建设基金投资用于交通运输、农林水利等基础设施、基础产业的建设项目。

（3）利用国际金融组织和外国政府贷款，需要政府主权信用担保的建设项目。

（4）企业投资建设的涉及国家经济安全、影响环境资源和公共利益、可能出现垄断、涉及整体布局等公共性问题，需要政府核准的建设项目。

（5）法律、法规规定的其他政府性资金投资的建设项目。

8.2 国民经济评价效益与费用识别

【思考】
国民经济评价中经济效益与费用和财务评价中的成本与效益的范围不一样，如何识别这些经济效益与费用呢？

8.2.1 经济效益与费用识别的基本要求

在经济费用效益分析中，应识别建设项目的经济效益和费用，其识别基本要求如下。

(1) 对经济效益与费用进行全面的识别。考虑关联效果，对项目涉及的所有社会成员的有关效益和费用进行全面识别。

(2) 遵循有无对比的原则。有无对比是国际上项目评价中通用的费用与效益识别的基本原则。"有"指的是实施项目的将来状况；"无"指的是不实施项目的将来状况。

(3) 合理确定经济效益与费用识别的时间跨度。应足以包含项目所产生的全部重要效益和费用，不完全受财务分析计算期的限制。

(4) 正确处理"转移支付"。将不新增加社会资源和不增加社会资源消耗的财务收入与支出视作社会成员之间的"转移支付"，在经济分析中不作为经济效益与费用。

(5) 遵循以本国社会成员作为分析对象的原则。对于跨越国界的项目，应重点分析项目给本国社会成员带来的效益和费用，项目对国外社会成员所产生的效果应予以单独陈述。

8.2.2 国民经济效益与费用

国民经济效益分为直接效益和间接效益，国民经济费用分为直接费用和间接费用。直接效益和直接费用可称为内部效果，间接效益和间接费用可称为外部效果。

1. 直接效益与直接费用——内部效果

(1) 直接效益是项目产出物直接生成，并在项目范围内计算的经济效益。一般表现为如下几方面。

① 增加项目产出物或者服务的数量以满足国内需求的效益。

② 替代效益较低的相同或类似企业的产出物或者服务，使被替代企业减产（停产）从而减少国家有用资源耗费或者损失的效益。

③ 增加出口或者减少进口，从而增加或者节支的外汇等。

(2) 直接费用是项目使用投入物所形成，并在项目范围内计算的费用。一般表现为如下几方面。

① 其他部门为本项目提供投入物，需要扩大生产规模所耗费的资源费用。

② 减少对其他项目或者最终消费投入物的供应而放弃的效益。

③ 增加进口或者减少出口从而耗用或者减少的外汇等。

2. 间接效益与间接费用——外部效果

外部效果是指项目对国民经济做出的贡献与国民经济为项目付出的代价中，在直接效益与直接费用中未得到反映的那部分效益(间接效益)与费用(间接费用)。外部效果应包括以下几个方面。

(1) 产业关联效果。例如，建设一个水电站，一般除发电、防洪灌溉和供水等直接效果外，还必然带来养殖业和水上运动的发展，以及旅游业的增进等间接效益。此外，农牧业还会因土地淹没而遭受一定的损失(间接费用)。

(2) 环境和生态效果。例如，发电厂排放的烟尘可使附近田园的作物产量减少，质量下降，化工厂排放的污水可使附近江河的鱼类资源骤减。

(3) 技术扩散效果。技术扩散和示范效果是由于建设技术先进的项目会培养和造就大量的技术人员和管理人员。他们除了为本项目服务外，由于人员流动、技术交流，对整个社会经济发展也会带来好处。

注意：为防止外部效果计算扩大化，项目的外部效果一般只计算一次相关效果，不应连续计算。

3. 转移支付

项目的某些财务收益和支出，从国民经济角度看，并没有造成资源的实际增加或减少，而是国民经济内部的"转移支付"，不计作项目的国民经济效益与费用。转移支付的主要内容包括以下几项。

(1) 税金。将企业的货币收入转移到政府手中，是收入的再分配。

(2) 补贴。使资源的支配权从政府转移给了企业。

(3) 国内贷款的还本付息。仅代表资源支配权的转移。

(4) 国外贷款的还本付息。处理分以下3种情况。

① 评价国内投资经济效益的处理办法。在分析时，由于还本付息意味着国内资源流入国外，因而应当视作费用。

② 国外贷款不指定用途时的处理办法。这种情况下，与贷款对应的实际资源虽然来自国外，但受贷国在如何有效利用这些资源的问题上，面临着与国内资源同样的优化配置任务，因而应当对包括国外贷款在内的全部资源的利用效果做出评价。在这种评价中，国外贷款还本付息不视作收益，也不视作费用。

③ 国外贷款指定用途的处理办法。如果不上拟建项目，就不能得到国外贷款，这时便无须进行全投资的经济效益评价，可只进行国内投资资金的经济评价。这是因为，全投资经济效益评价的目的在于对包括国外贷款在内的全部资源多种用途进行比较选优。既然国外贷款的用途已经唯一限定，别无其他选择，也就没有必要对其利用效果做出评价了。

知识提示

识别效益和费用的原则

1. 基本原则

使国民收入最大化为目标 { 凡是增加国民收入——国民经济效益
凡是减少国民收入——国民经济费用

2. 边界原则

边界原则如图 8-1 所示。

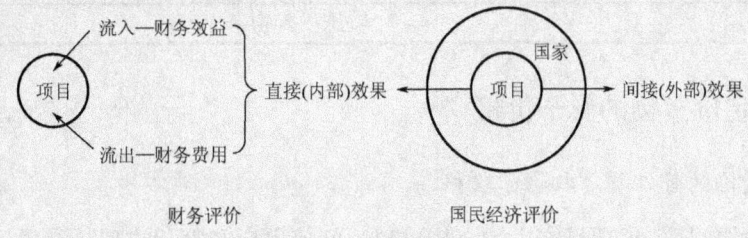

图 8-1　边界原则示意图

3. 资源变动原则

财务评价：计算财务效益和费用依据的是货币的变动。

国民经济评价：考察国民经济效益和费用依据的是社会资源(注意：这里的资源指的是稀缺资源，而不是闲置或不付出代价就可自由使用的物品)的真实变动。凡是增加社会资源的项目产出都是国民经济效益，凡是减少社会资源的项目投入都是国民经济费用。

8.3　国民经济评价经济效益与费用的估算

影子价格是进行项目国民经济评价专用的估算价格。影子价格依据国民经济评价的定价原则测定，反映项目的投入物和产出物的真实经济价值，反映市场供求关系，反映资源稀缺程度，反映资源合理配置的要求。

价格失真主要有以下几种情况。

(1) 因关税和非关税保护，使国内价格高于国际市场价格，随着进出口的进一步开放，项目的财务评价结论可能会不符合项目实施后的情况，因此有必要对这些投入品和产出品用从国际市场价格为基础的影子价格代替财务评价中所用的价格。

(2) 劳动力投入的机会成本往往低于实际的工资和福利支出，必要时可用影子工资代替财务工资和福利支出。

(3) 外汇与人民币在没有完全实现自由兑换之前，外汇的真正价值一般高于实际的汇率，必要时可用影子汇率代替实际汇率。

(4) 基准收益率或资本价格在财务评价中用的是行业或投资者期望的收益率，在费用-效益分析中应从国家资源配置的角度用统一的社会折现率来反映真正的资源耗用或有用物品(或服务)产出的时间价值。

以上调整后的价格或参考数可以统称为影子价格。概括地说，影子价格是从国家角度更能反映资源(物品、服务、自然资源、外汇、劳动力和资本占用)价值的合理价格。

> **知识提示**
>
> 表 8-1 是对货物的几种分类。
>
> 表 8-1　货物分类
>
> | 货物 | 市场定价货物 | 可外贸货物 |
> |---|---|---|
> | | | 非外贸货物 |
> | | 非市场定价货物 | |
> | | 特殊投入物 | |

8.3.1　市场定价货物的影子价格

1. 市场定价的可外贸货物影子价格

可外贸货物包括：①项目产出物直接出口、间接出口和替代进口；②项目投入物直接进口、间接进口和减少出口。

$$直接进口投入物的影子价格(到厂价)=到岸价(CIF)\times 影子汇率+进口费用 \quad (8-1)$$

$$直接出口产出物的影子价格(出厂价)=离岸价(FOB)\times 影子汇率-出口费用 \quad (8-2)$$

影子汇率是指能正确反映外汇真实价值的汇率，即外汇的影子价格。在国民经济评价中，影子汇率通过影子汇率换算系数计算。影子汇率换算系数是影子汇率与国家外汇牌价的比值，由国家统一测定和发布。根据我国外汇收支情况、进出口结构、进出口环节税费及出口退税补贴等情况，目前我国的影子汇率换算系数取值为 1.08。

【例 8-1】若美元兑人民币的外汇牌价=6.85 元/美元，影子汇率换算系数取值为 1.08，试计算美元的影子汇率。

解：美元的影子汇率=美元的外汇牌价×影子汇率换算系数
　　　　　　　　=6.85×1.08=7.39(元/美元)

影子汇率的取值对于项目决策也有着重要的影响。对于那些主要产出物是可外贸货物的建设项目，由于产品的影子价格要以产品的口岸价为基础计算，外汇的影子价格高低直接影响项目收益价值的高低，影响对项目效益的判断。

影子汇率换算系数越高，外汇的影子价格越高，产品是可外贸货物的项目效益较高，评价结论会有利于出口方案。同时外汇的影子价格较高时，项目引进投入物的方案费用较高，评价结论会不利于引进方案。

【例 8-2】某货物 A 进口到岸价为 100 美元/t，某货物 B 出口离岸价也为 100 美元/t，用影子价格估算的进口费用和出口费用分别为 50 元/t 和 40 元/t，影子汇率 1 美元=6.85 人民币元，试计算货物 A 的影子价格(到厂价)以及货物 B 的影子价格(出厂价)。

解：货物 A 的影子价格为 100×6.85+50=735（元/t）

货物 B 的影子价格为 100×6.85−40=645（元/t）

2. 市场定价的非外贸货物影子价格

1) 基本的确定方法

价格完全取决于市场的，且不直接进出口的项目投入物和产出物，按照非外贸货物定价，其国内市场价格作为确定影子价格的基础，并按下式换算为到厂价和出厂价。

$$投入物影子价格（到厂价）=市场价格+国内运杂费 \qquad (8-3)$$

$$产出物影子价格（出厂价）=市场价格-国内运杂费 \qquad (8-4)$$

2) 对于税的处理

分析货物的供求情况，区分项目产出物和项目投入物采取的不同处理。

(1) 项目产出物。

① 若项目产出物需求空间较大，项目的产出对市场价格影响不大，影子价格按消费者支付意愿确定，即采用含税的市场价格。

② 若项目产出物用以顶替原有市场供应的，也即挤占其他生产厂商的市场份额，应该用节约的社会成本作为影子价格，节约的社会成本是指其他生产厂商减产或停产所带来的社会资源节省。对于市场定价的货物，其不含税的市场价格可以看作其社会成本。

对于可能导致其他企业减产或停产，产出物质量又相同的，甚至可以按被替代企业的分解可变成本定价（即定位于不合理重复建设的情况）。

(2) 项目投入物。

① 若该投入物的生产能力较富裕或较容易扩容来满足项目的需要，可通过新增供应来满足项目需求的，采用社会成本作为影子价格，这里社会成本是指社会资源的新增消耗。

对于市场定价的货物，其不含税的市场价格可以看作其社会成本。

对于价格受到管制的货物，其社会成本通过分解成本法确定。

若通过新增投资增加供应的用全部成本分解，而通过挖潜增加供应的，用可变成本分解。

② 若该投入物供应紧张，短期内无法通过增产或扩容来满足项目投入的需要，只能排挤原有用户来满足项目的需要时，影子价格按支付意愿确定，即采用含税的市场价格。

(3) 若没有可能判别出产出物是增加供给还是挤占原有供给，或投入物供应是否紧张，此时也可简化处理为：产出物的影子价格一般采用含税的市场价格；投入物的影子价格一般采用不含税的市场价格，但这种方法要慎重采用。

(4) 如果项目产出物或投入物数量大到影响了其市场价格，导致"有项目"和"无项目"两种情况价格不一致，可取两者的平均值作为确定影子价格的基础。

【例 8-3】某公司以离岸价为订货合同价格进口一套设备，离岸价为 400 万美元，到岸价 455 万美元，银行财务费费率为 0.5%，外贸手续费费率为 1.5%，进口关税税率为 22%，进口环节增值税税率为 17%，人民币外汇牌价为 1 美元=6.85 元人民币，影子汇率换算系数为 1.08，设备的国内运杂费费率为 2.5%。进口相关费用经济价值与财务价值相同，不必调整，该套进口设备的到厂价为多少？

解：设备的到岸价格按照影子汇率计算；根据题意，进口从属费用不做调整；进口关税、增值税属于转移支付，不用考虑。

(1) 用影子汇率换算为人民币表示的进口设备到岸价=455×6.85×1.08=3366.09(万元)

(2) 银行财务费=400×6.85×0.5%=13.70(万元)

(3) 外贸手续费=455×6.85×1.5%=46.75(万元)

(4) 国内运杂费=400×6.85×2.5%=68.50(万元)

(5) 进口设备的经济价值=3366.09+13.70+46.75+68.50=3495.04(万元)

8.3.2 政府调控价格货物的影子价格

政府调控价格包括政府定价、政府指导价、最高限价和最低限价。

政府调控价格的货物一般用成本分解法、消费者支付意愿法和机会成本法测定影子价格。

1. 成本分解法

成本分解法是确定非外贸货物影子价格的一种重要方法，它是通过对某种货物的边际成本(实践中往往采取平均成本)进行分解，并用影子价格进行调整换算，得到该货物的分解成本。

(1) 数据准备。列出该非外贸货物按生产费用要素计算的单位财务成本。

(2) 确定重要原材料、燃料、动力、工资等投入物的影子价格，计算单位经济费用。

(3) 对建设投资进行调整和等值计算。

(4) 用固定资金回收费用取代财务成本中的折旧费。

(5) 用流动资金回收费用取代财务成本中的流动资金利息。

(6) 财务成本中的其他科目可不予以调整。

(7) 完成上述调整后，计算的各项经济费用总额即为该货物的分解成本，可作为其出厂影子价格。

【例8-4】 某电网满足新增用电将主要依赖新建的火电厂供给，简述用成本分解法计算电力影子价格的计算过程。

解：(1) 数据准备。

① 机组为300MW的火电厂，单位千瓦需要的建设投资为4500元，建设期2年，分年投资比例各50%，不考虑固定资产余值回收；单位千瓦占用的流动资金为198元；生产期按20年计，年运行6600h。发电煤耗按330克标准煤/(kW·h)，换算为标准煤的到厂价格为127元/t，火电厂厂用电率6%，社会折现率8%。

② 典型的300MW火电机组单位发电成本见表8-2。

表8-2 典型的300MW火电机组单位发电成本

要素成本费用项目	成本费用金额[元/(kW·h)]
燃煤成本	0.042
运营及维护费用	0.05
折旧费用	0.041
财务费用	0.033
发电成本[元/(kW·h)]	0.166

(2) 计算分解成本。

① 调整燃煤成本：当地无大型煤矿，靠小煤矿供煤，小煤矿安全性差，开采燃煤对于自然资源损害严重，应当按照大型煤矿的分解成本测定燃煤，按分解成本计算影子价格。经测算为 140 元/t，另加运杂费 60 元，到厂价格为 200 元/t，换算为标准煤的到厂价格为 255 元/t。燃煤成本调整为 0.084 元/(kW·h) (0.042×255/127)。

② 已知单位千瓦需要的建设投资为 4500 元，建设期 2 年，分年投资比例各 50%。

将各年建设投资换算到生产期初：

$$I_F = \sum_{t=1}^{n_1} I(1+i_5)^{n_1-t}$$

$$= 4500 \times 50\% \times (1+8\%)^{2-1} + 4500 \times 50\% \times (1+8\%)^{2-2}$$

$$= 4680 (元)$$

③ 计算单位千瓦固定资金回收费用：

$$固定资金回收费用 = 4680 \div 6600 \times (A/P, 8\%, 20)$$
$$= 0.709 \times 0.10185$$
$$= 0.072 [元/(kW·h)]$$

④ 计算流动资金回收费用：

$$流动资金回收费用 = 198 \div 6600 \times 8\% = 0.0024 [元/(kW·h)]$$

⑤ 将折旧费及财务费用从成本中扣除，改为按社会折现率计算固定资金回收费用和流动资金回收费用：0.072+0.0024=0.074[元/(kW·h)]。

⑥ 运营及维护费用不做调整，仍为 0.05 元/(kW·h)。

⑦ 火电厂发电分解成本计算。

综合以上各步，计算的火电厂发电分解成本为：

$$火电厂发电分解成本 = 0.084 + 0.05 + 0.074 = 0.208 [元/(kW·h)]$$

(3) 计算电力影子价格。

扣除厂用电后（厂用电率 6%）：

$$上网电分解成本 = 0.208/(1-6\%) = 0.208/0.94 = 0.22 [元/(kW·h)]$$

则电力影子价格为 0.22 元/(kW·h)。

如果用电项目不是建设在火电厂旁边，还需要另外计算网输费（包括输变电成本及输电线损）。

2. 消费者支付意愿法

消费者支付意愿是指消费者为获得某种商品或服务所愿意付出的价格。不具备市场价格的产出效果的影子价格应遵循消费者支付意愿和（或）接受补偿意愿的原则，采取以下两种方法测算影子价格。

(1) 根据消费者支付意愿的原则，通过其他相关市场信号，按照"显示偏好"的方法，去揭示这些隐含价值，间接估算产出效果的影子价格。

(2) 按照"陈述偏好"的意愿调查方法，分析调查对象的支付意愿或接受补偿意愿，通过推断，间接估算产出效果的影子价格。

3. 机会成本法

机会成本是指用于拟建项目的某种资源若改用于其他替代机会，在所有其他替代机会中所能获得的最大经济效益。

> **知识提示**
>
> 表 8-3 为几种主要的政府调控价格产品及服务的影子价格。
>
> 表 8-3　几种主要的政府调控价格产品及服务的影子价格
>
> | 货物 | 作为投入物 | | 作为产出物 |
> |---|---|---|---|
> | 电价 | 按成本分解法测定。一般情况下应当按当地的电力供应完全成本口径的分解成本定价。存在阶段性的电力过剩的地区，可以按电力生产的可变成本分解定价 | | 按照电力对于当地经济的边际贡献测定 |
> | 铁路运价 | 一般情况下按完全成本分解定价 | 在铁路运输能力过剩的地区：可按可变成本分解定价 | 采取专门的方法，按替代运输量运输成本的节约、诱发运输量的支付意愿以及时间节约的效益等测算 |
> | | | 在铁路运输紧张地区：应当按照被挤占用户的支付意愿定价 | |
> | 水价 | 按后备水源的成本分解定价，或者按照恢复水功能的成本定价 | | 按消费者支付意愿或者按消费者承受能力加政府补贴测定 |

8.3.3　特殊投入物影子价格

1. 劳动力的影子价格——影子工资

影子工资是指项目使用劳动力，社会为此付出的代价，包括劳动力的机会成本和劳动力转移而引起的新增资源消耗。劳动力机会成本是拟建项目占用的劳动力由于在本项目使用而不能再用于其他地方或享受闲暇时间而被迫放弃的价值；应根据项目所在地的人力资源市场及就业状况、劳动力来源以及技术熟练程度等方面分析确定。技术熟练程度要求高的、稀缺的劳动力，其机会成本高，反之机会成本低。劳动力的机会成本是影子工资的主要组成部分。新增资源消耗是指劳动力在本项目新就业或由原来的岗位转移到本项目而发生的经济资源消耗，包括迁移费、新增的城市交通、城市基础设施配套等相关投资和费用。

$$影子工资 = 名义工资 \times 影子工资换算系数 \quad (8-5)$$

技术性工作的劳动力的工资报酬一般由市场供求决定，影子工资换算系数一般取值为 1，即影子工资可等同于财务分析中使用的工资。根据我国非技术劳动力就业状况，非技术劳动力的影子工资换算系数为 0.25~0.8。非技术劳动力较为富余的地区可取较低值，不太富余的地区可取较高值，中间状况可取 0.5。

2. 土地影子价格

在财务效益评估中,土地征购及迁移等费用都作为支出,计入固定资产投资中。而从国民经济角度看,这笔费用除居民搬迁等系社会为项目增加的资源消耗,仍应计为项目的费用外,其余支出均系国民经济内部的转移支付,在国民经济效益评估中不应列为费用。国民经济效益评估中的土地费用,应能反映该土地不用于本项目所能创造的净效益(即土地的机会成本)以及社会为此而增加的资源消耗(如居民搬迁等)。

项目使用了土地,无论是否实际需要支付费用,都应根据机会成本或消费者支付意愿计算土地影子价格。

$$土地影子价格=土地机会成本+新增资源消耗 \tag{8-6}$$

1) 土地机会成本

土地机会成本按照项目占用土地而使社会成员由此损失的该土地"最佳可行替代用途"的净效益计算。通常该净效益应按影子价格重新计算,并用项目计算期各年净效益的现值表示。土地机会成本的计算过程中应适当考虑净效益的递增速度以及净效益计算基年距项目开工年的年数。

2) 新增资源消耗

新增资源消耗应按照在"有项目"的情况下,土地的占用造成原有地上附属物财产的损失及其他资源耗费来计算。土地平整等开发成本通常应计入工程建设投资中,在土地影子费用估算中不再重复计算。

3) 实际征地费用的分解

土地的影子价格可以从财务分析中土地的征地费用出发,进行调整计算。

(1) 属于机会成本性质的费用,如土地补偿费、青苗补偿费等,按照机会成本计算方法调整计算。

(2) 属于新增资源消耗的费用,如征地动迁费、安置补助费和地上附着物补偿费等,按影子价格计算。

(3) 属于转移支付的费用主要是政府征收的税费,如耕地占用税、土地复耕费、新菜地开发建设基金等,不应列入土地经济费用。

土地的地理位置对土地的机会成本或消费者支付意愿影响很大,因此土地地块的地理位置是影响土地影子价格的关键因素。项目占用住宅区、休闲区等非生产性用地,市场完善的,应根据市场交易价格作为土地影子价格,市场不完善或无市场交易价格的,应按消费者支付意愿确定土地影子价格。项目占用生产性用地,主要指农业、林业、牧业、渔业及其他生产性用地,按照这些生产用地的机会成本及因改变土地用途而发生的新增资源消耗进行计算。

在国民经济效益评估中,对土地影子费用有两种处理方式:①计算项目占用土地期间逐年净效益的现值之和,作为土地费用计入项目投资中;②将逐年净效益的现值换算为年等值效益,作为项目每年的投入。通常采用第一种处理方式。

3. 自然资源影子价格

矿产等不可再生资源的影子价格应当按该资源用于其他用途的机会成本计算。

水和森林等可再生资源的影子价格可以按资源再生费用计算。

为方便测算，自然资源影子价格也可以通过投入物替代方案的费用确定。

> **知识提示**
>
> 实际工作中，土地的影子费用应根据具体情况来定。若项目占用的土地是没有什么用途的荒山野岭，国家不会因此而遭受任何损失，不会因此而增加资源消耗，则土地影子费用可视为零；若项目占用经济用地，则无论该土地原用于农业、工业或商业，项目占用之后都会使国家损失一部分效益。在这种情况下，土地的影子费用为因项目占用土地而损失的原用于农业、工业或商业所产生的净效益(即土地的机会成本)与搬迁费之和；若项目占用居住用地，则土地的影子费用包括为原住户购置新居住用地的机会成本，以及原住户搬迁而实际花费的搬迁费。

4. 人力资本和生命价值的估算

某些项目的产出效果表现为对人力资本、生命延续或疾病预防等方面的影响，如教育项目、医疗卫生和卫生保健项目等，应对其影响进行量化，纳入项目国民经济评价的框架之中。难以货币量化的，可采用非货币的方法进行量化，也可只进行定性分析。

(1) 对于教育项目，其效果可以表现为人力资本增值，在劳动力市场发育成熟的情况下，其人力资本的增值应根据"有项目"和"无项目"两种情况下的所得税前工资的差额进行估算。

(2) 对于医疗卫生项目，其效果常常表现为减少死亡的价值。可根据社会成员为避免死亡而愿意支付的费用进行计算。

当缺乏对维系生命的支付意愿的资料时，可采用人力资本法，通过分析人员的死亡导致为社会创造收入的减少来评价死亡引起的损失，以测算生命的价值；或者通过分析伤亡风险高低不同的工种的工资差别来间接测算人们对生命价值的支付意愿。

(3) 对于卫生保健项目，其效果表现为对人们增进健康的影响效果时，一般应通过分析疾病发病率与项目影响之间的关系，测算由于健康状况改善而增加的工作收入、发病率降低而减少的看病、住院等医疗成本及其他各种相关支出，并综合考虑人们对避免疾病而获得健康生活所愿意付出的代价，测算其经济价值。

5. 时间节约价值的估算

交通运输等项目，其效果可以表现为时间的节约，根据项目具体特点分别测算人们出行时间节约和货物运送时间节约的经济价值。

1) 出行时间节约的价值

出行时间节约的价值可以按节约时间的受益者为了获得这种节约所愿意支付的货币数量来度量。

(1) 如果所节约的时间用于工作，时间节约的价值应为因时间节约而进行生产从而引起产出增加的价值。可以将企业负担的所得税前工资、各项保险费用及有关的其他劳动成本用于估算时间节约的价值。

(2) 如果所节约的时间用于闲暇，应从受益者个人的角度，综合考虑个人家庭情况、收入水平、闲暇偏好等因素，采用意愿调查评估方法进行估算。

2) 货物时间节约的价值

货物时间节约的价值应为这种节约的受益者为了得到这种节约所愿意支付的货币数量。根据不同货物对运输时间的敏感程度以及受益者的支付意愿测算时间节约价值。

6. 环境价值的估算

环境工程项目，其效果表现为对环境质量改善的贡献，可采用本书所述的环境价值评估方法，估算其经济价值。

知识提示

表 8-4 经济效益与费用的估算原则

适用范围		遵循的原则	内容
产出物	正面效益的计算	支付意愿(WTP)原则	分析社会成员为项目所产出的效益愿意支付的价值
	负面影响的计算	接受补偿意愿(WTA)原则	分析社会成员为接受这种不利影响所要求补偿的价值
项目投入物		机会成本原则	分析项目所占用资源的机会成本。机会成本应按该资源的其他最好可行替代用途所产生的效益计算
所有效益和费用		实际价值计算原则	采用反映资源真实价值的实际价格进行计算，不考虑通货膨胀因素的影响，但可考虑相对价格变动

8.4 国民经济评价指标和报表

【思考】

国民经济评价的指标和报表与财务评价的指标和报表有什么区别和联系？

8.4.1 国民经济盈利能力分析指标

1. 经济净现值

经济净现值(ENPV)是指用社会折现率将项目计算期内各年的经济净效益流量折算到项目建设期初的现值之和，是经济费用效益分析的主要指标。

$$\mathrm{ENPV} = \sum_{t=0}^{n}(B-C)_t(1+i_s)^{-t} \tag{8-7}$$

式中：B——国民经济效益流量；

C——国民经济费用流量；

$(B-C)_t$——第 t 年的国民经济净效益流量；

i_s——社会折现率；

n——计算期。

经济净现值是反映项目对社会经济净贡献的绝对量指标。经济净现值越大，表明项目所带来的以绝对数值表示的经济效益越大。

社会折现率反映社会成员对于社会费用效益价值的时间偏好，也即对于现在的社会价值与未来价值之间的权衡。社会折现率又代表着社会投资所要求的最低动态收益率。

社会折现率用作经济内部收益率的判别基准，计算经济净现值的折现率。

社会折现率根据社会经济发展多种因素综合测定，由专门机构统一测算发布。我国目前的社会折现率一般取值为 8%。对于永久性工程或者受益期超长的项目，如水利设施等大型基础设施和具有长远环境保护效益的建设项目，社会折现率可适当降低，但不应低于 6%。

社会折现率可用于间接调控投资规模。需要缩小投资规模时，就提高社会折现率；需要扩大投资规模时，可降低社会折现率。社会折现率的取值高低会影响项目的选优和方案的比选。社会折现率较高，则较为不利于初始投资大而后期费用节省或收益增大的方案或项目。而社会折现率较低时，情况正好相反。

2. 经济内部收益率

经济内部收益率(EIRR)是项目在计算期内各年经济净效益流量的现值累计等于零时的折现率，是从资源配置的角度反映经济效益的一个相对指标，它表示项目占用的资金能够获得的动态收益率，它反映资源配置的经济效率。

$$\sum_{t=0}^{n}(B-C)_t(1+\text{EIRR})^{-t}=0 \tag{8-8}$$

经济内部收益率等于或大于社会折现率，表明项目对国民经济的净贡献达到或超过了要求的水平，这时应认为项目是可以考虑接受的。

> **知识提示**
>
> 涉及产品出口创汇及替代进口节汇的项目，应进行外汇效果分析，计算经济外汇净现值、经济换汇成本、经济节汇成本指标。

8.4.2 经济分析报表

1. 项目投资经济费用效益流量表

综合反映项目计算期内各年的按项目投资口径计算的各项经济效益与费用流量及净效益流量，并可用来计算项目投资经济净现值和经济内部收益率指标。

2. 国内投资经济费用效益流量表

综合反映项目计算期内各年按国内投资口径计算的各项经济效益与费用流量及净效

益流量。对于有国外资金的项目，应当编制该表，并计算国内投资经济净现值和经济内部收益率指标。

国内投资经济费用效益流量表与项目投资经济费用效益流量表的不同之处在于"费用流量"。由于要计算国内投资的经济效益，项目从国外的借款不在建设期列出，但需要在还款期费用流量中列出，用于偿还国外借款本息的支出。

3. 报表编制的两种方式

1) 直接进行效益和费用流量识别和计算，并编制经济分析报表

（1）分析确定经济效益、费用的计算范围，包括直接效益、直接费用和间接效益、间接费用。

（2）测算各项投入物和产出物的影子价格，对各项产出效益和投入费用进行估算。

（3）根据估算的效益和费用流量，编制项目投资经济费用效益流量表和国内投资经济费用效益流量表。

（4）对能够货币量化的外部效果，尽可能货币量化，并纳入经济效益费用流量表的间接费用和间接效益。

对难以进行货币量化的产出效果，应尽可能地采用其他量纲进行量化；难以量化的，进行定性描述。

2) 在财务分析基础上调整编制经济分析报表

（1）调整内容：效益和费用范围调整；效益和费用数值调整。

① 效益和费用范围调整。

a. 剔除财务现金流量中属于转移支付的内容。国家对项目的各种补贴，项目向国家支付的各种税金，国内借款利息（包括建设期利息和生产期利息）以及流动资金中的部分构成。

b. 剔除财务费用流量中的涨价预备费。

c. 剔除流动资金中的现金、应收账款和应付账款等。

d. 识别项目的外部效果，分别纳入效益和费用流量。

② 效益和费用数值调整。

a. 鉴别投入物和产出物的财务价格是否能正确反映其经济价值。如果项目的全部或部分投入物和产出物没有正常的市场交易价格，那么应该采用适当的方法测算其影子价格，并重新计算相应的费用或效益流量。

b. 投入物和产出物中涉及外汇的，需用影子汇率代替财务分析采用的国家外汇牌价。

c. 对项目的外部效果尽可能货币量化计算。

③ 具体调整方法。

a. 调整直接效益流量。项目的直接效益大多为营业收入。选择适当的方法确定产出物影子价格，用影子价格计算营业收入，编制营业收入调整估算表。进出口产品用影子汇率计算外汇价值。

某些类型项目的直接效益比较复杂，而且在财务效益中可能未得到反映，可视具体情况采用不同方式分别估算。

交通运输项目的直接效益体现为时间节约的效果，还可能有运输成本节约的效益、运输质量提高的效益等，都应结合项目的具体情况计算。

教育项目、医疗卫生和卫生保健项目等的产出效果表现为对人力资本、生命延续或疾病预防等方面的影响，应结合项目的具体情况计算。

水利枢纽项目的直接效益体现为防洪效益、减淤效益和发电效益等，可按照行业规定和项目具体情况分别估算。

【例8-5】某高速公路项目，年车辆收费收入600万元，旅客时间节约价值800万元，运输费用节省200万元，进行经济费用效益分析时，在不考虑其他因素的情况下，该项目的年经济效益流量应为多少万元？

解：在进行经济费用效益分析时，项目经济效益主要指的是运输成本节约、旅客时间节约和交通事故减少三方面的效益；车辆的收费收入属于财务效益，因此对于本题目，该项目的年经济效益流量=800+200=1000(万元)。

b. 调整建设投资。将建设投资中的涨价预备费作为转移支付从费用流量中剔除，建设投资中的劳动力按影子工资计算费用，土地费用按土地的影子价格调整，其他投入可根据情况决定是否调整。有进口用汇的应按影子汇率换算并剔除作为转移支付的进口关税和进口环节增值税。

c. 调整建设期利息。国内借款的建设期利息不作为费用流量，来自国外的外汇贷款利息需按影子汇率换算，用于计算国外资金流量。

【例8-6】某项目工程费用为10000万元(已调整为经济费用)，工程建设其他费用为400万元(已调整为经济费用)，基本预备费140万元，涨价预备费40万元，建设期利息300万元。在经济费用效益流量表中，建设投资流量应为多少？

解：建设投资调整中，涨价预备费和建设期利息要剔除。

$$建设投资流量=10000+400+140=10540(万元)$$

d. 调整经营费用。对需要采用影子价格的投入物，用影子价格重新计算；对一般投资项目，人工工资可不予调整，即取影子工资换算系数为1；人工工资用外币计算的，应按影子汇率调整；对经营费用中的除原材料和燃料动力费用之外的其余费用，通常可不予直接调整。

e. 调整流动资金。财务分析中流动资金是采用扩大指标法估算的，经济分析中计算基数调整为以影子价格计算的营业收入或经营费用，再乘以相应的系数估算。

财务分析中流动资金是按分项详细估算法估算的，要用影子价格重新分项估算。将流动资产和流动负债中包括的现金、应收账款和应付账款等剔除。

【例8-7】某新建有色金属矿项目，预计按市场价格计算的年营业收入为2000万元，年经营费用为1200万元，年上缴各种税费合计为150万元。项目的尾矿水虽经处理，估计仍可能造成纳污水体水产品每年减产50万元，增加沿河居民看病支出每年200万元，该项目正常生产年份的经济效益流量为多少万元？

解：项目经济效益流量=营业收入−年经营费用−减产损失−看病支出增加
=2000−1200−50−200=550(万元)

知识提示

表8-5和表8-6是国民经济评价报表的例表,供大家参考。

表8-5 国内投资国民经济效益费用流量表　　　　　　　　单位:万元

序号	项目	计算期								
		1	2	3	4	5	6	7	8	9
1	效益流量			2766	2766	2766	2766	2766	2766	3662
1.1	销售收入			2610	2610	2610	2610	2610	2610	2610
1.2	回收固定资产余值									374
1.3	回收流动资金									522
1.4	项目间接效益			156	156	156	156	156	156	156
2	费用流量	2145	3250	1747	1718	1689	1660	1631	1602	1602
2.1	建设投资中国内资金	2145	3250							
2.2	流动资金中国内资金									
2.3	经营费用			972	972	972	972	972	972	972
2.4	流到国外的资金			726	697	668	639	610	581	581
2.4.1	国外借款本金偿还			581	581	581	581	581	581	581
2.4.2	国外借款利息支付			145	116	87	58	29		
2.4.3	其他									
2.5	项目间接费用			49	49	49	49	49	49	49
3	国内投资净效益流量(1-2)	-2145	-3250	1019	1048	1077	1106	1134	1164	2060

注:国内投资经济内部收益率为10.7%;国内投资经济净现值为138万元。

表8-6 项目国民经济效益费用流量表　　　　　　　　单位:万元

序号	项目	计算期								
		1	2	3	4	5	6	7	8	9
1	效益流量			2766	2766	2766	2766	2766	2766	3662
1.1	销售收入			2610	2610	2610	2610	2610	2610	2610
1.2	回收固定资产余值									374
1.3	回收流动资金									522
1.4	项目间接效益			156	156	156	156	156	156	156
2	费用流量	3300	6494	1021	1021	1021	1021	1021	1021	1021
2.1	建设投资	3300	5000							
2.2	流动资金		522							
2.3	经营费用		972	972	972	972	972	972	972	972
2.4	项目间接费用			49	49	49	49	49	49	49
3	净效益流量	-3300	-6494	1745	1745	1745	1745	1745	1745	2641

注:项目经济内部收益率为6.8%;项目经济净现值为-966万元。

8.5 国民经济评价中的费用效果分析

引例 8-2

某航空公司研究推进器系统的开发。在方案的评价与选择阶段采用了费用效果分析法。根据任务的目标，公司确定可靠性作为估价效果的主要指标，即在一定条件下，推进器不出故障的概率。由公司拟定的预算费用的限制（寿命周期费用不超过240万元），只有如表8-7所示的4个方案可供选择。那么如何选择较优的方案呢？

表 8-7 可供选择的 4 个方案

方案	费用（万元）	可靠性
1	240	0.99
2	240	0.98
3	200	0.98
4	200	0.97

8.5.1 费用效果分析概述

费用效果分析是项目决策分析与评价的基本方法之一，当项目效果不能或难于货币量化时，或货币量化的效果不是项目目标的主体时，在国民经济评价中可采用费用效果分析方法，其结论可作为项目投资决策的依据。

费用效果分析是通过对项目预期效果和所支付费用的比较，判断项目费用的有效性和项目经济合理性的分析方法。效果是指项目引起的效应或效能，表示项目目标的实现程度，往往不能或难于货币量化。费用是指社会经济为项目所付出的代价，是可以货币量化计算的。

作为一种方法，费用效果分析既可以应用于财务评价，采用财务费用流量计算，也可以应用于国民经济评价，采用经济费用流量计算。用于前者，主要用于项目各个环节的方案比选、项目总体方案的初步筛选；用于后者，除了可以用于上述方案比选、筛选以外，对于项目主体效益难以货币量化的，则取代经济费用效益分析，并作为国民经济评价的最终结论。

1. 费用效果分析的要求

（1）费用效果分析是将效果与费用采取不同的度量方法、度量单位和指标，在以货币度量费用的同时，采用某种非货币指标度量效果。

（2）费用效果分析遵循多方案比选原则，通过对各种方案的费用和效果进行比较，选择最好或较好的方案。

（3）对单一方案的项目，由于费用与效果采取不同的度量单位和指标，不易直接评价其合理性。

2. 备选方案应具备的条件

进行费用效果分析，项目的备选方案应具备以下条件。

(1) 备选方案是互斥方案或可转化为互斥方案的，且不少于2个。

(2) 备选方案目标相同，且均能满足最低效果标准的要求，否则不可进行比较。

(3) 备选方案的费用可以货币量化，且资金用量不突破预算限额。

(4) 备选方案的效果应采用同一非货币单位计量。如果有多个效果，可通过加权的方法处理成单一的综合指标。

(5) 备选方案应具有可比的寿命周期。

3. 费用效果分析的基本程序

一个正确的、完整的费用效果分析应包括以下9个步骤。

(1) 确定目的、目标或任务，并将其转化为可量化的效果指标。费用效果分析就是要确定一个最好方案来完成这些目标。

(2) 对达到上述目标的要求做出描述，即说明那些要求是达到目标的实质性内容。

(3) 形成各种可以完成任务(达到效果)的方案。

(4) 建立各方案达到规定要求、程度的估价度量指标，典型的这类度量有效能、可供应性、可靠性和可维护性等。这种度量的选择至为关键。例如，某手术治疗措施效能用平均存活天数(或年数)，而不单单用存活率；医疗救护系统用反应时间而不用循环时间等，以更确切地反映目标的要求。

(5) 选择固定效果法或固定费用法。前者是选择最小费用而达到规定效果的方案；后者是在给定费用的条件下选择效果完成得最好的方案。

(6) 确定各方案达到上述度量指标的水平，识别和计算各方案的费用与效果。

(7) 在达到指标水平及所花的费用方面，对各可行方案进行分析，综合比较各方案的优缺点。

(8) 进行敏感度分析，即分析各种假定或条件变化情况下对结果的影响。

(9) 做出结论，推荐最佳方案或提出优先采用的次序。

8.5.2 费用效果分析

1. 费用效果分析指标

费用效果分析基本指标是效果费用比($R_{E/C}$)，即单位费用所达到的效果。

$$R_{E/C} = E/C \tag{8-9}$$

式中：$R_{E/C}$——效果费用比；

E——项目效果；

C——项目费用。

习惯上也可以采用费用效果比($R_{C/E}$)指标，即单位效果所花费的费用。

$$R_{C/E} = C/E$$

费用应包括整个计算期内发生的全部费用，可采用现值或年值表示。备选方案计算期不一致时应采用年值。

效果可以采用有助于说明项目效能的任何计量单位。若项目的目标不止一个，需要处理成统一的综合指标。

2. 费用效果分析基本方法

1) 最小费用法

效果相同时，选择满足效果的费用最小的方案。

2) 最大效果法

费用固定时，追求效果最大化的方法。

3) 增量分析法

当备选方案效果和费用均不固定，且分别具有较大幅度的差别时，应比较两个备选方案之间的费用差额和效果差额，分析获得增量效果所花费的增量费用是否值得，不可盲目选择效果费用比大的方案或者费用效果比小的方案。判别标准：事先确定基准指标，$[E/C]_0$ 或 $[C/E]_0$（也称截止指标）。如果增量效果超过增量费用，即当 $\Delta E/\Delta C \geqslant [E/C]_0$ 或 $\Delta C/\Delta E \leqslant [C/E]_0$ 时，可以选择费用高的方案，否则选择费用低的方案。

【例 8-8】某地方政府拟实行一个 5 年免疫接种计划项目，减少国民的死亡率。设计了 A、B、C 3 个备选方案，效果为减少死亡人数，费用为方案实施的全部费用，3 个方案实施期和效果预测期相同。拟通过费用效果比的计算，在政府财力许可的情况下，决定采用何种方案。根据以往经验，设定基准指标 $[C/E]_0$ 为 400，即每减少死亡一人需要花费 400 元。

解：(1) 预测的免疫接种项目，3 个方案的费用和效果现值及其费用效果比见表 8-8。

表 8-8 方案费用效果比

项 目	A 方案	B 方案	C 方案
费 用	8900 万元	10000 万元	8000 万元
效 果	26.5 万人	29.4 万人	18.5 万元
费用效果比	336 元/人	340 元/人	432 元/人

(2) C 方案费用效果比明显高于基准值，不符合备选方案的条件，应予以放弃。

(3) A、B 两个方案费用效果比都低于基准值，符合备选方案的条件。计算 A 和 B 两个互斥方案的增量费用效果比：

$$\Delta C/\Delta E = (10000-8900)/(29.4-26.5)$$
$$= 379 (人)$$

(4) 由计算结果看，A 和 B 两个方案费用效果比都低于设定的基准值 400，而增量费用效果比也低于基准值 400，说明费用高的 B 方案优于 A 方案，在政府财力许可的情况下可选择 B 方案。如果有资金限制，也可以选择 A 方案。

> **知识提示**
>
> 如果项目有两个以上的备选方案进行增量分析，应按下列步骤选优。
> (1) 将方案费用由小到大排队。
> (2) 从费用最小的两个方案开始比较，通过增量分析选择优胜方案。
> (3) 将优胜方案与紧邻的下一个方案进行增量分析，并选出新的优胜方案。
> (4) 重复第(3)步，直至最后一个方案，最终被选定的优势方案为最优方案。

▶▶案例

为了满足日益增长的运输需求，提高港口集散能力，完善港口疏运体系，某港口拟建港区铁路配套工程，其可行性研究已完成市场需求预测、技术标准选择、技术方案设计及比选、运输组织、技术设备、环境保护以及项目实施规划诸方面的研究论证。项目财务评价在此基础上进行，项目基准收益率为 6%。国民经济评价采用效益费用法，考虑影子价格，在财务评价基础上进行。设计年度为初期 2010 年，近期 2015 年，远期 2025 年。国民经济评价计算期为 25 年(2006—2030 年)，其中建设期为 1 年，运营期为 24 年。

1. 评价方法

本项目采用效益费用法进行国民经济评价，考虑影子价格，在财务评价的基础上，用影子价格换算系数分析计算本项目实施带来的社会效益。影子价格换算系数如下。

(1) 固定资产影子价格换算系数为 1.1。
(2) 运营收入影子价格换算系数为 1。
(3) 运营成本影子价格换算系数为 1.28。
(4) 流动资金影子价格换算系数为 1.28。
(5) 社会折现率为 10%。

2. 效益计算

1) 直接效益

本项目直接效益包括运营收入、回收土建资产余值、回收机车车辆余值和回收流动资金。

(1) 运营收入。

运营收入＝全部投资财务现金流量表中"运营收入"×运营收入影子价格

(2) 回收土建余值。

回收土建余值＝全部投资财务现金流量表中"回收土建余值"×土建投资影子价格

(3) 回收机车车辆余值。

回收机车车辆余值＝全部投资财务现金流量表中"回收机车车辆余值"×机车车辆影子价格

(4) 回收流动资金。

回收流动资金＝全部投资财务现金流量表中"回收流动资金"×流动资金影子价格

2) 间接效益

本项目间接效益提取营运收入的 85%，表示为公路转移的货运量运输费用节省的效益。

3. 费用计算

直接费用包括土建固定资产投资、机车车辆投资、流动资金投资、运营成本。间接费用为零。

土建投资=全部投资财务现金流量表中"土建投资"×土建投资影子价格

机车车辆投资=全部投资财务现金流量表中"机车车辆投资"×机车车辆影子价格

流动资金投资=全部投资财务现金流量表中"流动资金投资"×流动资金影子价格

运营成本=全部投资财务现金流量表中"运营成本"×运营成本影子价格

4. 国民经济评价指标和报表

对财务报表基础数据进行调整后,编制了项目投资经济费用效益流量表(表 8-9)。

表 8-9　经济费用效益分析报表——项目投资经济费用效益流量表　　　单位:万元

序号	项目	合计	计算期									
			1	2	3	4	5	6	7	8	…	24	25
1	效益流量	40728	0	11639	12978	14470	16134	16425	16722	17025	…	20532	24498
1.1	营运收入	225665		6291	7015	7822	8721	8878	9039	9203	…	11098	11487
1.2	回收土建资产余值	0									…		0
1.3	回收机车车辆余值	2968									…		2968
1.4	回收流动资金	279									…		279
1.5	间接效益	191815	0	5348	5963	6648	7413	7547	7683	7822	…	9434	9764
2	费用流量	170179	70381	3901	3859	3964	4081	4083	4104	4125	…	4373	4423
2.1	建设投资	70381	70381								…		
2.2	流动资金	279		153	18	20	22	4	4	4	…	9	9
2.3	经营成本	99519		3748	3841	3944	4059	4079	4100	4121	…	4364	4413
2.4	间接费用	0		0	0	0	0	0	0	0	…	0	0
3	净效益流量	250548	−70381	7738	9119	10506	12053	12342	12618	12900	…	16159	20075

注:经济内部收益率 EIRR=16.00%;经济净现值 ENPV=35349(万元)(社会折现率为 10%)。

5. 评价结论

本项目的经济内部收益率为 16.00%,经济净现值为 35349 万元,并且抗风险能力较强,由此可见本项目从国民经济的角度分析是可行的。

小 结

(1) 国民经济评价,是按合理配置稀缺资源和社会经济可持续发展的原则,采用影子价格、社会折现率等国民经济评价参数,从国民经济全局的角度出发,考察工程项目的经济合理性。

(2) 国民经济效益分为直接效益和间接效益,国民经济费用分为直接费用和间接费用。项目的某些财务收益和支出,从国民经济角度看,并没有造成资源的实际增加或减少,而是国民经济内部的"转移支付",不计作项目的国民经济效益与费用。

（3）影子价格是进行项目国民经济评价专用的计算价格。影子价格依据国民经济评价的定价原则测定，反映项目的投入物和产出物真实经济价值，反映市场供求关系，反映资源稀缺程度，反映资源合理配置的要求。

（4）经济费用效益分析指标主要有经济净现值，经济内部收益率；经济分析报表主要有项目投资经济费用效益流量表和国内投资经济费用效益流量表。

（5）当项目效果不能或难于货币量化时，或货币量化的效果不是项目目标的主体时，在国民经济评价中可采用费用效果分析方法，其结论作为项目投资决策的依据。

习 题

一、填空题

1．很显然，项目的财务评价和国民经济评价结果有时是矛盾的，一般地说应以_____的结论作为项目或方案取舍的主要依据。

2．项目的某些财务收益和支出，从国民经济角度来看，并没有造成资源的实际增加或减少，而是国民经济内部的"_____"，不计作项目的国民经济效益与费用。

3．影子汇率是指能正确反映外汇真实价值的汇率，即_____。

4．政府调控价格的货物一般用_____、消费者支付意愿法和机会成本法测定影子价格。

5．当项目效果不能或难于货币量化时，或货币量化的效果不是项目目标的主体时，在国民经济评价中可采用_____分析方法，其结论作为项目投资决策的依据。

二、单项选择题

1．（　　）是按合理配置稀缺资源和社会经济可持续发展的原则，采用影子价格、社会折现率等国民经济评价参数，从国民经济全局的角度出发，考察工程项目的经济合理性。

　　A．财务评价　　B．国民经济评价　　C．社会评价　　D．个人评价

2．下列类型的投资项目，不一定要进行国民经济评价的是（　　）。

　　A．福利分房　　B．经济适用房　　C．商品房　　D．还建房

3．城市绿化一般用工程项目的（　　）来反映效益。

　　A．利润　　B．净现值　　C．收入　　D．费用

4．经济净现值（ENPV）是指用（　　）将项目计算期内各年的经济净效益流量折算到项目建设期初的现值之和，是经济费用效益分析的主要指标。

　　A．预期收益率　　B．基准折现率　　C．社会折现率　　D．内部收益率

5．经济内部收益率（EIRR）是项目在计算期内各年经济净效益流量的（　　）累计等于零时的折现率，是从资源配置的角度反映经济效益的一个相对指标，它表示项目占用的资金能够获得的动态收益率，它反映资源配置的经济效率。

　　A．现值　　B．将来值　　C．年金　　D．收入

三、简答题

1．什么是国民经济评价？
2．国民经济评价为什么要用影子价格？
3．财务评价与国民经济评价有什么联系和区别？

四、实训题

某航空公司研究推进器系统的开发。在方案的评价与选择阶段采用了费用效果分析。根据任务的目标，公司确定可靠性作为估价效果的主要指标，即在一定条件下，推进器不出故障的概率。由公司拟定的预算费用的限制(寿命周期费用不超过 240 万元)，只有如表 8-10 所示的 4 个方案可供选择。

表 8-10 可供选择的 4 个方案

方案	费用(万元)	可靠性
1	240	0.99
2	240	0.98
3	200	0.98
4	200	0.97

项目8在线答题

项目 9

不确定性与风险分析

教学目标

掌握敏感性分析、盈亏平衡分析和风险分析的内容,理解敏感性分析、盈亏平衡分析的方法,熟练掌握敏感度系数的计算、敏感性分析图表的绘制及盈亏平衡点的计算。

教学要求

知识要点	能力要求	相关知识	所占分值（100分）
风险与不确定性	掌握风险与不确定性的区别和性质	风险、不确定性	15
盈亏平衡分析	1. 了解盈亏平衡分析的概念； 2. 掌握盈亏平衡分析的计算方法	盈亏平衡点	30
敏感性分析	1. 了解敏感性分析的方法和步骤； 2. 掌握敏感度系数的计算和敏感性分析图表的绘制	敏感度系数、敏感性分析图表	30
概率分析	了解概率分析的概念和方法	期望值、方差、标准差	10
风险分析	熟练掌握常用的风险分析的内容、方法及风险对策	风险解析法、专家调查法、风险概率	15

▶▶项目导读

在建设项目和投资方案的经济评价中,所研究的问题都是发生在未来,所引用的数据都是根据假设和现有统计资料进行预测和估算的,加之时间的推移、条件的变化和一些未考虑因素的影响,从而使项目评价不可避免地带有不确定性,使投资项目的决策存在潜在的风险。如果在项目经济评价中仅根据一些基础数据所做的确定性评价取舍项目,可能会导致决策的失误。本项目介绍不确定性和风险的概念、特征、性质和分类,阐述了敏感性分析、盈亏平衡分析和风险分析的基本内容和主要方法,以便深入开展不确定性分析和风险分析,发现潜在的不确定性和风险因素,制定有效措施,合理规避不利影响,提高项目的社会和经济效益。

9.1 概　　述

引例 9-1

奥运工程建筑规模宏大,技术复杂,耗资惊人。设计、施工、安装、调试都潜伏着巨大的风险。承建的项目公司必须建立风险防范机制,进行风险的控制和管理,以达到规避风险、控制风险、化解风险的目的,保证 2008 年奥运会的正常召开及赛后项目公司的正常运营。

【思考】
从投资项目的主要风险构成分析,思考一下存在的风险有哪些?

9.1.1 风险与不确定性概述

1. 风险与不确定性的含义

1) 风险的概念与特征

风险是未来变化偏离预期的可能性以及其对目标产生影响的大小。风险具有如下特征。
(1) 风险是中性的,既可能产生不利影响,也可能带来有利影响。
(2) 风险的大小与变动发生的可能性有关,也与变动发生后对项目影响的大小有关。变动出现的可能性越大,变动出现后对目标的影响越大,风险就越高。

2) 不确定性与风险

不确定性是与确定性相对的一个概念,指某一事件、活动在未来可能发生,也可能不发生,其发生状况、时间及其结果的可能性或概率是未知的。表 9-1 为不确定性和风险对比表。

概括起来,确定性是指在决策涉及的未来期间内一定要发生或者一定不发生,其关键特征是只有一种结果;不确定性则指不可预测未来将要发生的事件;风险则是介于不确定性与确定性之间的一种状态,其概率是可知的或已知的。在投资项目分析与评估中,虽然对项目要进行全面的风险分析,但重点在风险的不利影响和防范对策研究上。

表 9-1 不确定性与风险对比表

区别	风险	不确定性
可否量化	可以量化的,其发生概率是已知的或通过努力可以知道的,风险分析可以采用概率分析方法,分析各种情况发生的概率及其影响	不可以量化的,不确定性分析只能进行假设分析,假定某些因素发生后,分析不确定因素对项目的影响
可否保险	可以保险	不可以保险
概率可获得性	发生概率是可知的,或是可以测定的,可以用概率分布来描述	发生概率未知
影响大小	可以量化,可以防范并得到有效的降低	代表不可知事件,因而有更大的影响

2. 不确定性与风险的性质和分类

1) 不确定性与风险的性质

(1) 客观性。不确定性与风险是客观存在的,不可能完全根除,只能采取措施降低其不利影响。

(2) 可变性。可能造成损失,也可能带来收益,这是不确定性与风险的基本特征。

(3) 阶段性。投资项目的不同阶段存在的主要风险有所不同。投资决策阶段、实施阶段、运营阶段所面临的风险是不同的。

(4) 多样性。依行业和项目不同具有特殊性。

(5) 相对性。对于项目的有关各方(不同的风险管理主体)可能会有不同的风险,而且对于同一风险因素,对不同主体的影响也不同。

(6) 层次性。风险的表现具有层次性,需要层层剖析,才能深入到最基本的风险单元,以明确风险的根本来源。

2) 风险的分类

基于不同的分类标准,风险可以有多种划分,投资项目可能有各种各样的风险,从不同的角度出发可以进行不同的分类,但有些分类会有交叉。按系统分,有个体风险和系统风险;按阶段分,有前期阶段的风险、实施阶段的风险和经营阶段的风险;按性质分,有政治风险、经济风险、财务风险、信用风险、技术风险和社会风险等;按是内在因素还是外来影响分,有内在风险和外来风险;按控制能力分,有可控风险和不可控风险等。具体见表 9-2。

表 9-2 一般风险分类

分类方法	风险类型	特 点
按照风险的性质分	纯风险	只会造成损失,不能带来利益
	投机风险	可能带来损失,也可能产生利益
按照风险来源分	自然风险	由于自然灾害、事故,造成人员、财产的伤害或损失
	非责任风险(或人为风险)	由于人为因素而造成的人员、财产伤害或损失,包括政策风险、经济风险、社会风险等
按照风险事件主体的承受能力分	可承受风险	风险的影响在风险事件主体的承受范围内
	不可承受风险	风险的影响超出了风险事件主体的承受范围

(续)

分类方法	风险类型	特　　点
按照技术因素分	技术风险	由于技术原因而造成的风险，如技术进步使得原有的产品寿命周期缩短，选择的技术不成熟而影响生产等
	非技术风险	非技术原因带来的风险，如社会风险、经济风险、管理风险等
按照独立性分	独立风险	风险独立发生
	非独立风险	风险依附于其他风险而发生
按照风险的可管理性分	可管理风险（可保风险）	即可以通过购买保险等方式来控制风险的影响
	不可管理风险（不可保风险）	不能通过保险等方式来控制风险的影响
按照风险的边界划分	内部风险	风险发生在风险事件主体的组织内部，如生产风险、管理风险等
	外部风险	风险发生在风险事件主体的组织外部，只能被动接受，如政策风险、自然风险等

【思考】

不确定性分析与风险分析有什么区别？

9.1.2　不确定性分析与风险分析

不确定性分析是对影响项目的不确定性因素进行分析，测算它们的增减变化对项目效益的影响，找出最主要的敏感因素及其临界点的过程；风险分析则是识别风险因素、估计风险概率、评价风险影响并制订风险对策的过程。

1. 不确定性分析与风险分析的作用

投资决策充分考虑风险分析的结果，有助于在可行性研究的过程中，通过信息反馈改进或优化方案，直接起到降低风险的作用，避免在决策中忽视风险的存在而蒙受损失。同时，充分利用风险分析结果，建立风险管理系统，有助于为项目全过程风险管理打下基础，防范实施和经营过程中的风险。风险分析应贯穿于项目分析的各个环节和全过程。风险分析超出了市场分析、技术分析、财务分析和经济分析的范畴，是一种系统分析，应由项目负责人牵头，项目组成员参加。

2. 不确定性分析与风险分析的区别与联系

两者的目的是共同的，都是识别、分析、评价影响项目的主要因素，防范不利影响，提高项目的成功率。两者的主要区别在于分析方法不同。不确定性分析是对投资项目受不确定性因素的影响进行分析，并粗略地了解项目的抗风险能力，其主要方法是敏感性分析和盈亏平衡分析；而风险分析则要对投资项目的风险因素和风险程度进行识别和判断，主要方法有概率树分析、蒙特卡洛模拟等。

不确定性分析与风险分析之间也有一定的联系。敏感性分析可以得知影响项目效益的敏感因素和敏感程度，但不知这种影响发生的可能性，如需得知可能性，就必须借助于概率分析。敏感性分析所找出的敏感因素又可以作为概率分析风险因素的确定依据。

> **知识提示**
> 风险和不确定性是既相互联系又相互区别的两个概念,两者间的区别表现在以下4个方面:可否量化、可否保险、概率可获得性、影响大小。

9.2 盈亏平衡分析

引例 9-2

盈亏平衡分析可以对项目的风险情况及项目对各个因素不确定性的承受能力进行科学的判断,为投资决策提供依据。传统盈亏平衡分析以盈利为零作为盈亏平衡点,没有考虑资金的时间价值,是一种静态分析,是盈利为零的盈亏平衡。

【思考】

如何进行传统的盈亏平衡分析?

9.2.1 盈亏平衡分析的概念、作用与条件

1. 盈亏平衡分析的概念

盈亏平衡分析是在一定的市场和经营管理条件下,根据达到设计能力时的成本费用与收入数据,通过求取盈亏平衡点,研究分析成本费用与收入平衡关系的一种方法。

盈亏平衡分析可以分为线性盈亏平衡分析和非线性盈亏平衡分析。

盈亏平衡点(Break Even Point,BEP)又称零利润点、保本点、盈亏临界点、损益分歧点、收益转折点。通常是指全部销售收入等于全部成本时(销售收入线与总成本线的交点)的产量。以盈亏平衡点为界限,当销售收入高于盈亏平衡点时企业盈利,反之,企业就亏损。

盈亏平衡点的表达形式有多种,可以用产量、产品售价、单位可变成本和年总固定成本等绝对量表示,也可以用某些相对值表示。项目评估中最常用的是以产量和生产能力利用率表示的盈亏平衡点,也有采用产品售价表示的盈亏平衡点。

2. 盈亏平衡分析的作用

通过盈亏平衡分析可以找出盈亏平衡点,考察企业(或项目)对产出品变化的适应能力和抗风险能力。用产量和生产能力利用率表示的盈亏平衡点越低,表明企业适应市场需求变化的能力越大,抗风险能力越强;用产品售价表示的盈亏平衡点越低,表明企业适应市场价格下降的能力越大,抗风险能力越强。

盈亏平衡分析只适宜在财务分析中应用。

3. 线性盈亏平衡分析的条件

(1) 产量等于销售量,即当年生产的产品(扣除自用量)当年销售出去。

(2) 产量变化,单位可变成本不变,从而总成本费用是产量的线性函数。
(3) 产量变化,产品售价不变,从而销售收入是销售量的线性函数。
(4) 只生产单一产品,或者生产多种产品,但可以换算为单一产品计算,即不同产品负荷率的变化是一致的。

9.2.2 盈亏平衡点的计算方法

盈亏平衡点可以采用公式计算法求取,也可以采用图解法求取。

1. 公式法

盈亏平衡点计算公式:

$$BEP(生产能力利用率)=年总固定成本/(年销售收入-年总可变成本-$$
$$年销售税金与附加)\times 100\% \quad (9\text{-}1)$$

$$BEP(产量)=年总固定成本/(单位产品价格-单位产品可变成本-$$
$$单位产品销售税金与附加)$$
$$=BEP(生产能力利用率)\times 设计生产能力 \quad (9\text{-}2)$$

$$BEP(产品售价)=(年总固定成本/设计生产能力)+单位产品可变成本+$$
$$单位产品销售税金与附加 \quad (9\text{-}3)$$

> **知识提示**
>
> 如采用含税价格计算,应再减去年增值税[式(9-1)]或再减去单位产品增值税[式(9-2)]或加上单位产品增值税[式(9-3)]。

2. 图解法

盈亏平衡点可以采用图解法求,见图9-1。

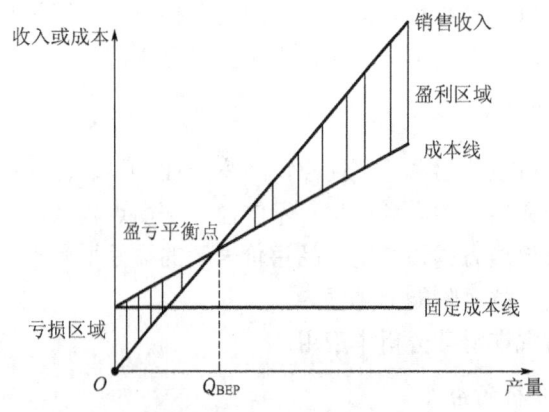

图 9-1 盈亏平衡分析图

图中销售收入线(如果销售收入和成本费用都是按含税价格计算的,销售收入中还应减去增值税)与总成本费用线的交点即为盈亏平衡点,这一点所对应的产量即为 BEP(产量),也可换算为 BEP(生产能力利用率)。

3. 盈亏平衡分析注意要点

(1) 盈亏平衡点应按项目达产年份的数据计算,不能按计算期内的平均值计算。

由于盈亏平衡点表示的是在相对于设计能力下,达到多少产量或负荷率多少才能达到盈亏平衡,或为保持盈亏平衡最低价格是多少。

(2) 当计算期内各年数值不同时,最好按还款期间和还完借款以后的年份分别计算。

一般而言,最好选择还款期间的第一个达产年和还完借款以后的年份分别计算,以便分别给出最高的盈亏平衡点和最低的盈亏平衡点。

【例 9-1】若某项目的设计生产能力为年产 1000 吨 A 产品,达产年销售收入为 30 万元(含税),年固定总成本为 10 万元,年可变总成本为 9 万元(含税),年销售税金与附加为 3600 元,以生产能力利用率表示的盈亏平衡点为多少?

解:增值税=[(30−9)/(1+17%)]×17%=3(万元)

BEP(生产能力利用率)=[年总固定成本÷(年销售收入(含税)−年总可变成本(含税)−

年销售税金与附加−年增值税)]×100%

=[10÷(30−9−0.36−3)]×100%=56.68%

4. 考虑增值税的盈亏平衡分析

鉴于增值税实行价物税,由最终消费者负担,增值税对企业利润的影响表现在增值税会影响城市维护建设税,教育费附加,地方教育费附加的大小,故盈亏平衡分析需要考虑增值税对成本的地方教育费附加的大小,故盈亏平衡分析需要考虑增值税对成本的影响,当然由于在财务评价阶段,企业的可抵扣进项税并不易获得进而增值税、增值税附加税亦无法准确确定,这种情况下从简化计算的角度,亦可不考虑增值税的影响,所有价格、成本均采用不含税价格,或直接按照不含税营业收入的特定比例估算增值税附加税,盈亏平衡公式为:

(不含税产品单价+单位产品销项税额)×产量=年固定成本+

(不含税单位产品可变成本+单位产品进项税额)×产量+单位产品增值税×

(1+增值税附加税率)×产量 (9-4)

化简得,不含税产品单价×产量=年固定成本+不含税单位产品可变成本×产量

+单位产品增值税×增值税附加税率×产量 (9-5)

故,可得:

$$产量盈亏平衡点 = \frac{年固定成本}{不含税产品单价 - 不含税单位产品可变成本 - 单位产品增值税 \times 增值税附加税率}$$

(9-6)

同理,产品单价盈亏平衡点,可变成本的盈亏平衡点等,可根据上述等式推导。

【例 9-2】某新建项目正常年份的设计生产能力为 100 万件，年固定成本为 580 万元（不含可抵扣进项税），单位产品不含税销售价预计为 56 元，单位产品不含税可变成本估算额为 40 元，企业适用的增值税税率为 13%，增值税附加税税率为 12%，单位产品平均可抵扣进项税预计为 5 元。试对项目进行盈亏平衡分析，计算项目的产量盈亏平衡点。

解：根据 9-6 式

$$产量盈亏平衡点 = \frac{年固定成本}{不含税产品单价 - 不含税单位产品可变成本 - 单位产品增值税 \times 增值税附加税率}$$

$$= \frac{580}{56 - 40 - (56 \times 13\% - 5) \times 12\%} = 36.88（万件）$$

本项目产量盈亏平衡点 36.88 万件、而项目的设计生产能力为 100 万件，远大于盈亏平衡产量，可见，项目盈亏平衡产量为设计生产能力的 36.88%，故该项目盈利能力和抗风险能力强。

> **知识链接**
>
> 固定成本：是指总额在一定期间和一定业务量范围内不随产量的增减而变动的成本。主要是指固定资产折旧和管理费用。变动成本：指总额随产量的增减而成正比例关系变化的成本，主要包括原材料和计件工资。就单件产品而言，变动成本部分是不变的。

9.3 敏感性分析

 引例 9-3

敏感性分析是投资项目的经济评价中常用的一种研究不确定性的方法。它在确定性分析的基础上，进一步分析不确定性因素对投资项目的最终经济效果指标的影响及影响程度。

【思考】
如何用敏感度系数和敏感临界点进行敏感度分析？

9.3.1 敏感性分析概述

1. 敏感性分析的概念

敏感性分析是指从定量分析的角度研究有关因素发生某种变化对某一个或一组关键指标影响程度的一种不确定分析技术。其实质是通过逐一改变相关变量数值的方法来解释关键指标受这些因素变动影响大小的规律。

2. 敏感性分析的作用

敏感性分析是考察项目涉及的各种不确定因素对项目基本方案经济评价指标的影响，找出敏感因素，估计项目效益对它们的敏感程度，粗略预测项目可能承担的风险，为进一步的风险分析打下基础。

3. 敏感性分析的内容

敏感性分析通常是改变一种或多种不确定因素的数值，计算其对项目效益指标的影响，通过计算敏感度系数和临界点，估计项目效益指标对它们的敏感程度，进而确定关键的敏感因素。

4. 敏感性分析的分类

敏感性分析包括单因素敏感性分析和多因素敏感性分析。单因素敏感性分析是指每次只改变一个因素的数值来进行分析；多因素敏感性分析则是同时改变两个或两个以上因素进行分析，估算多因素同时发生变化的影响。为了找出关键的敏感性因素，通常多进行单因素敏感性分析。

敏感性分析对项目财务分析与评价和经济分析与评价同样适用。

9.3.2 敏感性分析的方法与步骤

1. 选取不确定因素

可以选取的不确定因素包括建设投资、产出物价格、主要投入物价格、可变成本、运营负荷、建设期以及人民币汇率。根据项目的具体情况也可选择其他因素。

2. 确定不确定因素变化程度

敏感性分析通常是针对不确定因素的不利变化进行的，为绘制敏感性分析图的需要也可考虑不确定因素的有利变化。

一般是选择不确定因素变化的百分率，习惯上常选取±10%。为了作图的需要，可分别选取±5%、±10%、±15%、±20%等。对于那些不便用百分数表示的因素，如建设期，可采用延长一段时间表示，如延长一年。

百分数的取值其实并不重要。因为敏感性分析的目的并不在于考察项目效益在某个具体的百分数变化下发生变化的具体数值，而只是借助它进一步计算敏感性分析指标，即敏感度系数和临界点。

3. 选取分析指标

建设项目经济评价有一整套指标体系，敏感性分析可选定其中一个或几个主要指标进行。最基本的分析指标是内部收益率或净现值，根据项目的实际情况也可选择其他评价指标，必要时可同时针对两个或两个以上的指标进行敏感性分析。

通常财务分析与评价的敏感性分析中必选的分析指标是项目投资财务内部收益率，经济分析与评价中必选的分析指标是经济净现值和经济内部收益率。

4. 计算敏感性指标

1) 敏感度系数 E

敏感度系数是项目效益指标变化的百分率与不确定因素变化的百分率之比。

$$E=\Delta A/\Delta F \tag{9-7}$$

式中：E——评价指标 A 对于不确定因素 F 的敏感度系数；

ΔA——不确定因素 F 发生 ΔF 变化时，评价指标 A 的相应变化率(%)；

ΔF——不确定因素 F 的变化率(%)。

当 $E>0$ 时，表示评价指标与不确定因素同方向变化；当 $E<0$ 时，表示评价指标与不确定因素反方向变化。$|E|$ 越大，敏感度系数越高，项目效益对该不确定因素的敏感程度越高。

> **知识提示**
>
> 敏感度系数的计算结果可能受到不确定因素变化率取值不同的影响，敏感度系数的数值会有所变化。

【例9-3】 某项目基本方案的财务内部收益率为15%，对应的原材料价格为8000元/t，若原材料价格为9000元/t，则该项目的财务内部收益率为12%。求该财务内部收益率指标对项目原材料价格的敏感度系数为多少？

解：敏感度系数 $= \dfrac{(12\%-15\%)/15\%}{(9000-8000)/8000} = -1.6$

2）临界点

临界点是指不确定因素的极限变化，即不确定性因素的变化使项目由可行变为不可行的临界数值，也可以说是该不确定因素使内部收益率等于基准收益率或净现值变为零时的变化率。当该不确定因素为费用科目时，为其增加的百分率；当该不确定因素为效益科目时，为其降低的百分率。

临界点也可用该百分率对应的具体数值表示。可以通过敏感性分析图求得临界点的近似值，但由于项目效益指标的变化与不确定因素变化之间不完全是直线关系，有时误差较大，因此最好采用试算法或函数求解。

> **知识提示**
>
> 临界点的高低与设定的基准收益率有关。在一定的基准收益率下，临界点越低，说明该因素对项目的效益指标影响越大，项目对该因素就越敏感。
>
> 基准收益率的数值会影响到临界点的高低，对于同一个投资项目，随着设定基准收益率的提高，临界点就会变低。

5. 敏感性分析结果表述

1）编制敏感性分析表

将敏感性分析的结果汇总于敏感性分析表，在敏感性分析表中应同时给出基本方案的指标数值、所考虑的不确定因素及其变化、在这些不确定因素变化的情况下项目效益指标的计算数值；编制各不确定因素的敏感度系数与临界点分析表，也可与敏感性分析表合并成一张表。

2）绘制敏感性分析图

根据敏感性分析表中的数值可以绘制敏感性分析图，横轴为不确定因素变化率，纵轴为项目效益指标。图中曲线可以明确表明项目效益指标变化受不确定因素变化的影响趋势，并由此求出临界点。

6. 对敏感性分析结果进行分析

（1）将敏感度系数及临界点的计算结果进行排序，找出较为敏感的不确定因素。敏感度系数较高者或临界点较低者为较为敏感的因素。

（2）定性分析临界点所表示的不确定因素变化发生的可能性。

（3）归纳敏感性分析的结论，指出最敏感的一个或几个关键因素，粗略预测项目可能的风险。

【例 9-4】设某项目基本方案的参数估算值见表 9-3，试进行单因素敏感性分析（基准收益率 $i_c = 9\%$），不考虑增值税及其他相关影响。

表 9-3　基本方案参数估算表

因　素	期初投资 I(万元)	年销售入 B(万元)	年经营本 C(万元)	期末残值 L(万元)	寿　命 n(年)
估算值	1500	600	250	200	6

解：(1) $i_1=12\%$，$NPV_1=-1500+(600-250)\times(P/A,12\%,5)+(600-250+200)\times(P/F,12\%,6)$
$=40.32$（万元）

$i_2=13\%$，$NPV_2=-1500+(600-250)\times(P/A,13\%,5)+(600-250+200)\times(P/F,13\%,6)$
$=-4.79$（万元）

$IRR=12\%+[40.32/(40.32+4.79)]\times1\%=12.89\%$

（2）计算销售收入、经营成本和投资变化对内部收益率的影响，见表 9-4。

表 9-4　单因素敏感分析表　　　　　　　　　　　　　　单位：万元

不确定因素	−10%	−5%	基本方案	+5%	+10%
销售收入	7.31	10.14	12.89	15.58	18.20
经营成本	15.13	14.02	12.89	11.75	10.60
投　资	16.57	14.66	12.89	11.26	9.75

（3）画敏感性分析图，如图 9-2 所示。

（4）各因素敏感程度依次为销售收入、投资、经营成本。

知识链接

（1）根据不确定性因素每次变动数目的多少，敏感性分析法可以分为单因素敏感性分析法和多因素敏感性分析法。

（2）多因素敏感性分析法是指在假定其他不确定性因素不变的条件下，计算分析两种或两种以上不确定性因素同时发生变动，对项目经济效益值的影响程度，确定敏感性因素及其极限值。多因素敏感性分析一般是在单因素敏感性分析基础上进行，且分析的基本原理与单因素敏感性分析大体相同，但需要注意的是，多因素敏感性分析须进一步假定同时变动的几个因素都是相互独立的，且各因素发生变化的概率相同。多因素敏感性分析要考虑可能发生的各种因素不同变动幅度的多种组合，计算起来要比单因素敏感性分析复杂得多。如果需要分析的不确定因素不超过 3 个，而且经济效果指标的计算比较简单，可以用解析法与作图法相结合的方法进行分析。

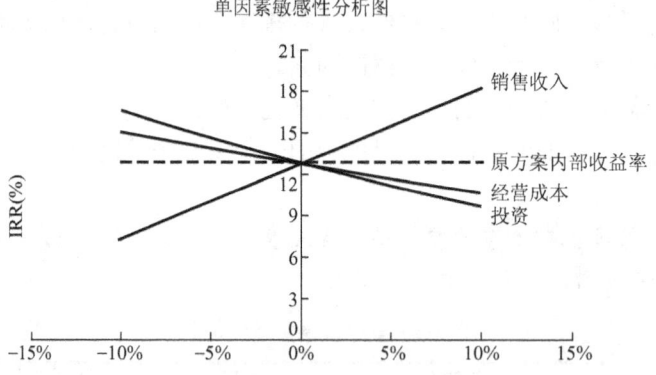

图 9-2　单因素敏感性分析图

9.4　风险分析

引例 9-4

敏感性分析虽然可以找出项目效益对之敏感的不确定因素，并估计其对项目效益的影响程度，但却并不能得知这些因素对项目效益影响发生的可能性有多大，这是敏感性分析最大的不足之处。

对于项目风险估计而言，仅回答有无风险和风险大小的问题是远远不够的。只有回答了风险发生的可能性大小问题，决策者才能获得全面的信息，最终做出正确的决策。而要回答这个问题，必须进行概率分析。

【思考】

前面学习了盈亏平衡分析、敏感性分析，思考概率分析是如何进行的。

9.4.1　风险分析的程序和内容

1. 风险分析的程序

项目风险分析是认识项目可能存在的潜在风险因素，估计这些因素发生的可能性及由此造成的影响，分析为防止或减少不利影响而采取对策的一系列活动。它包括风险识别、风险估计、风险评价与对策研究 4 个基本阶段。

项目评估中的风险分析应遵循以下程序。

首先，从认识风险特征入手去识别风险因素，然后选择适当的方法估计风险发生的可能性及其影响；其次，评价风险程度，包括对单个风险因素风险程度的估计和对项目整体风险程度的估计；最后，提出针对性的风险对策，将项目风险进行归纳，提出风险分析结论。

2. 风险分析的内容

1）风险识别

在对风险特征充分认识的基础上，识别项目潜在的风险和引起这些风险的具体风险因素。

风险识别要根据行业和项目的特点，采用分析和分解原则，把综合性的风险问题分解为多层次的风险因素。

常用的方法主要有风险分解法、流程图法、头脑风暴法和情景分析法等。具体操作中，大多通过专家调查的方式完成。

风险结构分解法

> **特别提示**
>
> 风险因素识别应注意借鉴历史经验，特别是后评价的经验。

2）风险估计

风险估计是估计风险发生的可能性及其对项目的影响。应采取定性描述与定量分析相结合的方法对风险做出全面估计。

风险估计的方法包括风险概率估计方法和风险影响估计方法两类。前者分为主观估计和客观估计；后者有概率树分析、蒙特卡洛模拟等方法。

3）风险评价

风险评价是在风险估计的基础上，通过相应的指标体系和评价标准，对风险程度进行划分，以揭示影响项目成败的关键风险因素。风险评价包括单因素风险评价和整体风险评价。

（1）单因素风险评价，即评价单个风险因素对项目的影响程度，以找出影响项目的关键风险因素。评价方法主要有风险概率矩阵、专家评价法等。

（2）整体风险评价，即综合评价若干主要风险因素对项目整体的影响程度。对于重大投资项目或估计风险很大的项目，应进行投资项目整体风险分析。

4）风险对策

建设项目风险具有系统性、关联性和多样性的特点。故在处理项目风险时，必须对各种风险因素进行认真分析，综合评价，采取相应的防范和控制措施。

5）风险分析结论

完成风险识别和评估后，应归纳和综述项目的主要风险，说明其原因、程度和可能造成的后果，以全面、清晰地展现项目的主要风险。同时将风险对策研究结果进行汇总，见表9-5。

表 9-5 风险与对策汇总表

主要风险	风险起因	风险程度	后果与影响	主要对策
A				
B				
…				

9.4.2 投资项目的主要风险

1. 市场风险

市场风险是竞争性项目常遇到的重要风险。一般来自4个方面：一是由于消费者的消费习惯、消费偏好发生变化，使得市场需求发生重大变化，市场供需总量的实际情况与预测值发生偏离；二是由于市场预测方法或数据错误，导致市场需求分析出现重大偏差；三是市场竞争格局发生重大变化，竞争者采取了进攻策略，或者是出现了新的竞争对手，对项目的销售产生重大影响；四是由于市场条件的变化，项目产品和主要原材料的供应条件和价格发生较大变化，对项目的效益产生了重大影响。

2. 技术与工程风险

技术方面的风险因素主要有对技术的适用性和可靠性认识不足，运营后达不到生产能力，质量不过关或消耗指标偏高，特别是高新技术开发项目这方面的风险更大；引进国外二手设备的项目，设备的性能因素；工艺技术与原料的匹配问题；限于技术水平有可能勘探不清，致使在项目的生产运营甚至施工中出现问题造成损失。

3. 组织管理风险

管理风险是指由于项目管理模式不合理，项目内部组织不当、管理混乱或者主要管理者能力不足、人格缺陷等，导致投资大量增加、项目不能按期建成投产造成损失的可能性。

管理风险措施：合理设计项目的管理模式、选择适当的管理者和加强团队建设是规避管理风险的主要措施。

组织风险措施：完善项目各参与方的合同，加强合同管理，可以降低项目的组织风险。

4. 政策风险

政策风险主要指国内外政治经济条件发生重大变化或者政策调整，项目原定目标难以实现的可能性。

5. 环境与社会风险

环境风险是由于对项目的环境生态影响分析深度不足，或者是环境保护措施不当，引起项目的环境冲突，带来重大的环境影响，从而影响项目的建设和运营。

社会风险是指由于对项目的社会影响估计不足，或者项目所处的社会环境发生变化，给项目建设和运营带来困难和损失的可能性。它包括宗教信仰、社会治安、文化素质、公众态度等方面，因而社会风险的识别难度极大。

6. 其他风险

上面只是列举了投资项目可能存在的一些风险因素，但并非能涵盖所有投资项目的全部风险因素；也并非每个投资项目都同时存在这么多风险因素，可能只是其中的几种，要根据项目具体情况予以识别。

9.4.3 风险分析的主要方法

1. 风险解析法

风险解析法，也称风险结构分解法，它是将一个复杂系统分解为若干子系统，通过对子系统的分析进而把握整个系统的特征。

2. 专家调查法

专家调查法适用于风险分析的全过程，包括风险识别、风险估计、风险评价与风险对策研究。

专家调查法有很多，其中头脑风暴法、德尔菲法、风险识别调查表、风险对照检查表和风险评价表是最常用的几种方法。

采用专家调查法时，所聘请的专家应熟悉该行业和所评估的风险因素，并能做到客观公正。专家的人数取决于项目的特点、规模、复杂程度和风险的性质，没有绝对规定。但是为减少主观性，专家应有合理的规模，人数一般应为 10~20 位。

风险识别调查表主要定性描述风险的来源与类型、风险特征、对项目目标的影响等。

风险对照检查表是一种规范化的定性风险分析工具，具有系统、全面、简单、快捷、高效等优点，容易集中专家的智慧和意见，不容易遗漏主要风险；对风险分析人员有启发思路、开拓思路的作用。当有丰富的经验和充分的专业技能时，项目风险识别相对简单，并可以取得良好的效果。

风险评价表，通过专家凭借经验独立对各类风险因素的风险程度进行评价，最后将各位专家的意见归集起来。风险评价表通常重在说明。说明中应对程度判定的理由进行描述，并尽可能明确最悲观值（或最悲观情况）及其发生的可能性。

> **特别提示**
>
> 对照检查表的设计和确定是建立在众多类似项目经验基础上的，需要大量类似项目的数据。而对于新的项目或完全不同环境下的项目，则难以适应。

3. 风险概率估计法

风险概率估计包括客观概率估计和主观概率估计。风险概率估计中常用正态分布、三角形分部、贝塔分布等概率分布形式。描述风险概率分布的指标主要有期望值、方差、标准差、离散系数等。

1) 客观概率估计

客观概率估计是指应用客观概率对项目风险进行的估计，它利用同一事件，或是类似事件的数据资料，计算出客观概率。

2) 主观概率估计

主观概率估计是基于个人经验、预感或直觉而估算出来的概率。有效统计数据不足或是不可能进行试验时，主观概率是唯一选择。

> **知识链接**
>
> 期望值是风险变量的加权平均值；方差和标准差都是描述风险变量偏离期望值程度的绝对指标，方差是实际值与期望值之差平方的平均值，而标准差是方差平方根；离散系数是描述风险变量偏离期望值的离散程度的相对指标，标准差与平均数的比值称为离散系数或变异系数。

4. 概率树法

1) 概率树分析的概念

概率树分析是借助现代计算技术，运用概率论和数理统计原理进行概率分析，求得风险因素取值的概率分布，并计算期望值、方差或标准差和离散系数，表明项目的风险程度。

概率树分析适用风险变量为离散型，变量数和每个变量的状态较少，且各风险变量之间独立时的情形。

2) 概率树分析的步骤

(1) 计算各状态组合的联合概率、对应的评价指标值。

(2) 评价指标由小到大排序，依次计算累计概率，绘制累计概率图。

(3) 计算使评价指标可以接受的累计概率，计算评价指标的期望值，评价项目的抗风险能力。

【例 9-5】某企业拟投资一个项目，估算总投资 11913 万元。预计年销售收入 6488 万元，税后财务内部收益率(IRR)为 11.59%。该项目存在两个主要风险变量，即产品销售价格和关键原料价格可能与预期有所不同。产品销售价格估计值为 3500 元/t，该关键原料价格估计值为 400 元/kg，产品销售价格可能出现 3 种情况：有 50%的可能为原估计值 3500 元/t，有 30%的可能为 3000 元/t，有 20%的可能为 2500 元/t；该关键原料的价格可能出现两种情况：有 70%的可能为原估计值 400 元/kg，有 30%的可能为 450 元/kg。各种可能出现的情况以及对应的 IRR 见表 9-6。

表 9-6 产品销售价格与原材料价格不同情况下对应的 IRR

状态	产品销售价格(元/t)	原料价格(元/kg)	IRR(%)
1	3500	400	11.59
2	3500	450	11.23
3	3000	400	8.56
4	3000	450	8.17
5	2500	400	5.19
6	2500	450	4.75

请运用概率树分析方法，计算 IRR 的期望值。

解：（1）画概率树（有两种画法，本例以其中的一种为例），如图 9-3 所示。

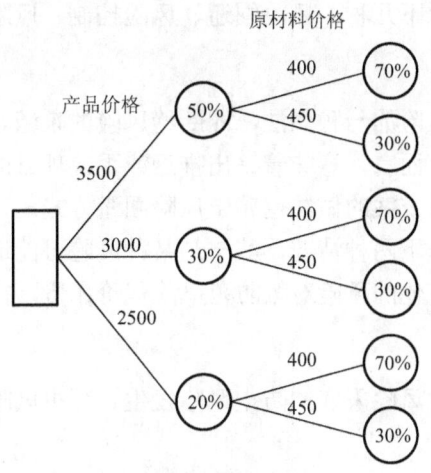

图 9-3 概率树

（2）计算各种状态发生的可能性，即联合概率。

第一种状态发生的可能性：50%×70%=35%，IRR=11.59%

第二种状态发生的可能性：50%×30%=15%，IRR=11.23%

第三种状态发生的可能性：30%×70%=21%，IRR=8.56%

第四种状态发生的可能性：30%×30%=9%， IRR=8.17%

第五种状态发生的可能性：20%×70%=14%，IRR=5.19%

第六种状态发生的可能性：20%×30%=6%， IRR=4.75%

（3）计算 IRR 的期望值。

$$IRR 的期望值 = 35\% \times 11.59\% + 15\% \times 11.23\% + 21\% \times 8.56\% +$$
$$9\% \times 8.17\% + 14 \times 5.19\% + 6\% \times 4.75\%$$
$$= 9.29\%$$

5. 蒙特卡洛模拟法

蒙特卡洛模拟法，亦称模拟抽样法或统计试验法，是一种以数理统计理论为指导的模拟技术。它的原理是用随机抽样的方法抽取一组输入变量的数值，并根据这组输入变量的数值计算项目评价指标。

特别提示

在运用蒙特卡洛模拟法时，假设输入变量之间是相互独立的，在风险分析中会遇到输入变量的分解程度问题。输入变量分解得越细，输入变量个数也就越多，模拟结果的可靠性也就越高。但变量分解过细往往造成变量之间有相关性，也可能导致错误的结论。

9.4.4 常用的风险对策

主要风险对策主要有以下几种：风险回避、风险控制、风险转移、风险自担。

1. 风险回避

风险回避是彻底规避风险的一种做法，即断绝风险的来源。

对投资项目可行性研究而言，意味着提出推迟或否决项目的建议。在可行性研究过程中通过信息反馈彻底改变原方案的做法也属于风险回避方式。

风险回避一般适用于以下两种情况，其一是某种风险可能造成相当大的损失，且发生的频率较高；其二是应用其他的风险对策防范风险代价昂贵，得不偿失。

2. 风险控制

风险控制是针对可控性风险采取的防止风险发生、减少风险损失的对策，也是绝大部分项目应用的主要风险对策。

对投资项目可行性研究而言，可行性研究过程中所做风险对策研究提出的风险控制措施运用于方案的再设计；可行性研究完成之时的风险对策研究可针对决策、设计和实施阶段提出不同的风险控制措施，以防患于未然。

风险控制措施必须针对项目具体情况提出，既可以是项目内部采取的技术措施、工程措施和管理措施等，也可以采取向外分散的方式来减少项目承担的风险。

3. 风险转移

风险转移是将项目业主可能面临的风险转移给他人承担，以避免风险损失的一种方法。

转移风险有两种方式：一是将风险源转移出去，就投资项目而言，这种风险转移方式是风险回避的一种特殊形式；二是只把部分或全部风险损失转移出去。

第二种风险转移方式又可以细分为保险转移方式和非保险转移方式。保险转移是采取向保险公司投保的方式将项目风险损失转嫁给保险公司承担；非保险转移方式是项目前期工作涉及较多的风险对策。

4. 风险自担

风险自担是将风险损失留给项目业主自己承担。

风险自担适用于两种情况：一是已知有风险，但由于可能获利而需要冒险时，必须保留和承担这种风险；另一种情况是已知有风险，但若采取某种风险措施，其费用支出会大于自担风险的损失时，常常主动自担风险。

以上所述的风险对策不是互斥的，实践中常常组合使用。

> **知识提示**
>
> 概率分析又称风险分析，是通过研究各种不确定性因素发生不同变动幅度的概率分布及其对项目经济效益指标的影响，对项目可行性和风险性以及方案优劣做出判断的一种不确定性分析法。概率分析常用于对大中型重要项目的评估和决策之中。

▶▶案例

某厂有一个项目,第一年的销售收入为 31389 万元,销售税金与附加为 392 万元,固定成本为 10542 万元,可变成本为 9450 万元,销售收入与成本费用均采用不含税价格表示。该项目设计生产能力为 100t,该项目财务内部收益率为 17.9%,但原材料价格上升 10%时,项目财务内部收益率下降到 6.6%,求解该项目的盈亏平衡点和原材料价格的敏感度系数。

解:BEP(生产能力利用率)=[10542/(31389−9450−392)]×100%
≈48.93%
BEP(产量)=100×48.93%=48.93(t)
BEP(产品售价)=(10542/100)+(9450/100)+(392/100)=204(元/t)
敏感度系数=[(17.9%−6.6%)/17.9%]/10%=6.313

小 结

不确定性分析一般根据项目的类型、特点、复杂程度分 3 个步骤进行:盈亏平衡分析、敏感性分析和概率分析。由于进行全面的不确定性分析工作量很大,特别是概率分析。所以,除非是对重大关键骨干项目或不确定性较大的项目,一般只需进行盈亏平衡分析和敏感性分析即可。

盈亏平衡分析,首先应理解盈亏平衡的概念,其次要知道盈亏平衡点的表达方式,这些表达方式将有利于我们从不同的角度理解盈亏平衡的概念,最后,对盈亏平衡点的结果进行分析,从而得出项目抗风险的能力大小的有关结论。

敏感性分析就是分析不利因素对项目的影响程度,从而寻找弥补和缩小项目未来预测指标的误差的方法,做到心中有数,确保投资项目实现预期目标。为进一步进行风险分析做准备。学习时,首先要理解敏感性分析的概念,敏感性分析的内容、方法和步骤,指标的含义和计算方法以及如何评价敏感性分析的结果。

风险分析则是识别风险因素、估计风险概率、评价风险影响并制订风险对策的过程。

习 题

一、填空题

1. _____是项目效益指标变化的百分率与不确定因素变化的百分率之比。

2. 某项目基本方案的财务内部收益率为 15%,对应的原材料价格为 8000 元/t,若原材料价格为 9000 元/t,则该项目的财务内部收益率为 12%,该财务内部收益率指标对项目原材料价格的敏感度系数为_____。

二、单项选择题

1. 某项目基本方案的项目财务内部收益率为 23.1%,当原材料价格上升 10%时,项目财务内部收益率下降到 16.6%,经计算,原材料价格的敏感度系数为(   )。
   A. 3.916   B. 0.355   C. 0.255   D. 2.814

2．敏感性分析中，某项目在基准收益率为10%的情况下，销售价格的临界点为-11.3%，当基准收益率提高到12%时，其临界点更接近于（　　）。

　　A．-13%　　　　B．-14%　　　　C．-15%　　　　D．-10%

3．下列关于项目盈亏平衡分析的表述，正确的是（　　）。

　　A．盈亏平衡点要按计算期内各年的平均数据计算

　　B．盈亏平衡点只能用生产能力利用率和产量表示

　　C．盈亏平衡分析中只能进行线性盈亏平衡分析

　　D．用生产能力利用率和产量表示的盈亏平衡点低，表明项目对市场变化的适应能力大

4．若某项目的设计生产能力为年产1000吨A产品，达产年销售收入为30万元（不含税），年固定总成本为10万元，年可变总成本为9万元（不含税），年销售税金与附加为3600元，以生产能力利用率表示的盈亏平衡点为（　　）。

　　A．33.74%　　　B．47.62%　　　C．48.45%　　　D．46.82%

三、简答题

1．主要的风险对策有哪几种？

2．不确定性分析的目的是什么？

3．敏感性分析的步骤有哪些？它有什么不足？

四、实训题

1．某建设项目年产量为6000件，设产品的单价为4000元，单位产品可变费用2740元，预计年固定成本为320万元，则该项目的盈亏平衡点的年产量是多少件？

2．某项目的主要风险变量有3个：建设投资、产品价格和主要原材料价格。经调查，每个风险变量有3种状态，其概率分布见表9-7。

表9-7　概率分布

变化率 概率 风险因素	+20%	计算值	-20%
建设投资	0.6	0.3	0.1
产品价格	0.5	0.4	0.1
主要原材料价格	0.5	0.4	0.1

问题：

(1) 以给出各种组合条件下的NPV为基础，计算净现值的期望值。

(2) 计算净现值≥0的累计概率；如果投资者是稳健型的，要求净现值大于0的累计概率是70%，请问此时项目在经济上是否可行？

项目9在线答题

项目 10

建设项目总评估与后评估

教学目标

掌握项目总评估的作用、内容与方法,理解并熟练掌握后评估的主要内容及建设项目后评估的几种主要方法。

教学要求

知识要点	能力要求	相关知识	所占分值（100 分）
建设项目总评估	1. 掌握建设项目总评估的内容； 2. 掌握建设项目总评估的程序和方法	经验分析法、分等加权法、多级过滤法	50
建设项目后评估	1. 掌握建设项目后评估的内容； 2. 掌握建设项目后评估的程序与方法	前后对比法、有无对比法、逻辑框架法、成功度评价	50

▶▶项目导读

项目总评估是整个评估工作的最后一个环节，其在汇总各项评估结果的基础上，提出结论性意见和建议，从而直接为项目投资决策提供科学依据。

项目后评估既是基本建设程序的重要组成部分，也是项目科学、系统地进行管理工作的重要组成部分；通过对建设项目从立项到投产运营各阶段的全面而又系统的分析评价和后评价报告的编制，全面总结和不断提高决策、设计、施工、管理水平，为项目建设合理利用资金、提高投资效益、改进管理工作、制定相关政策等提供科学依据。

本项目主要介绍项目总评估和项目后评估。

 引例 10-1

以××制药厂克菌灵项目评估报告（以项目1的案例为例），经有关部门审核后，最后完成其总评估报告，建设项目总评估应根据国家宏观管理的要求和项目的具体特点，在财务评估和国民经济评估的基础上，进行综合的计算、分析和论证。

【思考】

项目总评估对于建设项目而言有什么作用？它的内容又如何？

10.1 建设项目总评估

10.1.1 建设项目总评估概述

1. 项目总评估的概念

项目总评估是项目评估全过程的最后一个阶段，是对拟建项目进行评估的总结，从总体上判断项目建设的必要性、技术的先进性、财务和经济的可行性，进而提出结论性意见和建议。它直接为项目投资决策提供科学依据。

2. 项目总评估的作用

1) 项目总评估是对项目分项评估的补充和完善

项目总评估建立在项目分项评估的基础上，在对项目进行分项评估的过程中，往往都是出于单一因素的衡量，在一些大型项目，尤其是内容复杂、时间跨度大的项目中，往往容易出现前后数据矛盾或者评估中出现遗漏的情况。项目总评估将各分项评估的结果前后联系起来，可以及时发现和修正分项评估中出现的遗漏和问题，然后根据决策需要进行纠正和补充，使整个评估更加完善。

2) 项目总评估是对项目分项评估的综合协调

建设项目评估涉及面广，工作内容繁多，由多个子系统构成。判断一个建设项目是否可行是一个复杂的、多层次的论证过程，从评估的角度来看，既有宏观评估，也有微观评估；从评估的内容上讲，既有项目概况评估、项目必要性评估、建设生产条件评估和技术评估，也有财务效益分析、国民经济效益分析和社会效益分析；从评估方法上来看，既有定量分析，也有定性分析；从分析考虑的指标来看，既有静态指标也有动态指标。各个分项评估都是基于各自的分析方面、分析指标之下的专业分析，并没有形成完整的结论性总结性意见。因此需要在各分项评估的基础上进行综合分析，提出结论性意见。

3）项目总评估能对项目得出综合性的评估结论

对项目从整体上形成一个科学的结论性意见是十分重要的。项目各分项评估的结论可能存在不一致，即有些分项评估认为项目可行，有些则认为项目不具备实施的条件。在这种情况下，就需要一个整体上的结论来对于项目是否具备可行性进行评价。

4）项目总评估能对项目提出建设性意见

项目评估是一项技术性强、涉及面广的活动，应当充分发挥项目评估人员的主观能动性，对项目提出一些建设性的建议。项目评估工作是在可行性研究的基础上进行的，可行性研究报告是投资者取舍项目和有关政府部门审批项目的重要依据，也是项目评估工作的重要依据。项目评估人员应当对可行性研究报告进行全面细致的审查分析，提出自己的独立意见。但研究人员又不能拘泥于可行性报告，而是应该针对可行性报告中存在的问题，并结合项目的具体情况，做进一步的调查研究与分析论证，才能得出科学的结论。

总之，对项目进行总评估是十分必要的，是协调各个分项评估结论和提出综合评估结论的客观需要。

10.1.2　建设项目总评估的内容

建设项目总评估应根据国家宏观管理的要求和项目的具体特点，在财务评估和国民经济评估的基础上，进行综合的计算、分析和论证。评估的内容一般包括以下 6 个方面。

1. 综述项目研究评估过程中重大方案的选择和推荐意见

主要论述项目建设方案的必要性和可行性。必要性是指项目建设符合国家的建设方针和投资的优先方向，产品适应市场要求，项目建设能解决阻碍原有企业发展的问题，并与原来的生产技术条件协调配合。可行性是指项目的建设条件和生产条件能得到充分保证。要进行工艺设备、生产技术等是否先进、适用、安全，产品方案、建设规模是否可行，项目所需各项投入供应能否保证等方面的分析论证工作，并确定相关项目的同步建设问题。

2. 综述项目建设方案的企业财务效果

项目建设方案的企业财务效果包括项目投资来源和筹措方式，以及生产成本、销售收入、利润、税金和贷款还本付息等财务基础数据的测算工作，编制现金流量表、损益表、资金来源与运用表、财务外汇平衡表和资产负债表，据此进行各种企业财务效益评估指标的计算、分析和论证工作。

3. 综述项目建设方案的国民经济效果

项目建设方案的国民经济效果包括国民收入和社会净收益等经济效果指标的计算和

分析，还应考虑收入分配效果、劳动就业效果、外汇效果、综合能耗和环境保护等社会效果的计算和分析，以及各种非数量化的社会效益与影响等的定性分析。

4. 综述不确定因素对项目经济效益的影响以及项目投资的风险程度

为了检验企业财务评估和国民经济评估的可靠性，还必须运用盈亏平衡分析、敏感性分析和概率分析等不确定性分析方法，判断项目经济效果的客观性和真实性，采取积极措施，确保项目投资的可靠性，减少投资风险程度。

5. 综述项目非数量化的社会效益

应根据项目的具体情况及特点，确定综合分析内容。从社会效益看，项目建设是否有利于企业的技术革命和提高国民经济的技术装备水平，是否有利于生产力的合理布局，是否有利于改善社会劳动力就业状况，是否有利于生产力的纵深配置、巩固国防，是否有利于老、少、边、穷地区的繁荣发展和增强民族团结；从环境效益上看，项目建设是否会对周边环境造成影响，是否会引起当地环境、水文环境的变化，是否会产生污染或对周围居民的健康产生不良影响，是否会带来大气污染、野生动植物破坏、矿藏和文物古迹的破坏等。

6. 提出项目评估中存在的问题和有关建议

项目可行不等于毫无问题，总的说来，问题不外乎两个方面：一方面是项目本身规划方案、厂址选择、生产规模、设备选型、设计和建设方案之类的问题；另一方面是现行政策和规定中存在的问题，如物资供应、财税政策、信贷投向、收益分配、投资和企业技术装备等方面，有不利于项目取得应有效益的政策与规定。经过具体调查研究，应当实事求是地反映存在的问题，提出建议，加以改进。

知识链接

社会效益主要考虑的内容如下。
(1) 对提高人民物质文化生活及社会福利的影响。
(2) 对提高产品质量对产品用户的影响。
(3) 对节约及合理利用国家资源(如土地、矿产等)的影响。
(4) 对节能的影响。
(5) 对节约劳动力消耗或提供就业机会的影响。
(6) 对环境保护和生态平衡的影响。
(7) 对发展地区经济或部门经济的影响。
(8) 对减少进口、增加出口、节约外汇和创造外汇的影响。
(9) 对提高国家、地区和部门科学技术水平的影响。
(10) 对国民经济长远发展的影响。
(11) 对国防建设和国家安全的影响。
(12) 对工业布局和产业结构的影响。
(13) 对部门、地区公平分配的影响。

10.1.3　建设项目总评估的步骤和方法

1. 项目总评估的步骤

进行项目总评估一般应遵循如下程序。

1) 整理相关资料

在进行项目总评估之前，项目评估小组的有关人员已分别对各分项内容进行了评估，在总评估阶段，应该对各分项内容评估所得出的结论进行检查核实，整理归类。在此基础上初步整理出书面材料，并由评估小组集体讨论，为编写项目评估报告提供基础材料。

2) 确定分项内容

项目评估分项内容的确定是一项十分重要的工作，既要注意其规范性，也要注意项目自身的特点，并将二者有机地结合起来。在确定内容的过程中，要按照相关部门制定的标准来分类，也应当充分考虑项目的具体情况，对于规模不同的项目，可以增加或者合并一些分项内容。

3) 进行分析论证

完成资料整理和分项内容确定后，项目评估人员进行综合分析论证，判断项目的可行性。在此阶段应做好分析对比和判断归纳两项工作。

（1）分析对比主要是将项目的可行性研究进行审查和再分析。由于可行性研究和项目总评价在确定分项内容、选用的分析方法等方面存在一定的差异，在这个步骤就需要将二者进行对比分析，找出差异和问题，进行纠正和完善。对比的结果通常可以表示为项目评估前后的基础数据与基本指标对照表、主要经济参数与投入物、产出物价格评估前后对比表，见表 10-1。

表 10-1　项目评估前后的主要基础数据与经济指标对比表

序号	名称	单位	可行性研究报告	评估报告	增减	备份
1	基础数据					
1.1	年产量					
1.2	职工人数	人				
1.3	……					
1.4	项目总投资	万元				
1.5	资金筹措					
	……					
2	经济指标					
3	……					
4	……					

(2) 判断归纳是将各分项评估的结论分别归纳和整理为几大类，以便于判断项目建设的必要性，技术的先进性，财务、经济等方面的可行性，同时也有利于方案的比较与选择。

4) 提出结论与建议

提出结论与建议是项目总评估最重要的环节。评估人员根据各分项评估的结论，得出总体结论。当各分项评估的结论相一致时，则各分项评估的结论即为总评估结论；如果出现不一致的情况，则需进行综合分析，抓住主要方面，给出综合性意见。与此同时，研究人员还应该根据项目存在的问题，提出建设性建议，供决策者进行参考。

5) 编写评估报告

项目评估报告是根据评估的目的与要求，在评估工作完成后，向决策部门提供项目主要情况和评估结果的综合性技术文件。它是项目评估的最终成果，也是项目贷款决策的重要依据，必须按规定的内容格式与要求撰写。

2. 项目总评估的方法

建设项目总评估通常采用的综合分析方法有以下几种。

1) 经验分析法

根据我国开展项目评估的经验，总评估时首先必须分析拟建设项目是否必要，建设条件和生产条件是否具备，二者缺一不可，一项不可行则认定为拟建项目不具备可行性；其次必须分析拟建项目的国民经济效益和社会效益。除有特殊要求的项目外，凡不达标则判断为不可行。在具备较高的国民经济效益和社会效益的前提下，如果其他方面存在不符合建设要求的，则需要进行具体分析。

2) 分等加权法

如果拟建项目存在多个建设方案，而其中每一份方案都有自己的优势和缺陷，为了综合评价各种因素的作用，可以采用分等加权法。这种方法首先要列出项目决策的各种因素，按照重要程度确定其权数和等级系数，然后根据每个方案的权数和等级系数的乘积计算该方案的具体得分，最后计算总分，找出最优方案。

3) 专家意见法

专家意见法主要是通过邀请专家对于项目方案做出总评估的方法。由于专家具备丰富的专业知识和实践经历，能迅速地针对项目的方案做出评价，然后对专家的意见进行综合分析，可以找出最优方案。具体操作起来有两种常用方法，即专家会议法和德尔菲法。

4) 多级过滤法

对于具体建设项目的评估与决策，实际上是一个多目标的优化选择过程。不同的建设方案，往往表现出针对不同方面目标的优劣程度上的差异。使得在进行选择和比较的过程中，产生了一定的难度。多级过滤法就是将建设项目所要满足的所有目标，按照重要程度进行排序，然后根据各个方案针对项目要求能否满足做出判断，能够满足最多目标的方案即是最优方案，从而对拟建项目方案的优劣进行评估。

5) 一票否决法

一票否决法是将建设项目所要满足的所有目标根据其重要程度划分为两大类，即必须满足的目标和非强制性目标。对于必须满足的目标，一旦不满足即为淘汰。满足必须满足的目标后，再根据对于非强制性目标的满足程度，对项目做出最终的评估。

10.2 建设项目后评估

 引例 10-2

针对连通两个县的某国道改建项目进行后评价，主要包括建设项目过程评价、建设项目效益评价、建设项目社会经济影响评价和环境影响评价、建设项目目标持续性评价几个方面，最后给出评价结论，总结存在的问题及经验教训，并提出相应的建议。

【思考】
什么是建设项目后评估？它的内容是什么？

10.2.1 建设项目后评估概述

1. 项目后评估的概念

项目后评估，在国外称为事后评估。项目后评估是相对于建设项目决策前的项目评估而言的。它是项目决策前评估的继续和发展。

项目后评估是在项目建成投产后的某一阶段（一般在投产 2 年后），依据实际发生的数据和资料，测算分析项目技术经济指标，通过与前评估报告等文件的对比分析，确定项目是否达到原设计和期望的目标，重新估算项目的经济和财务等方面的效益，并总结经验教训的一项综合性工作。项目后评估通过分析评价找出成败的原因，总结经验教训，并通过及时有效的信息反馈，为未来项目的决策和提高完善投资决策管理水平提出建议，同时也为被评项目实施运营中出现的问题提出改进建议，从而达到提高投资效益的目的。对于建设项目也具有非常重要的意义。

（1）项目后评估是一个学习过程。后评估是在项目投资完成以后，通过对项目目的、执行过程、效益、作用和影响所进行全面系统地分析，总结正反两方面的经验教训，使项目的决策者、管理者和建设者学习到更加科学合理的方法和策略，提高决策、管理和建设水平。

（2）后评估又是增强投资活动工作者责任心的重要手段。由于后评估的透明性和公开性特点，通过对投资活动成绩和失误的主客观原因分析，可以比较公正客观地确定投资决策者、管理者和建设者工作中实际存在的问题，从而进一步提高他们的责任心和工作水平。

（3）后评估主要是为投资决策服务的。虽然后评估对完善已建项目、改进在建项目和指导待建项目有重要的意义，但更重要的是为提高投资决策服务，即通过评价建议的反馈，完善和调整相关方针、政策和管理程序，提高决策者的能力和水平，进而达到提高和改善投资效益的目的。

2. 项目后评估的特点

项目后评估不同于项目贷款决策评估(即前评估)。由于评估时点的不同,它与前评估相比,具有如下特点。

1) 现实性

投资项目后评估分析研究的是项目实际情况,是在项目投产的一定时期内,根据企业的实际经营结果,或根据实际情况重新预测数据,总结前评估的经验教训,提出实际可行的对策措施。项目后评估的现实性决定了其评估结论的客观可靠性。

2) 全面性

项目后评估不仅要分析项目的投资过程,还要分析其生产经营过程;不仅要分析项目的经济效益,还要分析其社会效益、环境效益。另外,还需分析项目经营管理水平和项目发展的后劲和潜力,具有全面性。

3) 反馈性

项目后评估的目的是对现有情况进行总结和回顾,并为有关部门反馈信息,以利于提高投资项目决策和管理水平,为以后的宏观决策、微观决策和项目建设提供依据和借鉴。

4) 探索性

投资项目后评估要在分析企业现状的基础上,及时发现问题、研究问题,以探索企业未来的发展方向和发展趋势。

5) 合作性

项目后评估涉及面广、难度大,因此需要各方面组织和有关人员的通力合作,齐心协力才能做好后评估工作。

> **知识提示**
>
> 项目后评估与项目前评估的差别如下。
>
> 1) 评估的侧重点不同
>
> 投资项目的前评估主要是以定量指标为主,侧重于项目的经济效益分析与评估,其作用是直接作为项目投资决策的依据。
>
> 后评估则要结合行政和法律、经济和社会、建设和生产、决策和实施等各方面的内容进行综合评估。它是以现有事实为依据,以提高经济效益为目的,对项目实施结果进行鉴定,并间接作用于未来项目的投资决策,为其提供反馈信息。
>
> 2) 评估的内容不同
>
> 投资项目的前评估主要是对项目建设的必要性、可行性、合理性及技术方案和生产建设条件等进行评估,对未来的经济效益和社会效益进行科学预测;后评估除了对上述内容进行再评估外,还要对项目决策的准确程度和实施效率进行评估;对项目的实际运行状况进行深入细致的分析。
>
> 3) 评估的依据不同
>
> 投资项目的前评估主要依据历史资料和经验性资料,以及国家和有关部门颁发的政策、规定、方法、参数等文件;项目的后评估则主要依据建成投产后项目实施的现实资料,并把历史资料与现实资料进行对比分析,其准确程度较高,说服力较强。

4) 评估的阶段不同

投资项目的前评估是在项目决策前的前期阶段进行，是项目前期工作的重要内容之一，是为项目贷款决策提供依据的评估；后评估则是在项目建成投产后一段时间内（一般在投产 2 年后），对项目全过程的总体情况进行的评估。

总之，投资项目的后评估是依据国家政策、法律法规和制度的规定，对投资项目的决策水平、管理水平和实施结果进行的严格检验和评估。在与前评估比较分析的基础上，总结经验教训，发现存在的问题并提出对策措施，促使项目更快更好地发挥效益。

3. 项目后评估的作用

投资项目的后评估对于提高项目决策的科学化水平和项目管理能力、监督项目的正常生产经营、降低投资项目的风险等方面发挥着非常重要的作用。具体地说，投资项目后评估的作用主要表现在以下几个方面。

1) 总结投资建设项目管理的经验教训，提高项目管理水平

投资项目后评估通过对已建成项目的分析研究和论证，较全面地总结项目管理各个环节的经验教训，指导未来项目的管理活动。

不仅如此，通过投资项目后评估，针对项目实际效果所反映出来的项目建设全过程（从项目的立项、准备、决策、设计实施和投产经营）各阶段存在的问题提出切实可行的、相应的改进措施和建议，可以促使项目更好地发挥应有的经济效益。

同时，对一些因决策失误，或投产后经营管理不善，或环境变化造成生产、技术或经济状况处于困境的项目，也可通过后评估为其找出生存和发展的途径。

2) 提高项目决策的科学化水平

项目评估的质量关系到贷款决策的成败，前评估中所用的预测是否准确，需要靠后评估来检验。通过建立完善的项目后评估制度和科学的方法体系，一方面可以增强前评估人员的责任感，促使评估人员努力做好前评估工作，提高项目评估的准确性；另一方面可以通过项目后评估的反馈信息，及时纠正项目决策中存在的问题，从而提高未来项目决策的科学化水平。

3) 为国家制定产业政策和技术经济参数提供重要依据

通过投资项目的后评估，能够发现宏观投资管理中存在的某些问题，从而使国家可以及时地修正某些不适合经济发展的技术经济政策，修订某些已经过时的指标参数。同时，国家还可以根据项目后评估所反馈的信息，合理确定投资规模和投资方向，协调各产业、各部门之间及其内部的各种比例关系。

4) 为贷款银行部门及时调整贷款政策提供依据

通过开展项目后评估，及时发现项目建设资金使用过程中存在的问题，分析研究贷款项目成功或者失败的原因，从而为贷款银行调整信贷政策提供依据，并确保贷款的按期回收。

5) 对项目建设具有监督与检查作用，促使项目运营状态的正常化

建设项目竣工投产后，通过项目后评估，针对项目实际效果所反映出来的从项目的设

计、决策、实施到生产经营各个阶段存在的问题，提出相应的改进措施和建议，使项目尽快实现预期目标，更好地发挥效益。对于决策失误或者环境改变致使生产、技术或者经济等方面处于严重困境的项目，通过后评估可以为其找到生存和发展的途径，并为主管部门重新制订或优选方案提供决策的依据。

10.2.2 建设项目后评估的范围与内容

1. 项目后评估的范围

项目后评估的评价范围，依据项目周期的划分，包括项目前期决策、工程准备、建设实施、竣工投产等方面的评价。项目实施过程评价越来越受到投资者、决策者和管理者的重视，实践表明项目实施的好坏在很大程度上决定了项目的成败。项目实施评价的目的，在于揭示在项目实施中，是否在数量、质量、工程进度、造价等方面达到了设计规定的目标，以便总结在项目决策、管理组织机构、前期准备、开工准备、招标、投标、施工监理等方面，有哪些成功的经验或失败的教训。

1) 项目目标的后评估

在项目后评估中，项目目标和目的的评价的主要任务是对照项目可行性研究和评估中关于项目目标的论述，找出变化，分析项目目标的实现程度以及成败的原因，同时还应讨论项目目标的确定是否正确合理，是否符合发展的要求。

> **知识提示**
>
> 项目目标评价包括项目宏观目标、项目建设目的等内容，通过项目实施过程中对项目目标的跟踪，发现变化，分析原因。项目目标和目的后评估，通过变化原因及合理性分析，及时总结经验教训，为项目决策、管理、建设实施信息反馈，以便适时调整政策、修改计划，为续建和新建项目提供参考和借鉴，同时可根据分析，为宏观发展方针、产业政策、价格政策、投资和金融政策的调整和完善提供参考依据。

2) 项目决策阶段的后评估

对项目前期决策阶段的后评估重点是对项目可行性研究报告、项目评估报告和项目批复批准文件的评价。对项目可行性研究报告后评估的重点是项目的目的和目标是否明确、合理；项目是否进行了多方案比较，是否选择了正确的方案；项目的效果和效益是否可能实现；项目是否可能产生预期的作用和影响。在发现问题的基础上，分析原因，得出评价结论。

对项目评估(报告)的后评估是项目后评估最重要的任务之一。严格地说，项目评估报告是项目决策的最主要的依据，投资决策者按照评估意见批复的项目可行性研究报告是项目后评估对比评价的根本依据。因此，后评估应根据实际项目产生的结果和效益，对照项目评估报告的主要参数指标进行分析评价。对项目评估报告后评估的重点是项目的目标、效益、风险。

> **知识提示**
>
> 对项目决策的后评估包括项目决策程序、决策内容和决策方法分析三部分内容。
>
> （1）项目决策程序分析。分析项目立项决策的依据和程序是否正确，是否存在先决策、后立项、再评估，违背项目建设客观规律，执行错误的决策程序等。
>
> （2）项目决策内容分析。后评估应对照项目决策批复的意见和要求，根据项目实际完成或进展的情况，从投资决策者的角度，分析投入产出关系，评价决策的内容是否正确、能否实现、主要差别，分析原因。
>
> （3）项目决策方法分析。项目决策方法分析，包括决策方法是否科学、客观，有无主观臆断，是否实事求是。

3) 项目准备阶段的后评估

对项目准备阶段的后评估，包括项目勘察设计、投资融资、采购招投标、开工准备等方面的后评估。

（1）对项目勘察设计的后评估要对勘察设计的质量、技术水平和服务进行分析评价。后评估还应进行两个对比：一是该阶段项目内容与前期立项所发生的变化；二是项目实际实现结果与勘察设计时的变化和差别，分析变化的原因。分析的重点是项目建设内容、投资概算、设计变更等。

（2）项目的投资、融资方案后评估主要应分析评价项目的投资结构、融资模式、资金选择、项目担保和风险管理等内容。评价的重点是根据项目准备阶段所确定的投融资方案，对照实际实现的融资方案，找出差别和问题，分析利弊。同时还要分析实际融资方案对项目原定的目标和效益指标的作用和影响，特别是融资成本的变化，评价融资与项目的债务的关系和今后的影响。在可能的条件下，后评估还应分析项目是否可以采取更加合理经济的投融资方案。此外，项目贷款谈判也是融资的一个重要环节，谈判中的各种承诺关系重大的，也是后评估应该关注的方面。

（3）对采购招投标工作的后评估，应该包括对招投标公开性、公平性和公正性的评价，后评估应对采购招投标的资格、程序、法规、规范等事项进行评价，同时要分析该项目的采购招投标是否有更加经济合理的方法。

（4）对项目开工准备的后评估是项目后评估工作的一部分，特别是项目建设内容、厂址、引进技术方案、融资条件等重大变化可能在此时发生，应注意这些变化及其可能产生对项目目标、效益、风险的影响。

4) 项目建设实施阶段的后评估

项目建设实施阶段的后评估包括：项目的合同执行情况分析、工程实施及管理评价、资金来源及使用情况分析与评价、项目竣工评价等。项目实施阶段的后评估应注意前后两方面的对比，找出问题，一方面要与开工前的工程计划进行对比，另一方面还应把该阶段的实施情况可能产生的结果和影响与项目决策时所预期的效果进行对比，分析偏离度。在此基础上找出原因，提出对策，总结经验教训。这里应该注意的是，由于对比的时点不同，对比数据的可比性需要统一,这也是项目后评估中各个阶段分析时需要重视的问题之一。

(1) 项目的合同执行情况分析。

合同是项目业主(法人)依法确定与承包商、供货商、制造商、咨询者之间的经济权利和经济义务关系,并通过签订的有关协议或有法律效应的文件,将这种关系确立下来。项目后评估的合同分析一方面要评价合同依据的法律规范和程序等,另一方面要分析合同的履行情况、违约责任及其原因分析。

在工程项目合同后评估中,对工程监理的后评估是十分重要的评价内容。后评估应根据合同条款内容,对照项目实绩,找出问题或差别,分析差别的利弊,分清责任。同时,要对工程监理发现的可能对项目总体目标产生影响的问题加以分析,得出结论。

(2) 工程实施及管理评价。

对工程实施及管理的评价主要是对工程的造价、质量和进度的分析评价,工程管理评价是指管理者对工程三项指标的控制能力及结果的分析。这些分析和评价可以从工程监理和业主管理两个方面进行,同时分析领导部门的职责。

(3) 资金来源及使用情况分析与评价。

建设项目实施阶段,资金能否按预算规定使用,对降低项目建设实施费用关系极大。通过对投资项目评价,可以分析资金的实际来源与项目预测的资金来源的差异和变化。同时要分析项目财务制度和财务管理的情况,分析资金支付的规定和程序是否合理并有利于造价的控制,分析建设过程中资金的使用是否合理,是否注意了节约,做到了精打细算,加速了资金周转,提高了资金的使用效率。

(4) 项目竣工评价。

项目后评估对项目竣工的评价应根据项目建设的实际,对照项目决策所确定的目标、效益和风险等有关指标,分析竣工阶段的工作成果,找出差别和变化及其原因。项目竣工后评估包括项目完工评价和生产运营准备等。

2. 项目后评估的基本内容

1) 项目的技术经济后评估

在投资决策前的技术经济评估阶段所做出的技术方案、工艺流程、设备选型、财务分析、经济评价、环境保护措施、社会影响分析等,都是根据当时的条件和对以后可能发生的情况进行的预测和计算的结果。为了做到知己知彼,使企业立于不败之地,就有必要对之前所做的技术选择、财务分析、经济评价的结论重新进行审视。

(1) 项目技术后评估。

技术水平后评估主要是对工艺技术流程、技术装备选择的可靠性、适用性、配套性、先进性、经济合理性的再分析。在决策阶段认为可行的工艺技术流程和技术装备,在使用中有可能与预想的结果有差别,许多不足之处逐渐暴露出来,在评价中就需要针对实践中存在的问题、产生的原因认真总结经验,在以后的设计或设备更新中选用更好、更适用、更经济的设备,或对原有的工艺技术流程进行适当的调整,发挥设备的潜在效益。

(2) 项目财务后评估。

项目的财务后评估与前评估中的财务分析在内容上基本是相同的，都要进行项目的盈利性分析、清偿能力分析和外汇平衡分析。但在评价中采用数据不能简单地使用实际数，应将实际数中包含的物价指数扣除，并使之与前评估中的各项评价指标在评价时点和计算效益的范围上都可比。

在盈利性分析中要通过全投资和自有资金现金流量表，计算全投资税前内部收益率、净现值，自有资金税后内部收益率等指标，通过编制损益表，计算资金利润率、资金利税率、资本金利润率等指标，以反映项目和投资者的获利能力。清偿能力分析主要通过编制资产负债表、借款还本付息计算表，计算资产负债率、流动比率、速动比率、偿债备付率等指标，反映项目的清偿能力。

(3) 项目经济后评估。

经济后评估的内容主要是通过编制全投资和国内投资经济效益和费用流量表、外汇流量表、国内资源流量表等计算国民经济盈利性指标——全投资和国内投资经济内部收益率和经济净现值、经济换汇成本、经济节汇成本等指标，此外还应分析项目的建设对当地经济发展、所在行业和社会经济发展的影响，对收益公平分配的影响(提高低收入阶层收入水平的影响)，对提高当地人口就业的影响和推动本地区、本行业技术进步的影响等。经济评价结果同样要与前评估指标对比。

2) 项目的环境影响后评估

项目的环境影响后评估，是指对照项目前评估时批准的《环境影响报告书》，重新审查项目环境影响的实际结果。在审核已实施的环评报告和评价环境影响现状的同时，要对未来进行预测。对有可能产生突发性事故的项目，要有环境影响的风险分析。如果项目生产或使用对人类和生态危害极大的剧毒的物品，或项目位于环境高度敏感的地区，或项目已发生严重的污染事件，那么，还需要提出一份单独的项目环境影响评价报告。

3) 项目社会影响后评估

项目社会影响后评估是总结了已有经验，借鉴、吸收了国外社会费用效益分析、社会影响评价与社会分析方法的经验设计的。它包括社会效益与影响评价和项目与社会两相适应的分析。既分析项目对社会的贡献与影响，又分析项目对社会政策贯彻的效用，研究项目与社会的相互适应性，防止社会风险，从项目的社会可行性方面为项目决策提供科学分析依据。

社会效益与影响是以各项社会政策为基础，针对国家与地方各项社会发展目标而进行的分析评价。其内容可分为 4 个方面、3 个层次。即项目对社会环境、自然与生态环境、自然资源以及社会经济 4 个方面的效益与影响评价，对国家、地区、项目 3 个层次的分析。一般项目对国家与地区(省、市)的分析可视为项目的宏观影响分析，项目与社区的相互影响分析可视为项目的微观影响分析。

项目与社会的相互适应性分析以分析项目与当地社区的相互适应性为主，但大中型项目则还有适应国家、地方(省、市)发展重点的问题。这部分适应性分析的目的是：使项目与社会相适应，以防止发生社会风险，保证项目生存的持续性；使社会适应项目的生存与发展，以促进社会的进步与发展。

> **知识链接**
>
> 项目后评估内容的变迁。
>
> (1) 20世纪60年代以前,国际通行的项目评估和评价的重点是财务分析,以财务分析的好坏作为评价项目成败的主要指标。
>
> (2) 20世纪60年代,西方国家能源、交通、通信等基础设施以及社会福利事业将经济评价(国内称国民经济评价)的概念引入了项目效益评价的范围。
>
> (3) 20世纪70年代前后,世界经济发展带来的严重污染问题引起了人们广泛的重视,项目评价因此而增加了"环境评价"的内容。此后,随着经济的发展,项目的社会作用和影响日益受到投资者的关注。
>
> (4) 20世纪80年代,世行等组织十分关心其援助项目对受援地区的贫困、妇女、社会文化和持续发展等方面所产生的影响。因此,社会影响评价成为投资活动评估和评价的重要内容之一。

10.2.3 建设项目后评估的程序和方法

1. 项目后评估的工作程序

1) 接受后评估任务,签定工作合同或评价协议

项目后评估单位接受和承揽到后评估任务委托后,首要任务就是与业主或上级签订评价合同或相关协议,以明确各自在后评估工作中的权利和义务。

2) 成立后评估小组,制订评价计划

项目后评估合同或协议签订后,后评估单位就应及时任命项目负责人,成立后评估小组,制定后评估计划。项目负责人必须保证评价工作客观、公正,因而不能由业主单位的人兼任;后评估小组的成员必须具有一定的后评估工作经验;后评估计划必须说明评价对象、评价内容、评价方法、评价时间、工作进度、质量要求、经费预算、专家名单、报告格式等。

3) 设计调查方案,聘请有关专家

调查是评价的基础,调查方案是整个调查工作的行动纲领,它对于保证调查工作的顺利进行具有重要的指导作用。每个评价项目都有其自身的专业特点,评价单位不可能事事依靠内部专家,因此还必须从社会上聘请一定数量的专家参加调查评价工作。

4) 阅读文件,收集资料

对于一个在建或已建项目来说,业主单位在评价合同或协议签定后,都要围绕被评项目给评价单位提供材料。这些材料一般称为项目文件。评价小组应组织专家认真阅读项目文件,从中收集与未来评价有关的资料。如项目的建设资料、运营资料、效益资料、影响资料,以及国家和行业有关的规定和政策等。

5) 开展调查,了解情况

为了核实情况、进一步收集评价信息,必须去现场进行调查。一般地说,去现场调查需要了解项目的真实情况,不但要了解项目的宏观情况,而且要了解项目的微观情况。宏观情况是项目在整个国民经济发展中的地位和作用,微观情况是项目自身的建设情况、运营情况、效益情况、可持续发展以及对周围地区经济发展、生态环境的作用和影响等。

6）分析资料，形成报告

在阅读文件和现场调查的基础上，要对已经获得的大量信息进行消化吸收，形成概念，写出报告。需要形成的概念是，项目的总体效果如何，是否按预定计划建设或建成，是否实现了预定目标，投入与产出是否成正函数关系；项目的影响和作用如何，对国家、对地区、对生态、对群众各有什么影响和作用；项目的可持续性如何；项目的经验和教训如何等。

项目后评估报告是调查研究工作最终成果的体现，是项目实施过程阶段性或全过程的经验教训的汇总，同时又是反馈评价信息的主要文件形式。对评价报告的编写总的要求如下。

（1）后评估报告的编写要真实反映情况，客观分析问题，认真总结经验。

（2）后评估报告是反馈经验教训的主要文件形式，为了满足信息反馈的需要，便于计算机输录，评价报告的编写需要有相对固定的内容格式。被评价的项目类型不同，评价报告所要求书写的内容和格式也不完全一致。

7）提交后评估报告，反馈信息

后评估报告草稿完成后，送项目评估执行机构高层领导审查，并向委托单位简要通报报告的主要内容，必要时可召开小型会议研讨有关分歧意见。项目后评估报告的草稿经审查、研讨和修改后定稿。正式提交的报告应有"项目后评估报告"和"项目后评估摘要报告"两种形式，根据不同对象上报或分发这些报告。

2．项目后评估的方法

项目后评估的具体方法有很多，总体上要坚持定性分析和定量分析相结合。在实际项目后评估过程中，最基本的方法有以下几种。

1）前后对比法和有无对比法

（1）前后对比法。

前后对比法是指将项目可行性研究与评估时所预测的效益和项目竣工投产后的实际结果进行比较，找出差异并分析原因。这种对比用于揭示计划、决策和实施的质量，是项目后评估应当遵循的原则之一。

（2）有无对比法。

有无对比法是指将项目实际发生的情况与无项目可能发生的情况进行比较，以度量项目的真实效益、影响和作用。这种对比用于项目的效益评估和影响评估，是项目后评估的一个重要方法论原则。

知识提示

有无对比法的关键是要求投入的代价和产出的效果口径一致，所度量的效果要真正归因于项目。使用这种方法时，要注意剔除一些非项目影响因素的影响效果。

通常项目后评估要对比分析的数据资料主要包括项目前的情况、项目前预测的效果、项目实际实现的效果、无项目时可能产生的效果、无项目的实际效果等。在进行对比的过程中，要先确定评估内容和主要指标，选择可比的对象，通过建立比较指标的对比分析表，用科学的方法收集资料。

2) 逻辑框架法

逻辑框架法(LFA)是由美国国际开发署(USAID)在1970年开发并使用的一种设计、计划和评价的方法。目前有2/3的国际组织把它作为援助项目的计划、管理和评价方法。

这种方法从确定待解决的核心问题入手，向上逐级展开，得到其影响及后果，向下逐层推演找出其引起的原因，得到所谓的"问题树"。将问题树进行转换，即将问题树描述的因果关系转换为相应的手段-目标关系，得到所谓的"目标树"。目标树得到之后，进一步的工作要通过"规划矩阵"来完成，见表10-2。

表10-2 逻辑框架法的分析评估模式表

概述	目标证实指标	指标验证方法	重要假定条件
目标	目标的衡量标准	检测和监督的手段与方法	实现目标的主要条件
目的	目标的实现指标	检测和监督的手段与方法	实现目的的主要条件
产出	产出物定量指标	检测和监督的手段与方法	实现产出的主要条件
投入	投入物定量指标	检测和监督的手段与方法	落实投入的主要条件

如表10-2所示，规划矩阵是一个4×4矩阵，矩阵自下而上的四行分别代表项目的投入、产出、目的和目标4个层次；自左而右4列则分别为各层次目标文字叙述、定量化指标、指标的验证方法和实现该目标的必要外部条件。目标树对应于规划矩阵的第一列，进一步分析填满其他列后，可以使分析者对项目的全貌有一个非常清晰的认识。

逻辑框架汇总了项目实施活动的全部要素，并按宏观目标、具体目标、产出成果和投入的层次归纳了投资项目的目标及其因果关系。

(1) 宏观目标。

项目的宏观目标即宏观计划、规划、政策和方针等所指向的目标，该目标可通过几个方面的因素来实现。宏观目标一般超越了项目的范畴，是指国家、地区、部门或投资组织的整体目标。

(2) 具体目标。

具体目标也叫直接目标，是指项目的直接效果，是项目立项的重要依据，一般应考虑项目为受益目标群体带来的效果，主要是社会和经济方面的成果和作用。这个层次的目标由项目实施机构和独立的评价机构来确定，目标的实现由项目本身的因素来确定。

(3) 产出成果。

这里的"产出"是指项目"干了些什么"，即项目的建设内容或投入的产出物。一般要提供可计量的直接结果，要直截了当地指出项目所完成的实际工程(如港口、铁路、输变电设施、气井、城市服务设施等)，或改善机构制度、政策法规等。在分析中应注意，在产出中项目可能会提供的一些服务和就业机会，往往不是产出而是项目的目的或目标。

(4) 投入。

投入是指项目的实施过程及内容，主要包括资源和时间等的投入。

上述各层次的主要区别是，项目宏观目标的实现往往由多个项目的具体目标所构成，而一个具体目标的取得往往需要该项目完成多项具体的投入和产出活动。这样，4个层次的要素就自下而上构成了3个相互连接的逻辑关系。

3) 成功度评价法

成功度评价法也叫专家打分法，是依靠评价专家组的经验，对照项目立项阶段以及规划设计阶段所确定的目标和计划，综合测评项目各项指标的评价结果，对项目的成功程度做出定性的分析。

项目成功度评价法是项目后评价时通常采用的方法，它来自于实践经验的总结，是依靠评价专家或专家组的经验，以用逻辑框架法分析的项目目标的实现程度和经济效益分析的评价结论为基础，以项目的目标和效益为核心，对项目进行全面系统的评价。

成功度评价法的关键在于要根据专家的经验建立合理的指标体系，结合项目的实际情况，并采取适当的方法对各个指标进行赋权，对人的判断进行数量形式的表达和处理，也可以提升决策者对某类问题的主观判断。常用的赋权法有主观经验赋权法、德尔菲法、两两对比法、环比评分法、层次分析法等。

知识链接

成功度评价法的应用特点如下。

项目的成功度容易受到预定目标合理性以及项目实施过程中特殊情况的影响，因此在评价时要十分注意项目原定目标的合理性、实际性以及环境条件变化带来的影响，以便根据实际情况评价项目的成功度。

优点：简单易行，操作性强，结论明确，能使决策者较快、较容易地掌握项目的整体评价结论。其缺点如下。

(1) 采用成功度法往往需要事先采用其他方法对项目各个子目标的实现情况进行评价，即该方法需要以其他方法的评价结论为判断基础，不能单独使用。

(2) 当原定目标合理性差或者环境条件有较大变化时，评价效果不甚理想。

(3) 由专家根据自身的认识对各种评价因素的目标实现程度进行判断，且最终通过评价组讨论来确定评价结果，具有较强的主观性。

(4) 定性分析多，对定性指标的表述带有模糊性，对其的评价，受到人们文化水平、知识结构、社会经历和能力大小的影响，以致很难确定这些因素的具体评判值，并对这些模糊信息资料进行量化处理和综合评价，即使做出了评价，也是片面的、静止的评价。并且采用定性分析进行多个项目成功度评价时，对评价结果无法排序。

▶▶案例

公路建设的后评价

第一章 概　述

一、建设项目概况

项目的起讫点(位置)，项目立项、决策、设计、开工、竣工、通车时间等，突出反映项目的特点。

中央政府投资项目后评价报告

附图：项目竣工平纵面缩图（比例为 1/100000～1/200000，内容同初步设计文件要求）。

二、建设标准、规模及主要技术经济指标

三、建设项目各阶段主要指标的变化情况

四、资金来源及使用情况

五、主要结论

第二章　建设项目过程评价

一、前期工作情况和评价

（一）前期工作基本情况

（二）项目建设的必要性

（三）前期工作各阶段审批文件的主要内容

（四）前期工作各阶段主要指标的变化分析

二、项目实施情况和评价

（一）施工图设计和项目实施情况

包括施工图设计单位及施工单位的选择、建设环境及施工条件、施工监理和施工质量检验、施工计划与实际进度的比较分析等。

（二）项目开工、竣工、验收等文件内容

（三）工程验收的主要结论

（四）实施阶段主要指标的变化分析

包括变更设计原因、施工难易、投资增减、工程质量、工期进度的影响等情况分析。

三、投资执行情况和评价

（一）建设资金筹措

若有变化，分析其变化的原因及影响。

（二）施工期各年度资金到位情况及投资完成情况（内资、外资数额及其当年利率或汇率）

（三）工程竣工决算与初步设计概算、立项决策估算的比较分析（按单项工程分内资和外资）

（四）工程投资节余或超支的原因分析

四、运营情况和评价

（一）运营情况

包括运营交通量（含路段及各互通立交出入交通量）、车速等运行参数的调查情况。

（二）运营评价

评价建设项目是否达到预期的效果，分析实际交通量与预测交通量的差别及其原因，并对项目达到预期目标的情况进行分析。

五、管理、配套及服务设施情况和评价

（一）管理情况和评价

包括项目前期至实施全过程的各阶段各项制度、规定和程序的管理情况，各种管理机构的设置及其功能、组织形式和作用，并对其管理效果进行评价。

（二）配套及服务设施情况和评价：建设项目配套及服务设施（包括通信、收费、管所、服务区、停车场、安全防护设施、标志标线、监控系统等)的设计、方案比选及其实施情况，并对其设置的必要性和适宜性进行分析评价。

第三章 建设项目效益评价

一、国民经济效益评价

参照《公路建设项目经济评价方法》，根据通车运营的实际车速、经济成本等各项数据，评价项目的国民经济效益，并与决策阶段预测的结论比较，分析其差别及原因。

二、财务效益评价

(一) 对于收费公路(包括独立大桥、隧道)

根据实际财务成本和实际收费收入，进行项目的财务效益分析，并与决策阶段预测的结论比较，分析其差别和原因。

(二) 进一步做出收费分析，明确贷款偿还能力，并分析物价上涨、汇率变化及收费标准变化对财务效益产生的影响

三、资金筹措方式评价

根据建设资金来源、投资执行情况及财务效益分析，对项目的资金筹措方式进行评价。

第四章 建设项目影响评价

一、社会经济影响评价

分析项目对所在地区社会经济发展所产生的影响，包括土地利用、就业、地方社区发展、生产力布局、扶贫、技术进步等方面的影响和评价。

二、环境影响评价

对照项目前评估时批准的《环境影响报告书》，重点从项目建设所引起的区域生态平衡、环境质量变化及自然资源的利用和文物保护等方面评价项目环境影响的实际效果。

第五章 建设项目目标持续性评价

一、外部条件对项目目标持续性的影响

包括社会经济发展、管理体制、公路网状况、配套设施建设、政策法规等外部条件。

二、内部条件对项目目标持续性的影响

包括运行机制、内部管理、服务情况、公路收费、运营状况等内部条件。

第六章 结论

一、结论

二、存在问题

三、经验与教训

四、措施与建议

小 结

(1) 总评估是项目评估全过程的最后一个阶段，是对拟建项目进行评估的总结，从总体上判断项目建设的必要性、技术的先进性、财务和经济的可行性，进而提出结论性意见和建议。

(2) 项目各分项评估的结论一般有两种情况：一是各分项评估的结论一致，即其结论都认为项目

是可行的或不可行的；二是各分项评估的结论相反或具有一定的差异，即有的分项评估的结论认为项目是可行的，而有的分项评估的结论则认为项目是不可行的，这种"可行"与"不可行"在程度上也往往有一定的差异。

(3) 项目总评估的内容包括必要性评估结论、项目产品市场评估结论、建设条件和生产条件评估结论、技术评估结论，以及财务、经济可行性评估结论等。

(4) 项目后评估是在项目建成投产后的某一阶段(一般在投产2年后)，依据实际发生的数据和资料，测算分析项目技术经济指标，通过与前评估报告等文件的对比分析，确定项目是否达到原设计和期望的目标，重新估算项目的经济和财务等方面的效益，并总结经验教训的一项综合性工作。

(5) 项目后评估主要包括项目的技术经济后评估、项目的环境影响后评估、项目的社会影响后评估。

(6) 项目后评估的主要方法有前后对比和有无对比法、逻辑框架法和成功度评价法。

习　题

一、填空题

1. 将建设项目所要满足的所有目标，按照重要程度进行排序，然后根据各个方案针对项目要求能否满足做出判断，能够满足最多目标的方案即是最优方案，从而对拟建项目方案的优劣进行评估的方法是_____。

2. 列出项目决策的各种因素，按照重要程度确定其权数和等级系数，然后根据每个方案的权数和等级系数的乘积计算该方案的具体得分，最后计算总分，找出最优方案的方法是_____。

3. _____是指将项目实际发生的情况与无项目可能发生的情况进行比较，以度量项目的真实效益、影响和作用。

4. _____是依靠评价专家组的经验，对照项目立项阶段以及规划设计阶段所确定的目标和计划，综合测评项目各项指标的评价结果，对项目的成功程度做出定性的分析。

二、单项选择题

1. 将建设项目所要满足的所有目标根据其重要程度划分为两大类：必须满足的目标和非强制性目标。对于必须满足的目标，一旦不满足即为淘汰。这种方法是(　　)。
　　A. 专家意见法　　　B. 多级过滤法　　　C. 经验分析法　　　D. 一票否决法

2. 项目后评估的特点主要有现实性、全面性、反馈性、探索性和(　　)。
　　A. 全面性　　　　　B. 及时性　　　　　C. 理论性　　　　　D. 针对性

3. 对照项目前评估时批准的《环境影响报告书》，重新审查项目环境影响的实际结果是(　　)。
　　A. 项目经济后评估　　　　　　　　　　B. 项目社会影响后评估
　　C. 项目环境影响后评估　　　　　　　　D. 项目财务后评估

4. 将项目可行性研究与评估时所预测的效益和项目竣工投产后的实际结果进行比较，找出差异并分析原因的方法是(　　)。

A. 有无对比法 B. 逻辑框架法
C. 前后对比法 D. 成功度评价法

三、简答题
1. 项目总评估的必要性有哪些？
2. 项目总评估包括哪些内容？
3. 何为项目后评估？它与项目前评估存在哪些差异？
4. 项目后评估常用的方法有哪些？

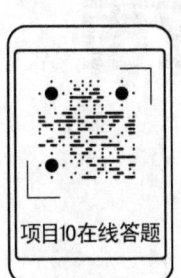

项目10在线答题

附录 1

复利系数表

i	n	(F/P,i,n)	(P/F,i,n)	(F/A,i,n)	(A/F,i,n)	(A/P,i,n)	(P/A,i,n)
5%	1	1.0500	0.9524	1.0000	1.0000	1.0500	0.9524
	2	1.1025	0.9070	2.0500	0.4878	0.5378	1.8594
	3	1.1576	0.8638	3.1525	0.3172	0.3672	2.7232
	4	1.2155	0.8227	4.3101	0.2320	0.2820	3.5460
	5	1.2763	0.7835	5.5256	0.1810	0.2310	4.3295
	6	1.3401	0.7426	6.8019	0.1470	0.1970	5.0751
	7	1.4071	0.7107	8.1420	0.1228	0.1728	5.7864
	8	1.4775	0.6768	9.5491	0.1047	0.1547	6.4632
	9	1.5513	0.6446	11.0266	0.0907	0.1407	7.1078
	10	1.6289	0.6139	12.5779	0.0795	0.1295	7.7217
	11	1.7103	0.5847	14.2068	0.0704	0.1204	8.3064
6%	1	1.0600	0.9434	1.0000	1.0000	1.0600	0.9434
	2	1.1236	0.8900	2.0600	0.4854	0.5454	1.8334
	3	1.1910	0.8396	3.1836	0.3141	0.3741	2.6730
	4	1.2626	0.7921	4.3746	0.2286	0.2886	3.4651
	5	1.3382	0.7473	5.6371	0.1774	0.2374	4.2124
	6	1.4185	0.7050	6.9753	0.1434	0.2034	4.9173
	7	1.5036	0.6651	8.3938	0.1191	0.1791	5.5824
	8	1.5938	0.6274	9.8975	0.1010	0.1610	6.2098
	9	1.6895	0.5919	11.4913	0.0870	0.1470	6.8017
	10	1.7908	0.5584	13.1808	0.0759	0.1359	7.3601

(续)

i	n	(F/P,i,n)	(P/F,i,n)	(F/A,i,n)	(A/F,i,n)	(A/P,i,n)	(P/A,i,n)
	11	1.8983	0.5268	14.9716	0.0668	0.1268	7.8869
7%	1	1.0700	0.9346	1.0000	1.0000	1.0700	0.9346
	2	1.1449	0.8734	2.0700	0.4831	0.5531	1.8080
	3	1.2250	0.8163	3.2149	0.3111	0.3811	2.6243
	4	1.3108	0.7629	4.4399	0.2252	0.2952	3.3872
	5	1.4026	0.7130	5.7507	0.1739	0.2439	4.1002
	6	1.5007	0.6663	7.1533	0.1398	0.2098	4.7665
	7	1.6058	0.6227	8.6540	0.1156	0.1856	5.3893
	8	1.7182	0.5820	10.2598	0.0975	0.1675	5.9713
	9	1.8385	0.5439	11.9780	0.0835	0.1535	6.5152
	10	1.9672	0.5083	13.8164	0.0724	0.1424	7.0236
	11	2.1049	0.4751	15.7836	0.0634	0.1334	7.4987
8%	1	1.0800	0.9259	1.0000	1.0000	1.0800	0.9259
	2	1.1664	0.8573	2.0800	0.4808	0.5608	1.7833
	3	1.2597	0.7938	3.2464	0.3080	0.3880	2.5771
	4	1.3605	0.7350	4.5061	0.2219	0.3019	3.3121
	5	1.4693	0.6806	5.8666	0.1705	0.2505	3.9927
	6	1.5869	0.6302	7.3359	0.1363	0.2163	4.6229
	7	1.7138	0.5835	8.9228	0.1121	0.1921	5.2064
	8	1.8509	0.5403	10.6366	0.0940	0.1840	5.7466
	9	1.9990	0.5002	12.4876	0.0801	0.1601	6.2469
	10	2.1589	0.4632	14.4866	0.0690	0.1490	6.7101
	11	2.3316	0.4289	16.6455	0.0601	0.1401	7.1390
10%	1	1.1000	0.9091	1.0000	1.0000	1.1000	0.9091
	2	1.2100	0.8264	2.1000	0.4762	0.5762	1.7355
	3	1.3310	0.7513	3.3100	0.3021	0.4021	2.4869
	4	1.4641	0.6830	4.6410	0.2155	0.3155	3.1699
	5	1.6105	0.6209	6.1051	0.1638	0.2638	3.7908
	6	1.7716	0.5645	7.7156	0.1296	0.2296	4.3553
	7	1.9487	0.5132	9.4872	0.1054	0.2054	4.8684
	8	2.1436	0.4665	11.4359	0.0874	0.1874	5.3349
	9	2.3579	0.4241	13.5795	0.0736	0.1736	5.7590
	10	2.5937	0.3855	15.9374	0.0627	0.1627	6.1446
	11	2.8531	0.3505	18.5312	0.0540	0.1540	6.4951
12%	1	1.1200	0.8929	1.0000	1.0000	1.1200	0.8929
	2	1.2544	0.7972	2.1200	0.4717	0.5917	1.6901

(续)

i	n	(F/P,i,n)	(P/F,i,n)	(F/A,i,n)	(A/F,i,n)	(A/P,i,n)	(P/A,i,n)
	3	1.4049	0.7118	3.3744	0.2963	0.4163	2.4018
	4	1.5735	0.6355	4.7793	0.2092	0.3292	3.0373
	5	1.7623	0.5674	6.3528	0.1574	0.2774	3.6048
	6	1.9738	0.5066	8.1152	0.1232	0.2432	4.1114
	7	2.2107	0.4523	10.0890	0.0991	0.2191	4.5638
	8	2.4760	0.4039	12.2997	0.0813	0.2013	4.9676
	9	2.7731	0.3606	14.7757	0.0677	0.1877	5.3282
	10	3.1058	0.3220	17.5487	0.0570	0.1770	5.6502
	11	3.4785	0.2875	20.6504	0.0484	0.1684	5.9377
15%	1	1.1500	0.8696	1.0000	1.0000	1.1500	0.8696
	2	1.3225	0.7561	2.1500	0.4651	0.6151	1.6257
	3	1.5209	0.6575	3.4725	0.2880	0.4380	2.2832
	4	1.7490	0.5718	4.9934	0.2003	0.3503	2.8550
	5	2.0114	0.4972	6.7424	0.1483	0.2983	3.3522
	6	2.3131	0.4323	8.7537	0.1142	0.2642	3.7845
	7	2.6600	0.3759	11.0668	0.0904	0.2404	4.1604
	8	3.0590	0.3269	13.7268	0.0729	0.2229	4.4873
	9	3.5179	0.2843	16.7858	0.0596	0.2096	4.7716
	10	4.0456	0.2472	20.3037	0.0493	0.1993	5.0188
	11	4.6524	0.2149	24.3493	0.0411	0.1911	5.2337
20%	1	1.2000	0.8333	1.0000	1.0000	1.2000	0.8333
	2	1.4400	0.6944	2.2000	0.4545	0.6545	1.5278
	3	1.7280	0.5787	3.6400	0.2747	0.4747	2.1065
	4	2.0736	0.4823	5.3680	0.1863	0.3864	2.5887
	5	2.4883	0.4019	7.4416	0.1344	0.3344	2.9906
	6	2.9860	0.3349	9.9299	0.1007	0.3007	3.3255
	7	3.5832	0.2791	12.9159	0.0774	0.2774	3.6046
	8	4.2998	0.2326	16.4991	0.0606	0.2606	3.8372
	9	5.1598	0.1938	20.7989	0.0481	0.2481	4.0310
	10	6.1917	0.1615	25.9587	0.0385	0.2385	4.1925
	11	7.4301	0.1346	32.1504	0.0311	0.2311	4.3271

附录 2

常用财务函数

1. FV

用途：基于固定利率及等额分期付款方式，返回某项投资的未来值。

语法：FV(rate，nper，pmt，pv，type)

参数：rate 为各期利率，nper 为总投资期(即该项投资的付款期总数)，pmt 为各期所应支付的金额，pv 为现值(即从该项投资开始计算时已经入账的款项，或一系列未来付款的当前值的累积和，也称为本金)，type 为数字 0 或 1(0 为期末，1 为期初)。

2. PV

用途：返回投资的现值(即一系列未来付款的当前值的累积和)，如借入方的借入款即为贷出方贷款的现值。

语法：PV(rate，nper，pmt，fv，type)

参数：rate 为各期利率，nper 为总投资(或贷款)期数，pmt 为各期所应支付的金额，fv 为未来值，type 指定各期的付款时间是在期初还是期末(0 为期末，1 为期初)。

3. IPMT

用途：基于固定利率及等额分期付款方式，返回投资或贷款在某一给定期限内的利息偿还额。

语法：IPMT(rate，per，nper，pv，fv，type)

参数：rate 为各期利率，per 用于计算其利息数额的期数(1 到 nper 之间)，nper 为总投资期，pv 为现值(本金)，fv 为未来值(最后一次付款后的现金余额。如果省略 fv，则假设其值为零)，type 指定各期的付款时间是在期初还是期末(0 为期末，1 为期初)。

4. IRR

用途：返回由数值代表的一组现金流的内部收益率。

语法：IRR(values，guess)

参数：values 为数组或单元格的引用，包含用来计算返回的内部收益率的数字，guess 为对函数 IRR 计算结果的估计值。

5. NPV

用途：通过使用贴现率以及一系列未来支出(负值)和收入(正值)，返回一项投资的净现值。

语法：NPV(rate，value1，value2，…)

参数：rate 为某一期间的贴现率，value1，value2，…为 1 到 29 个参数，代表支出及收入。

6. PMT

用途：基于固定利率及等额分期付款方式，返回贷款的每期付款额。

语法：PMT(rate，nper，pv，fv，type)

参数：rate 贷款利率，nper 该项贷款的付款总数，pv 为现值(也称为本金)，Fv 为未来值(或最后一次付款后希望得到的现金余额)，type 指定各期的付款时间是在期初还是期末(0 为期末，1 为期初)。

7. PPMT

用途：基于固定利率及等额分期付款方式，返回投资在某一给定期间内的本金偿还额。

语法：PPMT(rate，per，nper，pv，fv，type)

参数：rate 为各期利率，per 用于计算其本金数额的期数(介于 1 到 nper 之间)，nper 为总投资期(即该项投资的付款期总数)，pv 为现值(也称为本金)，fv 为未来值，type 指定各期的付款时间是在期初还是期末(0 为期末，1 为期初)。

8. SLN

用途：返回某项资产在一个期间中的线性折旧值。

语法：SLN(cost，salvage，life)

参数：cost 为资产原值，salvage 为资产在折旧期末的价值(也称为资产残值)，life 为折旧期限(有时也称作资产的使用寿命)。

9. SYD

用途：返回某项资产按年限总和折旧法计算的指定期间的折旧值。

语法：SYD(cost，salvage，life，per)

参数：cost 为资产原值，salvage 为资产在折旧期末的价值(也称为资产残值)，life 为折旧期限(有时也称作资产的使用寿命)，per 为期间(单位与 life 相同)。

10. VDB

用途：使用双倍余额递减法或其他指定的方法，返回指定的任何期间内（包括部分期间）的资产折旧值。

语法：VDB(cost，salvage，life，start_period，end_period，factor，no_switch)

参数：cost 为资产原值，salvage 为资产在折旧期末的价值（也称为资产残值），life 为折旧期限（有时也称作资产的使用寿命），start_period 为进行折旧计算的起始期间，end_period 为进行折旧计算的截止期间，factor 为余额递减速率[折旧因子。如果省略参数 factor，则函数假设 factor 为 2（双倍余额递减法）；如果不想使用双倍余额递减法，可改变参数 factor 的值]，no_switch 为一逻辑值，指定当折旧值大于余额递减计算值时，是否转用直线折旧法（如果 no_switch 为 true，即使折旧值大于余额递减计算值，WPS 表格也不转用直线折旧法，如果 no_switch 为 false 或被忽略，且折旧值大于余额递减计算值时，WPS 表格将转用线性折旧法）。注意，除 no_switch 外的所有参数必须为正数。

参 考 文 献

[1] 王华. 建设项目评估[M]. 北京：北京大学出版社，2008.

[2] 王立国，王红岩，宋维佳. 可行性研究与项目评估[M]. 大连：东北财经大学出版社，2001.

[3] 闫军印. 建设项目评估[M]. 北京：机械工业出版社，2005.

[4] 王诺，梁晶. 建设项目经济评价案例教程[M]. 北京：化学工业出版社，2008.

[5] 黄渝祥，刑爱芳. 工程经济学[M]. 上海：同济大学出版社，1994.

[6] 万威武. 可行性研究与项目评价[M]. 2版. 西安：西安交通大学出版社，2008.

[7] 万威武，刘新梅，孙卫. 可行性研究与项目评价[M]. 西安：西安交通大学出版社，2008.

[8] 陈宪. 全国注册咨询工程师(投资)职业注入资格考试教习全书[M]. 北京：机械工业出版社，2006.

[9] 孙慧. 项目决策分析与评价复习精要与题解[M]. 天津：天津大学出版社，2011.

[10] 国家环境保护总局环境工程评估中心. 环境影响评价技术导则与标准[M]. 北京. 中国环境科学出版社，2007.

[11] 国家环境保护总局环境工程评估中心. 环境影响评价相关法律法规[M]. 北京. 中国环境科学出版社，2007.

[12] 陈宪. 现代咨询方法与实务[M]. 北京：机械工业出版社，2012.

[13] 国家发展与改革委员会，等. 建设项目评价方法与参数[M]. 3版. 北京：中国计划出版社，2006.

[14] 张凌云. 工程造价控制[M]. 2版. 北京：中国建筑工业出版社，2010.

[15] 周惠珍. 投资项目管理案例分析[M]. 北京：中国电力出版社，2009.

[16] 俞文青. 投资项目评价[M]. 上海：立信会计出版社，2004.

[17] 赵智杰. 环境影响评价案例分析[M]. 北京：中国建筑工业出版社，2006.

[18] 夏恩君. 项目投资决策分析：方法与技术[M]. 北京：经济科学出版社，2008.

[19] 全国注册咨询工程师(投资)资格考试参考教材. 项目决策分析与评价[M]. 北京：中国计划出版社，2017.

[20] 注册咨询工程师(投资)考试教材编写委员会. 现代咨询方法与实务[M]. 北京：中国计划出版社，2017.

[21] 全国造价工程师职业资格考试培训教材编审委员会. 建设工程造价案例分析[M]. 北京：中国城市出版社，2019.